한국어로 내려온
New Bible

새로운
성 경

제79권 5부 | 총10부

하얀마음

하나님 말씀 중에서

1. 사랑의 하나님

▪ 세상을 창조하신 하나님은 모두를 사랑하신다. 인간만 특별히 더 사랑하지 않고, 우주 만물을 다 똑같이 사랑하신다. 그러니 하나님이 창조하신 천지 만물과 화친하고, 미물까지도 소중히 대하라.

▪ 하나님은 특정 종파나 민족만을 더 사랑하지 않으신다. 자기 자신만 구원받겠다는 욕심을 버리고, 자기 종파만 구원받는다는 편협한 교리에서 벗어나야 한다. 종파를 초월해서, 모두를 사랑하라.

▪ 원수까지 사랑하라 했으니, 이 세상에 사랑하지 못할 자가 누가 있겠는가? 종파가 다르다고 해서 부모 형제와 원수처럼 지내는 자는 인간의 근본을 모르는 자다. 가장 가까운 가족부터 사랑할 때 남도 진심으로 사랑할 수 있다.

▪ 한 사람을 원수같이 생각하던 마음에서 사랑하는 마음으로 돌리면, 자기 자신의 마음이 가장 기쁘고 행복하다. 하나님께서는 인간의 마음속에 무거움이 없이 기쁘고 행복한 삶을 살기를 바라신다.

▪ 이웃을 "내 몸처럼" 사랑하라 했으니, 마지막 한 장 남은 천국의 티켓도 이웃에게 양보하라. 자기 중심적인 신앙에서 벗어나서 남을 위해 살아야 한다.

▪ 독초도, 약초도, 이단도 사탄도 천사도 다 필요하기에 존재한다. 독초일지라도 극소량을 사용해서 생명을 살릴 수 있고, 약초라 하더라도 남용하면 생명을 잃을 수 있다.

▪ 세상 모든 것을 명약으로 활용하는 것은 인간의 지혜에 달렸다. 어떤 것이든 어떤 사람이든 적재적소에 꼭 필요한 명약으로 승화시키라.

▪ 사탄도 이단도 천사도 모두 하나님의 주관하에 존재한다. 진정한 하나님의 백성은 사탄과 마귀까지도 감화시켜서 천사로 거듭나게 한다.

2. 기도

- 하나님은 인간의 생각까지 모두를 다 알고 계신다. 우리의 소원도 이미 알고 계시기에, 소원의 기도를 할 필요가 없다. 우리가 받을 자격이 되면 내려 주신다.

- 죄를 짓고 아무리 회개를 해도 용서받지 못한다. 도둑질한 자는 용서해 달라고 기도하고, 도둑맞은 자는 도둑을 잡게 해 달라고 기도하면, 공의의 하나님은 누구의 편에 서시겠는가?

- 자기가 잘못한 것은 그 사람에게 직접 갚고 용서를 구하라. 그가 용서하면 하나님도 용서하신다. 땅에서 매면 하늘에서도 매이고, 땅에서 풀리면 하늘에서도 풀리는 이치다.

- "회당에서 기도하지 말고 골방에서 기도하라" 했다. 눈에 보이는 골방이 아니라, 골방과 같이 고요한 마음이다. 잡념을 버리고 하나님을 향해 마음을 집중하며, 사랑하고 용서하는 아름다운 생각만 나오도록 하라.

- "두드리면 열릴 것이다." 하는 것은 육의 소원을 위해 두드리라는 것이 아니라, 진리의 깨달음을 얻기 위해 두드리라는 것이다.

- 기도하는 방법: 생활 속에서 수시로 기도하는 삶을 살아야 한다.

- "저의 죄를 용서하여 주옵소서." 하는 회개의 기도를 하라.
- 범사에 "하나님! 감사합니다." 하라. 현재 가진 것에 감사하며, 과욕하지 말라. 자기 노력 이상의 것을 더 갖고자 기도하는 것은 도둑놈심보다. 공의의 하나님은 각자 노력한 만큼 주신다.
- "하나님 뜻대로 살아가겠나이다." 하며 마음의 각오를 다지라.

- 기도는 하나님의 말씀을 받아서 "행하는 것"이다. 하나님이 계심을 굳건히 믿고, 하늘을 향하여 한 점 부끄럼 없이 사는 삶 자체가 가장 위대한 기도이며, 삶이 곧 예배다.

3. 지도자

- 똑같이 사랑한다는 말을 해도, 순수하게 하는 말은 천사의 말이지만, 사기 쳐서 재산을 가로채려고 하는 말은 사탄의 말이다.

- 종교 지도자가 아무리 훌륭한 설교를 해도, 신도의 재물을 거둬서 더 큰 교회를 짓고 자기의 부귀영화를 바라며 설교하면 사탄의 가르침이 된다.

▪ "저희 교회는 만원사례요, 믿음은 다 같으니 이웃의 개척 교회에 가서 예배를 드리시오." 하며, 이웃 교회의 부흥을 먼저 생각하여 제 신도를 보내는 종교 지도자가 있다면 그를 따르라. 그가 하나님의 사랑을 실천하는 자다.

▪ "부자가 천국에 들어가는 것은 낙타가 바늘구멍을 통과하는 것보다 더 힘들다" 하였거늘, 지금의 교회에서는 부자가 되기만을 기도하고 소원하니, 이는 곧 천국을 포기하고 지옥 행 열차의 티켓을 사는 것과 같다.

▪ 예수는 빈손이었다. 종교 지도자가 예수보다 더 호화롭고 편안하게 살아간다면 잘못된 것이다. 부귀영화와 명예를 바라는 자는 절대로 갈 수 없는 좁고 협착한 길이 종교 지도자의 길이다.

▪ 종교 지도자는 유리로 비춰 봐 한 점의 부끄러움이 없이 살아야 한다. 의식주도 직접 일해서 해결하고, 예수의 가르침과 행함을 그대로 따라야 한다.

▪ 종말은 없다. 지금의 잘못 가는 종교 집단에게만 종말이 있다. 보이지 않는 하나님은 보이는 육의 종말은 관여하지 않으신다. 환경 파괴로 인간이 스스로 멸망을 자초하는 것이다. 종파끼리 싸우기 전에, 무너진 인성을 바로잡고 지구의 몸살을 해결하는 데 뜻을 모으는 게 급선무다.

4. 성전이란

▪ 이 세상 자체가 하나님께서 만드신 성전이다. 자연보다 더 아름다운 성전이 있는가? 보이는 건물이 성전이 아니라, 성스러운 마음가짐이 성전이다.

▪ 반석 위에 교회를 지으라 했다. 지상의 단단한 돌은 인간이 쪼갤 수 있으나, 마음속의 굳은 결의는 세상 무엇으로도 쪼갤 수 없다. 바르고 굳건한 믿음으로 성경의 가르침을 실천하는 것이 마음의 반석 위에 교회를 짓는 것이다.

▪ 손으로 지은 건물의 교회에 모여서 복음을 전하는 것이 아니라, 교회를 개인과 가정에 심어 주어야 한다. 무너지고 부서지는 건물을 짓지 말고, 마음속에 영원히 불변하는 참진리의 교회를 지으라.

5. 십계명

- 십계명은 인간이 죽어서 반드시 통과해야만 하는 열 개의 관문이다.

- 부모를 공경하지 아니한 자는 “네 부모를 공경하라.” 하는 제5계명의 관문이 열리지 않으니 구원받을 수 없다.
- 살인, 간음, 거짓, 우상 등의 나머지 계명도 마찬가지다.

- 십계명은 하나님의 친필이다. 모기소리만 한 하나님의 음성이라도 들어 보겠다고 여기저기 찾아 헤매지 말고, 십계명부터 암송하고 지키라.

- 십계명은 영혼을 구원하는 양식이며, 십계명을 지키는 것이 구원을 받는 길이다. 인간이기에 지키고자 노력하고 또 노력한다면 지킬 수 있다.

- 십계명을 지키고 천사처럼 아름답게 살아가는 그 마음 하나면 세상에 이루어지지 않는 것이 없다.

6. 보물

- 하나님은 재물이 아니라 우리의 마음을 받으신다. 사랑을 실천하며 천사처럼 변하는 마음이 하나님께 바치는 보물이다.

- 보이지 않는 하나님께 재물을 바치려 하지 말고, 너희를 길러 준 부모에게 용돈 드리고, 찾아뵙고, 효성을 다하라. 그것이 하나님께 효도하는 것이다.

- 하늘에는 선과 악의 창고가 있다. 자기 창고에 선이 많으면 천국으로 구원을 받고, 악이 많으면 심판받아 지옥으로 간다. 그것이 바로 “선한 일을 행한 자는 생명의 부활로, 악한 일을 행한 자는 심판의 부활로” 나오는 것이다.

- “선악과를 따먹지 말라”는 것은 양심을 지키라는 것이다. 선과 악을 구분할 수 있는 양심을 최초에 인간에게 주셨다. 선한 열매는 취하고, 악한 열매는 버리며, 양심에 비추어 부끄럼 없는 삶을 살아가라.

- 가장 작은 거짓말을 하지 않고, 가장 작은 죄를 짓지 않으며, 가장 작은 선행을 하고, 가장 작은 악행을 멀리하는 것이 율법의 일점 일획도 빠뜨리지 말고 다 지키는 삶을 사는 것이다.

7. 우상

- 박물관에 있는 불상은 하나의 예술품이다. 그 조각품에 대고 제 소원을 빌 때 우상숭배가 된다. 십자가라 하여도 그 앞에서 소원을 빈다면 우상숭배하는 것이며, 하나님께 소원을 빈다면 하나님을 우상으로 전락시키는 것이다.

- 지금 기복신앙에 젖어 있는 모든 사람이 우상 앞에 절을 하고 있다. 조각품을 우상이라며 파괴하지 말고, 네 마음속에 있는 욕심의 우상을 무너트리라.

- 생수를 약초가 먹으면 약을 만들고 독사가 먹으면 독을 만든다. 같은 성경을 봐도 선한 지도자는 신도를 천사로 만드는 데 활용한다. 그러나 욕심이 가득한 지도자는 재물을 거두어들여 제가 부귀영화를 누리는 데 악용한다. 그가 바로 성경을 우상숭배의 도구로 전락시키는 거짓 선지자다.

- 성경을 한 획도 빼거나 더하지 말라는 것은, 그 가르침을 빠트리지 말고 온전히 지키라는 것이다. 성경 속에서 자기에게 유리한 구절만 보는 것은, 자기에게 불리한 구절들을 빼 버리는 것이다. 믿음이 제일이요, 행함은 구원과는 관계없다는 것은 자신에게 유리한 쪽으로 성경을 악용하는 것이다.

- 진정한 종교 지도자는 종파에 관계없이 어떤 종파든 어떤 책이든 접하고 보고 깨우쳐 견문을 넓히도록 인도한다. 참진리를 모르고 자신이 없는 자가 남을 이단이라며 배척하고, 신도들의 눈과 귀를 가린다.

8. 예수

- 예수의 재림은 없다. 예수가 다시 온다 해도, 과연 누가 그를 예수라고 믿겠는가? 예수와 같은 삶의 행함이 곧 예수의 재림이다. 각자 모두가 "재림 예수"가 되는, 차원 높은 믿음으로 가야 한다.

- 예수는 "주여 주여 하지 말고, 아버지의 뜻대로 행하라"고 했다. 예수가 전한 하나님의 뜻이 곧 "길이요, 진리요, 생명"이며, 그 가르침이 예수의 보혈처럼 소중한 것이다. 예수를 믿는 것은, 예수의 가르침을 믿고 따르는 것이다.

- 예수는 낮은 자로서 만백성을 섬기고자 했다. 만나는 모든 사람을 다 하나님이라 생각하라. 돈을 벌수록 겸손하고, 높은 지위를 얻을수록 낮아지라.

▪ 예수는 종파를 만들지 않았다. 인간이 만든 종교와 인간의 교리를 따르지 말고, 예수를 통해 전한 하나님의 참진리를 연구하고 따르라.

▪ 예수가 2천 년 전에 만백성을 위해 죽었으니, 지금 이 땅에는 예수의 가르침대로 사는 천사만 존재해야 한다. 예수가 죽어 가면서 바란 것은 만백성이 천사가 되어 예수의 자리를 채워 주는 것이지, 지금과 같이 재물을 바치면서 중언부언 제 소원만을 비는 백성들을 바란 것이 아니다.

9. 구원

▪ 천사가 사는 천국에는 천사만 갈 수 있으니, 천사 같은 마음을 길러야 한다.

- "천국 열쇠를 네게 주리니 땅에서 무엇이든지 매면 하늘에서도 매일 것이라" 했다. 땅에서 천사같이 사는 자가 하늘에서도 천사가 되어 천국에 들어간다. 모든 사람에게 천사같다는 말을 듣는 삶을 살아야 한다.

▪ 천사의 곱고 아름다운 마음은 부모를 공경하고 어른을 어른으로 대접하는 데에서 출발한다. 효도하는 자는 형제와 화목하게 지내기에 가정이 화목해지고, 이웃과 화목해지고, 국가가 화목해지고, 온 인류가 화목해진다.

- 그러므로 지상의 아름다운 소왕국은 가정에서부터 이루어야 한다.

▪ 선택된 14만 명만 구원받는 것이 아니라, 천사처럼 변하고자 하는 14만 명을 기초로 온 인류가 천사처럼 거듭나는 영적인 개혁이 시작되는 것이다.

▪ 천 년에 걸쳐서 하늘에서 이루어진 것같이 이 세상을 낙원으로 만들어, 만백성이 지상의 천국에서 살다가 죽어서 그대로 하늘의 천국으로 들어가는, 영원한 지상 낙원을 건설하는 것이 하나님의 계획이다.

- **이것이 구약과 신약에 이어 "새로운 성경"으로 역사하시는 하나님의 창조의 완성이다.**

▪ 지금의 믿음으로 구원받을 수 있다면 그 길을 가라. 그러나 자신이 없다면 하나님께서 직접 내리신 160권의 "새로운 성경"을 읽고 구원의 길을 보라!

하나님 머리말씀

이 새로운 성경을 읽는 너희 모두는
이 율법에 따라 행하면 영원히 구원받을 것이니라.

너희 인간이 수년, 수십 년, 평생
성서를 공부하고 기도하는 것은
하늘나라 나의 곁으로 오고 싶은 소망일진대,

몇천 년 전의 너희 인성과 생각이
지금의 너희와는 판이하게 다르니,

꺾여 가고 병들어 가는 너희를 고칠 수 있는 길은,
오늘 내가 선지자에게 내리는 새로운 성경과 같이
너희가 변화되는 것뿐이니라.

나의 예수가 태어난 것처럼
내가 아들 선지자를 선택하여
나의 새로운 성경을 온 세계에 전하고자 하니,

묵은 것은 버리고 새로운 것은 취하여,
너희 모두는
'여호와 하나님! 저의 죄를 용서하여 주옵소서.'
하는 기도문으로 기도하고, 죄를 뉘우치라.

이 새로운 성경은
수천 년간 내려온 성서를 요약한 것이니,
너희는 이 책을 정독하여 쉽게 깨달음을 얻고,
이대로 실천하여 하늘에 오르라.

대역자 머리말

■ 하나님의 율법을 지키는 선지자로 선택을 받다.

저는 남들처럼 그저 열심히 살아온 평범한 사람이었습니다. 그러나 50대 중반에 사업에 실패하여 많은 부채에 시달렸으며, 건강도 악화되어 눈이 잘 안 보이고, 걷기도 어렵고, 두통이 심해서 잠을 이룰 수 없는 고통의 나날을 보냈습니다. 그때 제가 선택할 수 있는 것은 육의 삶을 끝내는 길뿐이었습니다.

죽기 직전에 그동안에 죄를 지은 이들에게 용서를 빌고 인생을 끝내기로 작정하였습니다. 어려서부터 지은 죄를 빌고 빌다 보니 끝이 없었고, 죽음으로도 그 많은 죄를 용서받을 길이 없다는 생각에 하염없이 눈물이 흘렀습니다. 그 순간 '재래식 화장실의 구더기는 죄를 짓지 않는데, 나는 인간으로서 구더기만도 못한 삶을 살았구나.' 하는 생각이 들면서 괴로움에 몸부림칠 때, 갑자기 하나님의 음성이 들렸습니다.

"나는 여호와 하나님이니라. 너는 십계명을 암송하고 내가 내려 주는 메시지를 받아 책으로 만들어 만백성을 구하라." 하시며, 제 눈을 손으로 문지르게 하시고, 아픈 머리와 다리를 손으로 두드리게 하셨습니다. 그러고 나니 눈도 잘 보이고 걸을 수 있었으며 머리의 통증도 말끔히 낫게 되었습니다. 그때부터 십계명을 암송하고 나면 들려주시는 말씀을 기록하였고, 1999년 8월부터 2004년 7월까지 권당 288쪽, 총 160권을 받아서 "새로운 성경"이라는 책으로 펴내게 되었습니다.

그러한 저에게 죽기보다도 힘든 길이 시작되었습니다. 모든 교인들이 저에게 사탄이요, 이단이요, 악마요, 마지막 시대에 온 거짓 선지자라 하면서 공격하였고, 저를 짐승을 보듯이 대하는가 하면, 편협한 종교 지도자들의 선동으로 신도들이 이 책을 직접 읽어보고 평가할 기회마저 막아 버렸습니다. 그래서 하나님의 말씀을 세상에 내는 데 많은 어려움을 겪으며, 피를 토하는 심정으로 책을 전하고 있습니다.

그러나 아무리 인간의 힘으로 막으려 해도, 하나님의 뜻이 세상에 전해지는 위대한 역사는 계속될 것입니다. 책으로 전해지는 "하나님의 말씀"은 세상 끝날까지 항상 우리와 함께하실 것입니다. 사람은 죽어도, 책에 기록된 말씀은 영원히 남으니까요.

■ 따뜻한 실천

하나님께서는 어려운 사람들에게 삶의 터전을 마련해 주고, 미래를 열어 주는 것을 기뻐하십니다. 어려운 이웃이 스스로 자립할 수 있도록 이끌어 주는 것이 진정으로 이웃을 돕는 것이라고 말씀하셨습니다. 그래서 일자리가 없는 제자들에게 작은 사업장을 만들어 주는 "달란트 사업"을 하고 있습니다. 식당, 반찬 가게 등을 차려 주고, 기존의 어려운 사업장이 자립할 수 있도록 돕고 있습니다(커피숍, 미용실, 의상실 등).

하나님께서는 교회에 나와서 모든 시간과 재물을 쏟기를 원하지 않으시고, 그 시간과 재물을 교육에 투자하여 스스로 미래를 열어 가기를 원하십니다. 그래서 제때 공부하지 못한 제자들에게 학업을 이어 가도록 하였습니다. 중화요리 주방장을 하며 초등학교 검정고시부터 공부하여 2012년에 방통대를 졸업한 36세 남성, 만학도들의 2년제 중학교에 입학해서 2007년에 명지대학을 졸업한 38세 여성, 중학교 검정고시를 시작으로 숭의여자대학을 졸업한 47세 여성 등이 있습니다. 그밖에도 많은 제자들에게 나이를 초월하여 배우고 깨우쳐서 사회 속의 당당한 일원이 되도록 인도하고 있습니다.

학자금 대출로 힘겨워하는 젊은이들을 위해 "따뜻한 바람 장학회"를 발족하여(2016년 12월) 대출받은 학자금 전액을 매월 갚아 주고 있습니다. 또한, 다문화 가정을 위해 "다문화 가족 랜드"를 조성하여, 각종 시설을 무료로 활용하도록 하고 있습니다.

이러한 따뜻한 실천이 아직은 미약합니다. 그러나 책의 수입이 늘고, 저와 뜻을 같이하는 분들이 늘어나면 계속 확대할 것입니다. 지도자로서 신도의 재물을 헌금으로 거둬들여 착복하는 것이 아니라, 하나님께서 기뻐하시는 일에 사용하도록 중매 역할만 하며 살아가고자 합니다. 이런 제가 과연 사탄이고 이단인가요? 하나님께서 기뻐하시는 일이라면, 저에게 사탄이라 하든 거짓 선지자라 하든 굽히지 않고 실천해 나갈 것입니다.

끝으로, 일상의 삶 속에서 "지금 내가 하는 행동이 과연 하나님께서 기뻐하실까, 슬퍼하실까?" 생각하고, 매사에 하나님께서 기뻐하시는 길을 택하기 바랍니다. 교회에 모여서 집단적으로 예배 드리는 것이 아니라, 개인이나 가정 단위로 새로운 성경을 읽어 스스로 깨우치고 그대로 행하면 충분합니다. 그것이 마음속에 성전을 짓고, 신령과 진정으로 예배 드리는 길입니다. 그러면 천국의 문에 들어서게 됩니다.

2017.2.1.

하나님 말씀 대역자 김용철

차 례

십 계 명

이 책은 십계명을 암송하고 나면 내려 주시는 "하나님의 음성"을 듣고 그대로 받아쓴 기록입니다. 하나님께서 십계명을 모세에게 내려 주셨지만, 그것은 만백성에게 내려 주신 것입니다. 마찬가지로 이 책의 모든 말씀도 저에게 내려 주셨지만, 만백성 각자에게 들려주시는 말씀입니다. 여러분도 이 책을 접할 때마다 십계명을 암송하고 나서 정독해 주시기 바랍니다.

제일은, 너는 나 외에는 다른 신들을 네게 있게 말지니라.
제이는, 너를 위하여 새긴 우상을 만들지 말고, 또 위로 하늘에 있는 것이나, 아래로 땅에 있는 것이나, 땅 아래 물 속에 있는 것의 아무 형상이든지 만들지 말며, 그것들에게 절하지 말며, 그것들을 섬기지 말라.
제삼은, 너는 너의 하나님 여호와의 이름을 망령되이 일컫지 말라.
제사는, 안식일을 기억하여 거룩히 지키라.
제오는, 네 부모를 공경하라.
제육은, 살인하지 말지니라.
제칠은, 간음하지 말지니라.
제팔은, 도적질하지 말지니라.
제구는, 네 이웃에 대하여 거짓 증거하지 말지니라.
제십은, 네 이웃의 집을 탐내지 말지니라.

나 여호와가 존재함을 믿는 그 자체가 구원의 길에 들어서는 기본이요, 근본이며, 나의 새로운 성경을 가슴에 안고 정독하는 자, 반석 위에 서서 하늘에 오르는 찬란한 빛을 보게 되는 영광을 얻게 됨이니라. 진정 나를 따르고 믿는 자는 감히 사탄이나 마귀도 근접하지 못하느니라.

〈하나님 말씀〉

2003년 4월

5,809 번째 하나님 말씀

2003년 4월 2일 11시 42분

1 사랑하는 나의 아들아!

2 "네, 아버님! 말씀하옵소서."

3 육의 세상에서 너희가 하는 모든 일은 끝이 있으며, 그리하여 너희는 그 끝의 결과에 따라서 얻고 잃는 그와 같은 역사의 변함이 되는 것이니라.

4 그러나 믿음의 길이라는 것은 끝이 없음이니라.

5 너희가 세상에 태어나서 육이 끝나는 그 순간까지 너희는 믿음의 길을 위해서 달려가고 또 달려가야 하니, 지루하고도 먼 길의 삶이니라.

6 너희가 1, 2년이요, 10년 안에 모두가 역사하는 것이요, 그것으로 끝나는 것이라면, 너희가 10년을 착하게 살고 그것으로 끝나서 하늘에 오를 수 있는 그 한계가 정해져 있다면,

7 너희가 그 10년 동안 얼마든지 아름답고 착하게 살지 못하겠는가?

8 그러나 너희가 나에게 오르는 그 믿음은 그와 같이 정해지는 것이 아니요, 죽을 때까지, 너희가 운명할 때까지 변하고 또 깨닫고 진리를 연구하고 하늘에 오르는 길을 달려가도 끝이 없음이니라.

9 그러니 세상에 살아가면서 하던 일도 남이 시키면, 남의 지시를 받으면 힘들고 어려우며 너희 스스로 권태로운 것이니라.

10 그러나 하고자 하는 일을 즐겨서 하며 즐거워서 하는 자는 그 지루함을 모르지 않던가?

11 평생 가도 가도 끝이 없는 그 믿음의 길을 즐거운 마음으로 스스로 가는 그와 같은 마음으로 믿음을 가야 할 것이니라.

12 그리하여 너희가 기쁨을 알 수 있으며, 끝까지 나에게 오는 길을 달려올 수 있음이니라.

13 너희가 괴로운 마음이요, 즐겁지 않은 마음으로 믿음의 길을 간다는 것은 언제 무너질지 모르는 것이 너희 마음이니라.

14 그러니 평생 너희가 중단할 수 없는 그 지루하고 멀고도 긴 고통의 길을 스스로 즐거운 마음이요, 기쁜 마음으로 그리 가야만 되는 것을 잊어서는 아니 될 것이니라.

15 세상이 끝날 때까지 끝이 없는 것이 믿음에 오르는 길이며 하늘에 오르는 길임을 너희는 알아야 할 것이니라.

16 그리하여 내가 160권이라는 법전을 세상에 내려보내,

17 너희가 읽고 또 읽어 평생 공부하고 깨우칠 수 있도록 그 많은 장서를 지금 내려보냄이니라.

18 몇 권의 법전이 세상에 나왔으나, 만백성이 이를 보고 나의 성령이 하늘에 오르는 길이라 생각하는 자들이 없으며,

19 이건 사탄이요, 어떠한 자가 장난하며

또 세상을 혼탁하게 하는 것이라 그들
은 그리 말할 것이니,
20 지금 너희가 전하는 법전은 완벽한
뿌리를 내리지 못하였으며, 완벽히 다
듬어지지 않은 것이며, 지금이 기초이
니라.
21 160권의 16권이라는 것은 10분의 1
밖에 안 되어 있으니, 바로 시작이니,
이제 나무로 말하면 너희가 싹이 트
기 시작하며 아직 노란 형태를 벗어나
지 못한 것과 같으니,
22 그가 성장하여 과일을 열며 많은 과일
을 만백성이 따 먹을 수 있도록 성장
하며 그늘을 줄 수 있는 나무로 성장
하려면 160권의 법전이 세상에 다 나
왔을 때 그 역사가 이루어짐이니,
23 지금은 너희가 아직 자라지 못한 나
무와 같은 그런 형국이니,
24 남들이 볼 때 너희를 우습게 보며 너
희를 장난으로 보며, 정신 나간 자들
이 한 시대에 잠깐 왔다 시들어 가는
그와 같은 사악한 자요, 사탄의 짓이
라 그리 생각할 것이니라.
25 그러나 그렇지 아니함이니라.
26 이 노란 나무는 서서히 푸르러질 것이
며 열매를 열게 될 것이며,
27 그리고 그 열매는 만백성에게 생명의
과일이 될 것이며, 그 나무는 만백성
에게 그늘을 줄 수 있는 그와 같은 역
사를 이룰 것이니라.
28 이게 바로 제3의 시대에 심판이요, 나
의 법전이요, 이는 내가 성령으로 내
리기 때문이니 그리 알라.
29 너희는 두려워하지 말며 불안해하지
말라.
30 나의 법전이 세상을 덮고 안 덮는 것
또한 나의 역사니,
31 그 모두를 역사할 사람들이 스스로 나
의 성전을 찾아올 날이 머지않았음을
너희는 알도록 하라.

5,810 번째 하나님 말씀

2003년 4월 2일 11시 48분

1 사랑하는 나의 아들아!
2 "네, 아버님! 말씀하옵소서."
3 너를 따르는 제자들이요, 나의 법전을
읽은 백성, 너희는 너희가 한 끼의 끼
니를 먹지 못한다 해도 남에게 대접할
수 있는 그와 같은 행동의 훈련을 지
금 하고 있으며, 그와 같은 마음의 자
세가 되어 있음이니라.
4 너희가 추운 날 남에게 옷을 벗어 줄
수 있는 그와 같은 마음이요, 행동을
할 수 있는 경지에 올랐으며, 그 수준
에 오르는 것이 너희이니라.
5 이제 머지않아 너희는 그와 같은 행
위를 할 수 있으며 그와 같은 역사를
할 수 있는 깨달음의 수준에 와 있음
이니라.
6 이제는 너희가 그와 같은 물질로써
사랑을 나누며 베푸는 사랑은 이제 행
할 수 있는 마음을 비웠음이니,
7 이제 너희는 다음 단계로써 역사해야
함을 알아야 할 것이니라.
8 너희는 이제 마음의 사랑을 실천해야
할 것이니라.
9 그리고 너희는 눈빛의 사랑을 실천해
야 할 것이며, 말의 아름다운 사랑을
실천해야 할 때가 되었음을 알라.

10 너희가 남을 사랑하는 것도 베푸는
것이며, 남에게 따뜻한 말이요, 온정
의 말이요, 그리고 진실한 말로써 대
화하는 것,
11 그리고 남을 기만하지 않는 그와 같은
진실한 언어와 눈빛이요, 마음의 사랑
을 전하는 훈련을 하도록 그리해야
할 것이니라.
12 물질의 사랑보다 마음의 사랑이요, 언
어의 사랑이요, 행함의 사랑이 소중함
을 너희는 알아야 할 것이니라.
13 그러니 이제 너희는 만백성을 진심으
로 사랑하며 그들을 소중히 생각하며,
네 몸보다도 더 아름답게 생각하며 소
중히 생각하는 그와 같은 훈련에 돌입
하도록 하라.
14 마음의 창을 열어 마음의 사랑을 하는
것, 그리고 말의 사랑을 하는 것, 그리
고 눈빛의 아름다운 사랑을 하는 것,
그와 같이 사랑하는 것이 베풂이니,
15 너희가 보이지 않는 마음의 사랑을 역
사할 수 있도록 그와 같은 훈련에 돌
입하라.
16 너희는 모든 물질은 줄 수 있으며 물
질은 베풀 수 있으나,
17 아직은 너희가 마음의 사랑이요, 진실
한 마음의 사랑이 얼마나 소중한가를
모르고 있으며,
18 마음의 사랑을 전달하며 마음의 사랑
을 나누는 것이 무엇인 줄 모르고 있
음이니,
19 이제 너희는 마음의 사랑을 하도록
그리하라.
20 모든 백성을 마음으로 사랑할 때, 너
희가 물질로 사랑하는 것보다 더 소중
하며 아름다움이 거기 있으며,
21 진실로 진실로 만백성이 너희가 변한
모습을 볼 것이며 너희를 따르고자
하는 그와 같은 역사가 이루어질 것이
니라.
22 이제는 너희가 물질을 주고 행동으로
주는 그 사랑보다도 마음의 사랑을 하
며 눈길의 사랑을 하며 언어의 사랑
을 하며,
23 그와 같은 사랑으로써 너희가 만백성
을 대하도록 그리하며, 그것을 베푸는
데 최선을 다하라.
24 보이지 않는 마음의 사랑을 베풀라,
그리고 보이지 않는 눈빛의 사랑을 베
풀라, 그리고 너희가 보이지 않는 말
의 사랑을 베풀라.
25 그리하는 것이 너희가 마음과 겉이 다
같이 변화되는 것이며,
26 너희가 정녕 나눔을 알며 베풂이 무
엇인가를 알게 됨이니 그리 알라.

5,811 번째 하나님 말씀

2003년 4월 2일 22시

1 사랑하는 나의 아들아!
2 "네, 아버님! 말씀하옵소서."
3 나의 아들 예수가 세상에 나와 만백성
을 구하고자, 나의 뜻을 전하고자 그
역사를 하다 죽어 갔음이니,
4 그 후에 모든 종교 지도자요, 수많은
지도자가 세상에 나와 그들이 지도자
며 하늘에 오르는 길이라 그리 말하였
으나,
5 내 음성을 들은 자 없으며, 내가 그들
에게 명한 것이 없으며, 나로부터 명

받아 이와 같이 나의 성령을 기록한
자가 없었음이니,
6 인간사 2천여 년의 세월이 흐르는 동
안 얼마나 많은 너희 조상의 뿌리가
세상에 왔다 죽어 갔는가?
7 그 인간의 숫자와 2천 년이라는 그 세
월의 역사를 한번 돌이켜 보라.
8 그 속에서 많은 백성이 왔다 죽어 갔
으며, 또 새 생명이 태어났으며 지금
도 생명이 태어나고 죽어 가는 그와
같은 역사는 계속 반복되고 있음이니,
9 그 많은 세월 속에 그 많은 백성 중에
이와 같이 나의 성령이요, 나의 음성
을 받아 기록한 자가 없으며 책으로써
역사한 자가 없음을 너희는 알아야
할 것이니라.
10 지금 너희가 말로써 전하는 것은 진
실한 것이 아니요, 깨달음이 아니라
내가 그리 말하였느니라.
11 너희가 증거를 제시하며 글로써 제시
하며 책으로 만들어 전하는 그 모든
것은 거기에 대해 대답해야 하며 해
명을 하여야 하며, 증거의 서류로써
세상에 남음이니,
12 이와 같이 나의 뜻을 받아 책으로 만
들어 기록한 자가 없음이니라.
13 그러니 2천 년 동안에 그 많은 백성이
죽어 가는 그 속에서 너희가 선택된
것이 얼마나 큰 영광이며,
14 지금 내가 선택한 동양의 작은 나라에
나의 아들이 이곳에 있음이니, 그가
나의 성령을 받아 기록하여 세상에 내
는 것이니 이보다 더 중요한 것이 없
으며,
15 세상의 모든 이치요, 진리는 이 책에
따라 움직일 것이며, 이 언어가 세계
공통어가 된다는 그와 같은 말을 너희
는 믿지 않으나,
16 이는 하늘의 언어이니라.
17 하늘의 말이요, 하늘의 뜻이기 때문에
이는 공통어가 되며,
18 세상을 지배하며, 세상을 통제하는 언
어가 동양의 작은 나라의 언어임을 너
희는 알아야 할 것이니라.
19 하늘의 뜻이기에 세상의 공통어가 되
는 것이며,
20 만백성이 이를 보고 깨우쳐 너희가
살아가는 삶을 엮어 가는 것이라 내
가 그리 말하였음이니,
21 즉 이 글은 하늘의 글이며 하늘의 뜻
이라는 것을 알아야 할 것이니라.
22 그리하여 동양의 선택된 백성이 하늘
나라의 문자요, 글을 쓰면서도 이에
감사할 줄 모르고 그 영광을 모름이니,
23 세상에 이 글보다 쓰기 편한 글이 어
디 있으며 의사를 전달하기 쉬운 단어
와 언어가 어디 있는가?
24 그와 마찬가지로 지금 나의 법전을 세
상에 내리되, 내가 선택한 하늘의 글
자요, 문자로써 지금 내가 너희에게
법전을 내려보내니,
25 나의 아들이 존재하는 이 시대를 살아
가는 제자들이요, 법전을 읽고 깨우친
백성이 얼마나 영광되고 축복받은 백
성인지를 너희는 아는가?
26 너희는 그것을 모름이니라.
27 그와 같은 역사함을 너희가 안다면,
예수를 따랐던 그 제자들이요, 예수의
고통이라 하여 너희가 두려워할 것이
무엇이 있단 말이던가?

28 너희는 나의 아들딸이라 그리 말하였
음이니라.
29 나의 아들 예수는 십자가에 못 박혀
죽어 가는 그와 같은 고통과 시련 속
에서도 나의 뜻을 순종하며 그를 전하
였으니,
30 너희도 나의 아들딸이라 내가 명하였
거늘, 어찌하여 스스로 주워 온 아들
딸이라 그리 생각하는가?
31 너희는 나의 친 아들딸이 아니라 그리
착각하지 말라.
32 예수나 너희나 똑같은 나의 아들딸이
니,
33 너희라 하여 어렵고 힘든 고통의 길을
가지 말라는 법이 어디 있으며, 너희
가 인내하지 못할 것이 어디 있단 말
이던가?
34 그와 같이 인내하며 그 길을 갈 수 있
는 것이 너희이니라.
35 그리하여 너희는 나의 친자식이며 친
딸이요, 친아들이니, 친자임을 알라.
36 너희 스스로 나로부터 난 자식이요,
감히 나 여호와의 아들딸이라 말하며
나를 아버지라 부르면서도,
37 나의 성령으로 나가 나에게 선택된 나
의 진정한 아들딸이라는 것을 너희가
모르고 착각하고 있음이니,
38 그리하여 너희가 어렵고 힘든 그 고비
마다 좌절하며 인내하지 못하는 것은
너희는 주워 온 자식처럼, 입양한 자
식처럼 생각하고 있기 때문이니,
39 오늘부터 너희가 그 생각을 바꾼다면,
2천 년이라는 그 세월 동안 수많은 너
희 조상이 하늘에 오르고자 기도하고
경배하며 살아갔으며,
40 그들이 사는 동안 나의 뜻을 알지 못
했으며, 내가 내리는 성령의 뜻을 듣
지 못했으며, 내가 글로써 내리는 이
문자를 보지 못하고 죽어 갔으니,
41 그 백성 중에 너희가 선택되어 너희
부터 모든 역사를 이룸이니 너희의 소
중함을 알며,
42 너희가 입양된 자식이요, 양자로서,
데려온 자식이 아니라 나의 친자식이
라는 것을 알 때,
43 예수도 친자요, 너희도 친자이니, 어
찌하여 고통의 십 분의 일, 백 분의 일
도 못 하면서 너희가 힘들고 어렵다,
고통스럽다는 것만을 생각하는가?
44 그것이 무엇이던가?
45 너희가 당장 잠잘 데가 없으며 먹을
것이 없는가?
46 너희 이름 석 자가 고통스럽기 때문
이던가, 네 얼굴이 깎이기 때문에 그
렇던가?
47 너희는 어찌하여 그 작은 것에 연연하
는 마음 하나도 다스리지 못하며 만백
성을 구원하는 대역사를 이룬다 생각
하는가?
48 너희는 나의 친 아들딸이니 친자임을
잊지 말라 그리 전하라.

5,812 번째 하나님 말씀

2003년 4월 2일 22시 14분

1 사랑하는 나의 아들아!
2 "네, 아버님! 말씀하옵소서."
3 운동경기의 경기력을 향상시키기 위
해서 선수는 부단한 노력과 연습밖에
는 향상시키는 길이 없음을 알라.

4 노력하지 아니하며 말로써 경기력은
향상될 수 없으며 실력이 늘 수 없음
이니라.
5 너희가 인간 세상을 살아가는 것 또한
그러하니라.
6 너희가 얼마만큼 노력하고 사느냐에
따라서 반드시 그 대가는 이루어지게
되며, 그 결과를 얻게 되는 것이 인간
세상에서 살아가는 육의 삶의 근본이
니라.
7 너희가 하늘에 오르는 길 또한 그러하
느니라.
8 너희는 어찌하여 변할 수 없다고 생각
하며 변하지 못하는가?
9 그것은 마음의 다짐이 약하며 노력함
이 적음이니라.
10 너희는 무엇인가를 결정하고 무엇인
가를 역사하기 위해 각오한다 하여 머
리를 박박 밀어붙이는 자가 있음이니
라.
11 아무리 머리를 박박 밀어붙인들 무엇
하는가?
12 너희가 3일을 못 가 그 계획이 틀어지
며 결심이 무너진다면 그는 괜히 애꿎
은 머리만 깎은 것이며,
13 남에게 '나는 이와 같은 길을 간다'고
자랑하는 것뿐이니,
14 그러나 너희에게 얻어지는 것은 아무
것도 없음이니라.
15 그러니 바로 그것이 무엇인 줄 알겠는
가?
16 변함없이 노력하는 길이니라.
17 꾸준히 노력하고 또 연습하는 것밖에
경기력을 향상하는 길은 없느니라.
18 그와 같이 믿음의 길도 오늘의 깨달음
을 내일 잊어버린다면 그는 깨달음이
아니요, 점점 지치고 힘든 길을 너희
가 자초해서 가는 것임을 잊어서는 아
니 될 것이니라.
19 쉬지 않고 부단히 노력하는 생활 속에
서 너희가 변화될 수 있는 것이니라.
20 너희 자신을 다스리지 못하며 그를 역
사하지 못한다면, 너희는 인간으로서
자질이 없으며 육의 세상에서 자격이
없는 자이니라.
21 인간이 육의 세상에서 자격을 갖추지
못한 자, 인간의 삶으로서 자격이 없
는 자가 어찌하여 하늘나라에 오를 수
있으며 천국의 문을 들어올 수 있는
영광을 얻을 수 있다고 생각하는가?
22 너희가 육의 삶에서 최선을 다하여 계
획한 것을 역사하며, 지키고자 하는
것을 실행하는 변화된 마음, 그와 같
은 것을 역사하는 자만이 하늘에 오를
수 있음이니라.
23 너희가 믿음의 길을 가며 나에게 경배
하고 기도하며 하늘에 오르고자 했다
면 변하는 마음이 없이 계속 전진하고
또 전진하는 길밖에 없음이니라.
24 인간 세상에서 약속하며 그 믿음을 전
진하고자 계획한 것도 실행하지 못하
는 자요, 그와 같이 나약하고 의지가
없는 자요, 나를 향한 믿음이 없으며
경배하는 마음이 없는 너희가 어찌하
여 구원을 받으며 하늘에 오를 수 있
다고 생각하는가?
25 그와 같은 자는 하늘에 오를 수 없음
이니라.
26 너희가 변하는 삶이요, 변하고자 약속
했으면 그대로 지키고 살아가는 것,

27 좌절하지 아니하고 굽히지 아니하며
그 역사의 결과를 얻는 그와 같은 삶
을 살아가는 자가 육을 이기는 자요,
육에서 승리하는 자요,
28 육에서 승리하는 자가 하늘에 오를 수
있음이니라.
29 내가 너희가 육에서 사는 삶이 지옥
과 천국이라 하였음이니,
30 육의 세상에서 천국에 사는 사람이 하
늘에 오를 수 있다 내가 말한 그 뜻을
너희는 깊이 깨우쳐 행해야 할 것이
니라.
31 너희가 믿음의 길을 가고자, 나의 법
전을 읽고 강론을 듣고 변하고자 하
며, 또 깨달은 것을 즉각 실천하지 아
니하며 그리 변하지 아니하고 실행하
는 의지와 결단력이 없이는 아무것도
될 수 없음이니라.
32 육에서 감히 나에게 약속한 것이요,
나에게 언약한 것을 지키지 못하는 그
와 같은 형국에서, 너희가 하늘에 오
르는 그 천국의 문을 어찌 감히 들어
온다 생각하는가?
33 세상사 너희에게 주어진 시간을 마음
대로 쓰지 못하게 하며 내가 너희를
통제하던가, 내가 몇 시에 일어나며
몇 시에 자라고 너희를 통제하던가,
너희가 어떠한 일은 하며 어떠한 일은
하지 말라 내가 너희를 통제하던가?
34 모든 것을 다 주었으며 너희가 임의대
로 쓸 수 있으며, 너희가 결정권자요,
주인이요, 책임자로서 시간과 물질이
요, 정신이요, 모든 것을 다 쓰고 있음
이니라.
35 그러한 속에서 깨달음이 없으며 변화
함이 없으며 역사함이 없이 너희가 어
찌하여 하늘에 오르는 길을 갈 수 있
다고 말하는가?
36 너희가 아무것도 할 수 없는 하늘나라
에 감히 올 수 있는가?
37 올 수 없음이니라.
38 육의 세상에 내가 모든 것을 다 주었
으며 그걸로 마음대로 쓸 수 있으며,
이리 붙이고 저리 붙이고, 이리 굴리
고 저리 굴려 너희가 만들고 싶은 모
형으로 만들며,
39 너희가 그리고자 하는 그림을 마음대
로 그릴 수 있으며 너희가 쌓고자 하
는 그 높이를 쌓을 수 있는 그 모든 것
을 할 수 있음이니라.
40 너희가 남을 사랑하는 것도, 미워하는
것도, 남에게 재물을 나눠 주는 것도,
나눠 주지 않는 것도, 너희가 웃는 모
습으로 사는 것도, 악한 모습으로 사
는 것도 그 모두를 너희 뜻대로 마음
대로 할 수 있는 이 세상에 살면서,
41 그 믿음의 길을 나와 약속하며 내가
내린 것을 나로 하여금 깨우친 것을
지키지 못하는 그와 같은 나약한 마음
으로 산다는 것은 하늘에 오를 생각조
차도 해서는 아니 될 것이며 자격도
없는 자라는 것을 알라.

5,813 번째 하나님 말씀

2003년 4월 2일 22시 31분

1 사랑하는 나의 아들아!
2 "네, 아버님! 말씀하옵소서."
3 지금의 너희 종교 집단이요, 지도자들
이 가는 형국이 과연 어떠하던가?

4 내가 두 마음을 가진 자는 충성스러운
자가 못 된다 말하였음이니, 너희가
한 임금을 섬기되 두 마음을 가지고는
섬길 수 없다 그리하였느니라.
5 충신을 원하는가, 그렇지 않으면 자리
를 원하는가?
6 지금의 믿음의 길을 가는 백성은 나
여호와의 뜻을 가르치며 나의 성령을
가르치며 만백성을 구원하는 생명을
쥐고 흔드는 너희가 과연 재물과 믿
음, 두 가지 마음으로 갈 수 있다고 생
각하는가?
7 지금의 너희 종교 집단이 살아가는 그
모습이 어떻던가?
8 너희가 헌금이라 내는 그 어렵고 힘든
백성은 한 달 수입이라는 것이 너희의
십 분의 일도 안 되는 그와 같은 수입
으로 살아가는 자들이 있는가 하면,
9 종교 지도자는 그보다 열 배 더 많은
수입을 받아들이는 자들이 수없이 많
이 있음이니라.
10 그리하여 그보다 더 가난하고 불쌍한
신도가 그에게 그와 같은 재물을 바치
며 생활을 할 수 있도록 하며 그가 쓰
고 살아갈 수 있는 것을 모두 다 제공
해 줌이니라.
11 기동력도 제공해 주며 집도 제공해 주
며 생활비도 다 제공해 주면서 너희
는 뭐라 말하느냐?
12 '우리 목사님은 참 불쌍하다.' 그리 말
하느니라.
13 그것 가지고 살아가는 것이 얼마나 힘
들고 어려울 것인가 그리 말함이니,
14 없는 자보다 열 배를 더 갖다 쓰는 그
종교 지도자를 그보다도 못한 자들이
그와 같은 말로써 그를 걱정하며 더
갖다 주고자, 더 역사하고자 하는 것
이 지금의 너희 신도들이 가고 있음이
니,
15 그것이 너희가 나에게 오르는 진정한
믿음으로써 가는 길인가?
16 종교 지도자들에게 기쁨을 주며 그에
게서 칭송을 들으려고 너희가 행동을
하는가?
17 충분히 쓸 금화와 은화를 가져가며 기
동력이요, 모든 생활비까지도 다 거둬
들이는 그와 같은 자에게 너희가 주면
서 말하느니라.
18 '그보다 더 많이 드려야 할 것을, 그
적은 것을 가지고 어찌 살아가는지,
그분은 참으로 위대한 분이고 겸손한
사람이다.' 그리 말함이니,
19 너희가 다섯 사람이 살아가는 가정의
최소 생활비를 한번 알아보며, 그리고
중간 사람들이 살아가는 생활비를 알
아보며, 또 상류 사회 사람들이 살아
가는 것을 생각해 보고 분석해 보라.
20 큰 종교 집단의 지도자라는 자들이 과
연 얼마만큼 가져가는가?
21 그리고 공무원이라는 국가의 녹을 먹
는 백성, 그리고 선생이라는 자들이
받아가는 급료요, 그들이 일하고서 받
아가는 것과 한번 견주어 생각해 보며,
22 누가 더 많은 일을 하며 누가 더 역사
를 많이 하는가, 너희가 한번 견주어
보면 알 것이니라.
23 그러면서도 제 끼니도 없는 자가 그리
말하느니라.
24 저희 지도자가 저희가 주는 것으로써
살아가는 것이 너무 고통스럽고 힘들

며 그와 같은 것으로 어찌 사는지 모
른다 한탄하며,
25 더 갖다 줘야 한다 그리 말하는 것이
지금 너희가 가는 형국이며, 지금 이
끌어 가는 형국임을 너희는 알아야
할 것이니라.
26 그와 같은 종교 지도자 또 뭐라 말하
는가?
27 성서에 이와 같이 기록되었다고 너희
에게 가르치느니라.
28 '네가 만일 네 입으로 나의 아들 예수
를 주라 시인하며, 또 하나님께서 그
를 죽은 자 가운데서 살린 것을 네 마
음에 믿으며 그를 믿고 간다면 너는
무조건 구원을 받는다.' 그리 가르치
느니라.
29 사람이 마음으로 믿으면 되며, 마음으
로 믿음으로써 의인이 되며, 입으로써
모든 것을 믿으면 구원을 받으며 하늘
에 오를 수 있다 너희가 그리 가르치
고 깨우침이니라.
30 그러하니 얼마나 편안한 방법이요, 얼
마나 쉬운 방법으로써 구원을 받을 수
있으며 하늘에 오르는 길이라 너희가
그리 가르치는가?
31 나의 사랑하는 아들딸이요, 나에게 선
택된 그들은 하나를 고치기 위해 1년
이요, 2년이요, 몇 개월씩 몸부림치며
시련을 겪으면서 한 가지의 악습을 버
린다 내가 그리하였음이니라.
32 하나의 악습을 버리기가 그렇게 어려
운 것을, 너희는 수없는 악한 일이요,
잘못된 짓을 하면서 너희가 말로써
나의 아들을 믿으며 나의 아들이 부활
한 것을 믿으며 나의 아들이 구세주
요, 구원을 받는다 그리 말하며,
33 너희가 손으로 지은 성전에 와 기도하
면 그게 다 지워지고 씻어지며 너희
가 개과천선하여 천사와 같은 백성이
된다 그리 말함이니,
34 너희가 어떠한 믿음을 지금 가고 있는
지 한번 생각해 보라.
35 너희는 말로써 나의 아들 예수를 믿
으며 말로써 경배하며 주 예수라 부르
라 함이 아니니라.
36 나의 아들 예수의 행함을 본받으며
그의 가르침을 따라 너희가 그 길을
오며, 그를 가르치며 또 배운 백성은
그와 같은 길을 가고자 최선의 노력을
다하며 살아가는 그와 같은 노력 속에
서 모두가 이루어진다 그리하였음이
니라.
37 이를 너희는 알아야 할 것이니라.
38 나의 법전에 기록된 그 내용이 나의
뜻이요, 하늘의 뜻이요, 하늘의 가르
침임을 너희는 알라.
39 내가 너희에게 뭐라 말하였는가?
40 형체를 가진 자는 신이 아니라 그리
말하였음이니라.
41 그러니 지금의 종교 집단의 지도자가
과연 형체가 없는가?
42 그들이 나 여호와보다도 더 위대한 신
이 되어 있으며, 나보다 그들이 더 대
우를 받으며, 나보다 더 편안하고자
하며 나보다 위대하고자 살아가니,
43 저희가 말로써 세상 것이 안 이루어
지는 것이 없으며 말로써 안 내려 주
는 복이 없으며 축복이 없다 그리 말
하니,
44 너희는 이제 알아야 할 것이니라.

45 형체를 가진 것은 신이 아니요, 육을 가지고 세상에 태어나고 죽는 그와 같은 것은 신이 아니라는 것을,

46 그와 같이 역사하는 자는 신이 아니라는 것을 알라.

47 죽고 사는 그 길을 벗어나지 못하는 자는 신이 아니니라.

48 너희 종교 지도자들이 신과 같이 대우를 받고자 신과 같이 역사하며 나의 아들 예수와 나보다 더 높은 지위요, 더 편안하고 더 영광된 것을 모두를 누리고 살아가는 자, 그리고 제도를 그렇게 만든 자,

49 너희가 죽지 않았을 때는 나와 같은 자요, 신이라 할 수 있으나,

50 너희가 죽고 태어나는 그와 같은 속에 형체를 가진 인간은 신이 될 수 없음을 알라.

51 오로지 신은 나 여호와 하나며 창조주 나 외에는 아무도 없음이니라.

52 형체가 없는 것이 나 여호와이니라.

53 그리고 너희같이 죽고 사는 것이 없는 것이 나 여호와이니,

54 너희가 아버지라 부르는 창조주 나 여호와 외에는 아무도 신이 아님을 알라.

55 육체가 죽고 또다시 태어나는 그 모두를 너희가 그 속에서 벗어나지 못하는 인간은 인간일 뿐이니라.

56 그러니 그 모두를 주관하는 것은 나 여호와이니, 주관하는 나 여호와만이 형체가 없으며,

57 죽고 사는 것이 없음은 오로지 나 여호와뿐이라는 것을 알라.

58 그와 같은 너희 인간들이 신보다 더한 대우를 받으며, 너희는 영수증 하나 주는 것 없이 계속 거둬들이며,

59 그 어려운 백성에게 나눠 주는 그 사랑을 베푸는 것이 아니라, 그 가난한 신도보다 열 배 이상의 수입을 거둬들이고 살아간다면, 과연 누가 베풀며 누가 나누며 살아가야 하는가?

60 신도라는 너희는 어떠한 삶을 사는가 한번 들여다보라.

61 그리고 너희보다 잘사는 자, 더 호의호식하고 사는 자, 기동력을 가지며, 쓰고 싶은 것 마음대로 쓰고, 제 자식이 하고 싶은 대로, 제 가족이 하고 싶은 대로 다 하고 살아가는 그들을 어렵고 힘들게 살아가는 것이 불쌍하다고 말하는 것이 지금의 너희들이니,

62 너희가 지도자를 그리 사악하게 만들었으며, 너희가 그와 같이 왕보다도 더 군림하게 만들었으며,

63 너희 스스로 종이고자 했으며 너희 스스로 머슴이고자 하는 그와 같은 삶을 산 것이니라.

64 돈이라는 것, 금화 몇 푼을 주고 거기서 큰 벼슬인 양 이름을 받은 자들, 이름을 산 자들, 그리고 명예라 하여 장로요, 집사요, 권사라 부르는 그 이름을 돈 주고 산 자,

65 그자들이 종교 지도자를 그와 같이 무너트리는 사악한 자들이니, 그들의 죄가 더 무서움을 너희는 모두 알아야 할 것이니라.

66 나의 아들을 따르는 제자요, 그 백성이요, 그리고 너희가 지도자가 되었을 때, 나의 법전을 읽고 깨우친 지도자 너희는 오늘의 종교 지도자들이 하는 것을 반대로 살아가야 할 것이며,

두 번 다시 너희는 그와 같은 짓을 해
서는 아니 됨을 알아야 할 것이니라.
67 너희는 머지않아 한 지역이요, 한 부
분을 맡아서 관리하고 통제하는 지도
자로 임할 것이니, 그날이 머지않았음
이니라.
68 그때를 대비하여 내가 너희에게 오늘
의 훈련을 시키며,
69 오늘의 어렵고 힘든 것에서 너희가 인
내했을 때, 지도자가 되었을 때 그 길
을 갈 수 있음이니라.
70 내가 오늘 육을 가지고 60년 동안 산
나의 아들에게 고통과 시련을 주지 아
니하면, 그가 양말 한 켤레를 사지 아
니하며 속옷 한 벌을 사지 않고 죽을
때까지 살아간다는 그 결심과 각오가
어디에서 나왔겠는가?
71 너희 또한 그와 같은 무서운 변화의
역사를 이루어야 할 것이니라.
72 나의 아들은 무생물의 그 모든 것에
답하며 그 음성을 들으며 그들의 호소
를 들으며, 그들이 아름답게 보이도
록, 아름답게 놔 주기를 바라는 것을
듣는다 하였음이니,
73 이제 동식물의 소리를 다 들을 날이
머지않았음이니, 그와 같은 훈련과 거
듭나는 그 역사 속에서 그와 같이 됨
이니,
74 너희가 그와 같이 변하는 삶을 살 때
지도자로서 내가 너희에게 임명장을
주어 내보낼 것이니 그리 알라.
75 고통과 시련 없이 너희는 하나의 깨
달음도 모르느니라.
76 시련의 훈련이 없으며 고통의 훈련이
없이는 뙤약볕에 일하는 개미의 힘들
고 어려운 것을 모르며, 나무 그늘에
서 울어 대는 매미의 울음소리요, 그
심정이요, 그가 어찌 살아가는지 그
한 가지도 깨닫지 못하는 자가, 이 세
상에 미물이 살아가는 모습도 하나 제
대로 모르면서 어찌하여 지도자가 된
다 하는가?
77 지금 자연의 아름다움이요, 자연 속을
아무것도 모르고 가르치는 종교 지도
자들,
78 자연의 위대함이요, 내가 역사한 위대
함이 거기 있거늘,
79 그를 모르고 그저 문자요, 종이에 쓴
글만을 가지고 하늘에 오르는 길이요,
역사하는 길이라 가르치는 종교 지도
자들이 있기 때문에 오늘과 같이 험악
한 세상이 되었음이니라.
80 이제 내가 너희에게 깨우쳐 주었느니
라.
81 이 세상에 내가 처음에 가장 먼저 내
린 원본의 성경은 무엇이더냐?
82 아담과 이브에게 내가 '선악과를 따먹
지 말라. 그걸 따먹음으로써 너희는
모두 멸망의 길을 갈 것이니 그리 순
종하며 나를 믿으라.' 내린 것이 최초
의 원본의 성경임을 알라.
83 그리하여 구약은 그걸 시행하지 아니
하였기에 그걸 보충하여 역사하도록
내려보냈던 것이며,
84 신약 또한 그걸 보충하기 위해 내려보
냈음이니,
85 그 구약의 시대는 모세가 역사했으며
신약의 시대에는 나의 아들 예수가 했
음이니,
86 나의 아들을 내려보내 세상을 다스리

고자 했으나 너희가 나의 아들까지
죽였음이니,
87 너희는 내가 직접 내려가도 연장을 들
고 나를 찍어 죽이려 대들 것이 너희
의 사악한 심성이니라.
88 너희는 열 번, 백 번 그와 같이 하고도
남을 자들이니라.
89 지금 내가 창조주라 하여 내려가면 굴
복하고 절하며 경배하며 모두를 다 버
리라 할 때 버리고 따라올 종교 지도
자가 있는 줄 아는가?
90 나의 아들 예수가 그리 말하였느니라.
91 '부자야, 너는 모두를 버리고 나를 따
라오라.' 할 때 그가 따라오지 아니하
였음이니,
92 그가 지금의 종교 지도자 너희만큼
예수를 믿지 않았으며 믿음이 약했으
며 생각이 부족해서 그리했겠는가?
93 그가 예수를 따르겠다는 것은 예수의
위대함을 알며 나의 아들이라는 것을
알았으며,
94 그를 따랐을 때 제가 육의 구원을 받
을 것이라는 것을 그는 다 알고 있었
기에,
95 그 돈을 모은 자가, 장사꾼이요, 수완
이 있는 자요, 생각이 있고 계산이 있
는 자가 계산 없이 그와 같이 말을 했
겠는가?
96 그와 같이 약삭빠른 갑부가 그리 말했
을 때, 제 재산을 다 버리고 오라 하였
으니 그 재산을 버리지 못하여 따르지
못하였음이니,
97 지금의 너희 종교 집단의 우두머리라
는 자, 종교 집단의 대장이라는 자, 그
리고 지도자라는 자들이 너희가 하나
의 권역이요, 하나의 역사를 가지고
있으며, 네 주관의 땅덩어리요, 네가
가진 소유물을 버리고 나를 따라올
자 있겠는가?
98 너희 제자들이 너희에게서 돌아설까
봐, 나를 따라오는 제자들이 있을까
봐 나 여호와를 사탄이요, 사악한 자
라 하여 너희는 수단과 방법을 가리
지 않고 창과 칼로써, 극약으로써 나
를 죽일 것이며 태워 죽일 것이니라.
99 나의 아들 예수를 부자가 따르지 아
니했던 것보다도 열배 백배 더 놓을
수 없으며 버리지 못하며 등 돌리지
못하는 것이 너희이니라.
100 그리하여 오늘 나의 아들과 시련과 고
통의 훈련을 역사함이니,
101 아무것도 소중한 것이 없으며 귀한 것
이 없으며, 그저 낙엽 하나 놓듯이 놓
을 수 있는 훈련을 한 나의 아들이 오
늘 고통의 길을 가기에 그가 그를 깨
달았음이니라.
102 그리하여 또한 너희도 내가 그리 다
스려 감을 잊어서는 아니 될 것이니라.
103 내가 너희에게 다시 말함이니, 육체를
가진 자는 신이 아니며, 태어나고 죽
음을 면치 못하는 자는 신이 아니라는
것을 알라.
104 종교 지도자들은 신이 아니며 너희의
종임을 알라.
105 너희 종으로서 바로 서지 못하는 자
는 나로부터 선택된 백성이 아니요,
지도자가 아님을 알도록 그리하라.

5,814 번째 하나님 말씀

2003년 4월 2일 22시 45분

1 사랑하는 나의 아들아!
2 "네, 아버님! 말씀하옵소서."
3 너를 따르는 제자들이요, 너의 강론을
듣는 백성이 어찌하여 그리도 어리석
고 미련하던가?
4 내가 법전에 기록하여 뭐라 말하였느
냐?
5 이 세상 수십억 인구 중에 내가 구원
할 자 한 사람도 없다 말하였음이니,
그 말을 너희는 과연 어찌 들었으며
어찌 생각하는가?
6 내가 이 세상 수십억 인구에게 성령
을 내려보내 그들을 존재하게 했으며
그들이 살아가게 하였음이니라.
7 그러나 저희 말로 하늘에 오르는 길
이요, 저희가 믿음을 위해 살아간다
하며, 사랑을 베풀며 살아간다 하며,
8 광분하며 저희는 구원의 영광을 받았
다 하며, 구원의 표를 받았으며 구원
받은 자라 그리 말하고 사는 백성,
9 돼지머리 놓고 소원을 비는 자, 그리
고 큰 강이요, 바다요, 나무 앞에 와
소원을 비는 자, 길거리에서 소원을
비는 자, 그와 같은 많은 나의 백성이
소원을 빌고 축복을 빌고 하나,
10 그 백성은 한 사람도 구원할 자가 없
다 내가 말하였음이니,
11 그게 얼마나 슬프고 괴로운 일인지 알
겠는가?
12 너희가 한번 생각해 보라.
13 나같이 많은 자식을 두었으나 그 자식
중에서 하나도 쓸 자식이 없으며 부모
의 뜻을 따라가는 자식이 없다면,
14 자식을 두지 않은 부모보다도 많은 자
식을 둔 부모의 마음의 고통은 과연
어떻겠는가?
15 나는 수십억의 내 아들딸들을 두었으
나 그 아들딸들이 죽어 가며 또 세상
에 태어나며 수십억씩 죽어 가나, 그
자식 중에서 하나도 구원하여 쓸 자
가 없다는 말을 한다면,
16 너희가 얼마나 나 여호와에게 불순종
하며 나를 괴롭히는 자식이라 생각하
는가?
17 너희는 그 대목을 읽으면서 무엇을 생
각했는가?
18 한번 너의 제자들에게 네가 직접 물어
보도록 그리하라.
19 너희는 그 대목을 읽으면서 '창조주
아버지께서 수십억 인구를 수천 년 동
안 이 세상에 내려보냈으나, 하나도
구원할 자, 아버지 앞에 올라갈 자 없
으며 효자 자식 하나 없다 말씀하시며
눈물짓는 아버지에 대해 제가 그 자식
이 되어 보겠다'는 생각을 해 본 자가
너의 제자 중에 한 사람이라도 있던가?
20 그걸 깨달은 자 있다면 오늘과 같이
그에게 내가 고통을 주지 아니했을
것이니라.
21 나의 법전에 쓰여 있는 그 내용 하나
하나가 하늘의 뜻이며 내가 가르치는
것이라 그리했거늘,
22 너희는 그 뜻을 아직도 그저 글이라
읽고 읽어 한두 가지 알고 깨달았다
말하나,
23 내가 너희에게 그 아픈 내 마음을 아
는 자가 한 명도 없다 함을 너희는 아

직도 부끄럽게 생각하지 아니하는가?
24 내가 내린 세상에 구할 자 하나도 없
다 하였으니,
25 그 구할 자, 효자 된 자식이 제가 되겠
다 생각하는 자가 한 명이라도 있었는
가?
26 내가 너희에게 뭐라 말하더냐?
27 밤마다 십자가에 불을 켜 놓고 하늘을
향하여 밝히는 것은 너희가 나를 고
문하는 것이며 나에게 고통과 시련을
주는 사탄들이 하는 짓이라 내가 그리
하지 않았던가?
28 그 십자가는 내가 만백성을 구하기
위해 내려보냈던 나의 아들이 가장
고통스럽게 죽어 간 형틀이라 하였음
이니라.
29 그 형틀을 밤마다 불을 켜 놓고 나를
고문하며, 그걸 성전이라는 곳에, 교
회라는 곳에 세워 붙여 놓고 거기에다
절하고 기도하며 소원을 비니,
30 거기에 나의 아들의 그림이 있던가,
내 아들이 거기에 있던가, 나의 아들
의 영혼이 거기에 있는가?
31 그 십자가라는 것을 걸어 놓고 그와
같은 짓을 하고 있음이니, 그 뜻을 모
르는 너희가 어리석은 자라 그리하였
으며,
32 너희는 재물을 거둬들이기 위해 그걸
만든 자들이니 얼마나 재물을 긁어모
으는 데 너희가 혈안이 되어 있으며
사악한 자라 말하였던가?
33 십자가를 만들어 놓고 재물을 거둬들
이는 자, 나의 고통을 모르는 그와 같
은 사악한 종교 집단의 지도자요, 그
신도들이니라.
34 너희가 나의 법전의 뚜껑을 열 때, 내
가 너희와 같이한다 하였음이니, 거기
에 있는 모든 글은 내가 선생이 제자
에게 가르치듯이 너희에게 한 줄 한
줄을 가르치는 것이거늘,
35 너희는 어찌하여 그 뜻을 알지 못하는
가?
36 한 구절을 읽어 가면서, 나 여호와가
전해 준 그 뜻을 깨닫지 못하고 읽어
가는 너희를 보는 내 마음이 얼마나
저리고 아픈가를 너희는 과연 생각해
보았는가?
37 너희가 이 대목을 읽으면서 나 여호와
에게 감사하며 내가 너희와 같이 있
는 것을 깨닫도록 하고자 했으나 그걸
모르고 넘어가니, 내가 그와 같은 너
희를 볼 때 내 마음이 과연 어떠한지
알겠는가?
38 내가 구원할 자, 한 명도 없다는 그 대
목이 무엇이더냐?
39 수천 년 동안 수십억의 그 많은 백성,
나의 자식들이 세상에 나와 죽으면서
도 한 자식도 내 앞에 올 자 없으며 내
뜻에 순종하는 자가 없다고 기록한
그 대목을 보고,
40 너희는 네가 그와 같은 자식이요, 효
성스런 자식이 되어, 눈물짓는 나 여
호와를 기쁘게 하겠다는 생각을 하는
자 있으며 그를 향하여 살아가는 자가
있다면, 내가 그에게 어떠한 영광과
축복을 내렸을지도 모를 것이니,
41 그것 하나도 깨닫지 못하며 그 내용도
모르며 나 여호와의 마음도 모르는 너
희가 무엇을 편안하고자, 무엇을 역사
하고자, 너희가 남들과 지지 아니하고

자 그와 같은 생각을 하고 산단 말이
던가?
42 재물을 거둬들여 육신이 편안하게 살
고자 하는 그들과 너희가 다른 점이
무엇이 있는가?
43 내가 나의 법전을 가슴에 안고 정독하
라는 그 이유요, 법전을 읽을 때 이 뜻
은 무슨 뜻이며, 이와 같이 역사할 때
는 어떤 변화가 오는 것이며 역사가
되는지를 하나하나 음미하며 깨닫고
읽으라 그리했으니,
44 거기서 너희가 하나를 깨달으면 둘을
깨달으며 그 뿌리를 찾아감이니, 그
진리는 진리를 낳는다는 뜻이 거기에
있다 하였음이니라.
45 너희가 그저 법전을 읽고 읽기만 하면
무엇하는가?
46 그 한 구절 한 구절이 무슨 뜻이며, 이
뜻이 이루어졌을 때 나 여호와가 무엇
을 원하며 너희가 해야 할 것은 무엇
인지 그를 들여다보며 읽으라 하였음
이니라.
47 그것이 바로 법전을 읽는 자요, 그리
고 정독하는 자요, 법전을 깨우치는
자요, 그게 나의 아들딸이 되는 것이
니,
48 내 심성을 알아볼 수 있음이니라.
49 내 뜻이요, 내 마음을 하나도 모르는
것이 너희들이니,
50 무엇을 이루고자, 무엇을 역사하고자
하는 그와 같은 생각을 버리도록 하라.
51 법전부터 깊이 그 의미를 다시 깨우쳐
읽도록 그리하라.
52 그 속에 있는 내 뜻을 알라.
53 내가 하도 답답하고 너희가 불쌍하여
내가 나의 아들을 통하여 너희에게 가
르쳐 줌이니,
54 천사도 섭섭해하며 사탄도 섭섭해함
이니라.
55 저희에게는 가르쳐 주지 아니하며 깨
우쳐 주지 않는 그 구절을 나의 아들
을 따르는 백성 너희를 위하여 그를
깨우쳐 주는 것은 공의의 하나님이
아니라 그들이 그와 같이 말을 하는
마음을 너희는 알겠는가?
56 그 모두를 접어 두고 불쌍한 너희를
위하여 내가 이를 깨우쳐 줌이니라.
57 한 사람도 내 앞에 구원할 자가 없다
는 그 대목을 가슴 깊이 새기고 다시
한 번 깨달으면, 모든 법전의 구절구
절을 너희가 알고 깨달을 것이니 그
리 알라.

5,815 번째 하나님 말씀

2003년 4월 2일 23시 20분

1 사랑하는 나의 아들아!
2 "네, 아버님! 말씀하옵소서."
3 인간인 너희가 살아가면서 한 가정에
는 뿌리가 있느니라.
4 아버지가 존재하며 어머니가 존재하
며 자식이 또한 존재함이니라.
5 그러니 여러 형제를 둔 그 부모가 있
다 하자.
6 너희가 잘 배우고 똑똑한 자식은 그
아버지를 아버지라 부르며, 못 배우고
바보 같으며 남에게 저주받을 짓을 하
는 자식, 또 남에게 사악한 짓을 하고
사는 자식은 저희 아버지를 아버지라
부를 수 있는가 없는가?

7 그걸 너의 제자들에게 한번 물어보도
록 그리하라.
8 '박'씨요, '이'씨요, '김'씨요, 하는 여러
자식 중에서 잘 배우고 똑똑하며 남에
게서 칭찬받으며 소위 말하는 명예를
얻고 출세한 아들은 아버지라 부르며,
9 농사짓고 어렵게 사는 자, 몸이 반신
불수요, 제대로 살지 못하는 자는 그
아버지를 아버지라 부르지 못하도록
인간 세상에 법이 정해져 있는가?
10 너희가 아무리 찾아보고 찾아봐도 인
간도 그와 같은 법은 만들지 아니하였
을 것이니라.
11 인간의 생각으로써도 그것은 잘못된
것이며 그것은 있을 수 없기에, 그 아
버지의 성을 따라 그 자식은 엄연히
자식이니,
12 그가 잘났든 못났든 너희가 말하는
세속적으로 출세했든 죄를 짓고 사는
자라 해도 그 아버지를 아버지라 부르
는 것은 누구나 다 부를 자격이 있지
않던가?
13 이 세상 피조물 만백성은 과연 누가
세상에 내보냈느냐?
14 창조주 나 여호와가 너희를 세상에
그리 살도록 했음이니,
15 내가 너희를 다 나의 아들딸이라 말
하며 나의 자식이라 말하며 친자라 말
하며 너희가 나를 아버지라 부름이니,
16 너희가 과연 나 여호와를 아버지라 부
르는 것이 무엇이 잘못되었단 말이던
가?
17 너희가 부르는 것은 진정한 나를 찾는
것이며, 나를 부르는 너희는 친자라는
말이요,
18 그래서 너희는 구원을 받는 자식이요,
나를 부르는 자식을 내 자식이 아니라
고 우겨 대는 것이 지금 너희 종교 집
단이요, 지도자 너희가 가는 길이 아
니던가?
19 내 자식이 나를 아버지라 부르며 나를
찾는 것이 무엇이 잘못되었으며, 어찌
하여 그들은 나의 자식으로서 자격이
없다 그리 말하는가?
20 너희의 믿음은 무엇을 말하는가?
21 너희는 성서를 가지고 믿음의 길을
가는 것인가, 나 여호와의 진리요, 나
여호와의 뜻에 따라 하늘에 오르는 길
을 가고자 하여 지금 믿음의 길을 가
는 것인가?
22 그 구분을 분명히 하도록 하라.
23 너희는 성서를 가지고 성서에 따라서
구원을 받는 것인가, 나를 찾으며 나
에게 경배하며 기도하면서 너희가 나
에게 구원을 받아 나에게 오르고자 하
여 그 믿음의 길을 가는 것인가?
24 너희는 이를 엄연히 한번 분석해 놓고
이를 분류해 놓고 따져 봐야 할 것이
니라.
25 어떠한 형태든 나를 아버지라 부르며
내 뜻에 순종하며 살아가는 자는 나의
자식이요, 나의 딸로서 너희가 자격
이 있는 것이며 나의 자식이거늘, 너
희는 어찌하여 성서라는 것을 읽고 공
부하는 자만이 나를 아버지라 찾을 수
있으며, 나의 자식이요, 나의 아들딸
이라 그리 말하는가?
26 이게 바로 너희가 얼마나 어리석은
자라 말하느냐?
27 너희가 출세한 자식이든 살인한 자식

이든, 제 아비를 아비라 부를 수 있는
것이 인간 세상의 법도며 너희 세상의
질서가 아니던가?
28 하물며 창조주 나는 너희 생명을 세
상에 내려보냈으며, 내가 내려보낸 나
의 아들딸이 나를 아버지라 부르며 나
에게 경배하고 기도하는 것을,
29 그들이 하는 것은 사탄이요, 이단이
요, 사악한 악령이 하는 짓이요, 그리
고 마귀가 하는 짓이라 너희는 그리
말하며,
30 너희만이 부르짖을 수 있는 나의 백성
이요, 너희만이 나를 찾을 자격이 있
으며 너희만이 구원을 받는다 하니,
31 어찌하여 아버지를 아버지라 부르는
그 자식에게 부르지 못하게 하며 부를
자격이 없다 그리 말하는가?
32 너희는 여기서 한번 생각해 보라.
33 육의 세상에서 여러 자식을 두었으니,
부모를 아버지라 부르지 말라는 자식
을 부모가 그를 얼마나 사랑하겠는가?
34 많은 형제가 아버지라 부르는 것을 한
두 명이 나서서 아버지라 부르지 못하
게 하며, 너희는 아버지와 인연이 없
으며 자식이 아니니 너희는 아버지와
겸상도 하지 말며 집안의 애경사에도
참석하지 말라고 몽둥이 들고 그를 내
쫓는다면,
35 과연 부모의 마음을 어떤 자식이 편안
하게 하는 것이며, 부모의 마음을 어
떤 자식이 읽는 것인가?
36 너희 말에 '열 손가락 깨물어 아프지
아니한 것이 없다' 하듯이, 못났든 잘
났든 자식은 다 똑같이 사랑하는 자식
이니,
37 너희가 부모 앞에 절하며 예의를 갖추
며 같이 겸상하며 웃고 즐기는 그 시
간을 갖는 것이 부모가 바라는 마음이
아니던가?
38 그러나 한두 녀석이 몽둥이 들고 나머
지 형제들을 집에 들어오지도 못하게
하며, 아버지라 부르지도 못하게 하
며, 그리 휘젓고 다닌다면, 그게 정녕
그 부모의 자식이던가?
39 그게 무엇이더냐?
40 망나니 자식이며 사탄이요, 사악한 자
이니라.
41 지금 모든 종교 집단이 바로 망나니
요, 사탄의 자식 노릇을 하고 있음을
알라.
42 나를 찾으며 아버지라 부르며 나의 뜻
을 따르며 계명에 따라 살며 순종하는
백성은 다 나의 자식이거늘,
43 어찌하여 그들이 나를 찾는 것은 이단
이고 사탄이며, 너희가 찾는 것만이
하늘에 오르는 길이며 영광된 길이며
축복의 길이라 그리 말하는가?
44 너희가 바로 망나니요, 부모를 괴롭히
는 자식이요, 부모 앞에 인간의 도리
를 못 하는 것이며 형제지간에 우애를
저버리는 자이니,
45 너희는 나를 찾는 백성에게 찾지 말
라, 찾을 자격이 없다 그리 말하니, 그
게 바로 사악한 자식이니,
46 너희가 하는 짓이 그와 같은 짓이라
는 것을 알아야 할 것이니라.
47 그것과 너희가 하는 행동이 무엇이
다르던가?
48 그리하여 내가 그를 다스림이니라.
49 모두 다 나의 아들딸이니, 너희는 똑

같으며, 똑같이 자격이 있으며, 권한
이 있으며, 나에게 올 수 있다는 것을
가르치기 위해 내가 나의 아들을 통하
여 법전으로 세상에 이를 깨우쳐 줌이
니,
50 망나니짓을 하는 자식을 어찌 다스리
겠는가?
51 매로 다스릴 수 있는가?
52 매로 치면 그 매를 가지고 제 부모를
칠 것이며 제 어버이를 칠 것이니,
53 지금 너희를 매로 다스린다면 나 여
호와를 치겠다고 대들 것이 지금의 종
교 집단이니,
54 너희가 찢어 버리고 던져도 계속 존재
하는 나의 성령이요, 나의 법전으로
너희를 가르치고자 하는 것이 나의 뜻
이니,
55 이것이 내가 계획한 것이 잘못되었으
며 내 뜻이 아니거든 너희는 법전을
보지 말고 떠나라.
56 그러나 지금 똑같이 나의 자식으로서
세상에 나가는 백성이 나에게 기도하
고 경배하며 아버지라 부르는 것은 바
로 무엇이던가?
57 내 자식이니라.
58 그러니 그 자식들에게 나를 부르지 못
하도록 그 망나니짓을 하는 것이 너
희라는 그 뜻을 깊이 생각해 너희가
반성하며 바른 믿음을 가도록 그리하
라.
59 이 법전의 이 대목을 읽은 백성이 그
래도 깨우치지 못한다면, 너희의 한계
며,
60 네 복은 네가 찾으며, 네 복은 네가 받
으며, 네 불행은 네가 초래하는 것이
며,
61 네가 천국에 가는 것은 너 자신이 가
는 것이며 네가 지옥으로 가는 것도
너 자신이 만들어 지옥으로 간다는 것
을 잊지 말라.

5,816 번째 하나님 말씀

2003년 4월 2일 23시 38분

1 사랑하는 나의 아들아!
2 "네, 아버님! 말씀하옵소서."
3 내가 너희 모든 가정에 가훈을 걸라
하였음이니라.
4 '하늘을 향하여 한 점의 부끄러움이
없는 삶을 살라.' 그리 말하였음이니,
그 가훈의 뜻이 얼마나 소중하며 위대
한 것인가를 너희는 알고 있는가?
5 너희는 여기서 하나를 깨우치고 가야
할 것이니라.
6 지금의 모든 종교 집단의 지도자 그들
이 말하느니라.
7 사탄은 완벽하게 천사의 행세를 한다
고 그리 말함이니,
8 너희는 지금 나의 아들이 잘못된 자
요, 망령 된 자요, 거짓 선지자라 그리
말함이니라.
9 그러나 나의 아들이 너희에게 가르치
는 것이 무엇이던가?
10 바로 나의 아들은 너희에게 '하늘을
향하여 한 점의 부끄러움이 없이 살
라.' 가르침이니,
11 너희는 하늘을 향하여 나 여호와에게
한 점의 부끄러움이 없이 살라는 그
가르침이 어찌하여 사탄과 이단의 말
이라 그리 말하는가?

12 사탄이요, 사악한 악마는 그리 말하지
아니하느니라.
13 하늘을 향하여 부끄러운 짓을 일삼고
사는 것이 너희가 천국에 가는 길이
라 그리 말하며 그리 가르치는 것이
사탄이 아니던가?
14 그러면 여기서 내가 너희에게 가훈을
내린 그 뜻을 알겠는가?
15 이것이 나의 성령이요, 나의 뜻이라는
증표이니라.
16 지금 나의 아들이 너희에게 가르치기
를 '하늘을 향하여 한 점의 부끄러움
이 없이 살라.' 그리 말함이니,
17 나 여호와를 향하여 한 점의 부끄럼
없는 삶을 살라 나의 아들이 그리 말
하는 것을, 너희는 나의 아들을 사탄
이요, 이단이라 말함이니,
18 그렇다면 나의 아들이 너희에게 뭐라
말해야 한단 말이던가?
19 하늘을 향하여 한 점 부끄러움이 없이
나 여호와의 뜻대로 살아가는 것이
하늘에 오르는 길이요, 나 여호와를
기쁘게 하는 길이니, 만백성은 그리
살라는 나의 아들이 그리 가르침이니,
20 그를 보고 사탄이요, 이단이요, 마지
막 시대에 오는 거짓 선지자가 행하는
그와 같은 사악한 짓이며 만백성을 지
옥으로 이끌어 가고자 온 자라 그리
말하니,
21 그러면 나의 아들의 그와 같은 말이
무엇이 잘못됐단 말이던가?
22 나의 아들이 사탄이요, 사악한 자요,
악마의 자식이라면 나의 아들은 그리
말할 수가 없음이니라.
23 하늘을 향하여 너희가 한 점의 부끄
러움이 없는 삶을 사는 게 아니라, 하
늘의 뜻에 대해 무조건 거역하며 하
늘에 부끄러운 짓을 많이 하고 살아야
한다는 것이 사탄의 가르침이 아니던
가?
24 그렇다면 지금 나의 아들은 '하늘을
향하여 부끄러움이 없이 살라.' 말함
이니, 나의 아들이 나의 백성에게 가
르치는 것은 그게 이단이요, 사탄이
요, 사악한 자라면 너희는 과연 무슨
말로써 나로부터 선택된 자요, 천사의
자식이라 하여 가르치겠는가?
25 그러면 너희도 할 말이 없을 것이니
라.
26 모든 종교 집단의 지도자 너희가 하늘
을 향하여 한 점의 부끄럼 없이 사는
것이 하늘에 오르는 길은 당연한 길이
며 정당한 길일 것이니라.
27 그러니 나의 아들이 만백성에게 그리
살라 가르치는 것이 어찌하여 사탄이
고 이단의 짓인가?
28 그러면 너희는 어찌 말하는가?
29 남들이 하늘을 향하여 한 점의 부끄러
움이 없는, 나 여호와를 기쁘게 하는
그와 같은 아름다운 삶을 살라 말하는
것은 그게 사탄이요, 이단이라 말하면,
30 너희가 바로 그리 말하는 자가 사탄이
요, 이단이 아니던가?
31 그 말을 하면 사탄이고 이단이라면 너
희는 다른 말밖에 할 것이 없지 않은
가?
32 나 여호와의 뜻을 따르지 말며 하늘에
부끄러운 짓을 많이 하고 사는 것이
구원의 길이라 너희는 반대로 그 말
을 할 수밖에 없으니, 그리 말하는 것

은 진리이던가?
33 세 살 먹은 아이도 그 뜻을 알 것이니
라, 어떤 것이 진리인가를.
34 어찌하여 너희는 남들이 진리를 가르
치는 것은 사탄이요, 이단이라 그리
말하는가?
35 너희가 하늘을 향하여 한 점의 부끄러
움이 없는 삶을 살라 가르치는 것만이
진리요, 하늘의 뜻이고, 나의 아들이
말하는 것은 사탄이요, 이단이라 하니,
36 그 말에 독소가 있던가, 그 말에 냄새
가 있던가, 그 말에 너희가 말하는 염
분이 젖어 있던가?
37 소금물에 젖어 있느냐고 내가 너희에
게 묻고 싶으니라.
38 고춧가루가 묻어서 매운 말로 나가던
가?
39 그리고 너희의 말은 향기로운 말이요,
아름다운 말이요, 똑같은 내용이요,
똑같은 말을 똑같이 사람이 하는데 그
리 차이 난단 말이던가?
40 그리하여 너희가 두말하지 못하게 하
기 위해 내가 '하늘을 향하여 한 점의
부끄럼이 없는 삶을 살라, 아들딸들
아!' 그리 가훈을 내려보냈음이니, 그
것이 나의 아들의 얼굴이니라.
41 내가 나의 아들의 얼굴을 그리 그려서
내려보냈음이며 글로써 내려보낸 것
이 그 뜻이니라.
42 과연 한 점의 부끄러움이 없는 삶을
살라는 것이 잘못 가르치는 것이며 사
탄이요, 이단이며 나에게 순종하는 백
성이 하는 말이 아니라면,
43 그 말을 거부하는 자가 사탄이요, 이
단이며,
44 만백성 나의 아들을 따르는 제자들이
가훈을 '하늘을 향하여 한 점의 부끄
러움이 없는 삶을 살라.' 써 붙인 것을
보면 어떠한 의미의 길인지를 알 것이
며, 그 말에는 너희가 왈가왈부할 수
없을 것이니라.
45 그 말 자체가 남들이 써 주었으며 나
의 아들이 써 주었기에, 나의 아들이
전하기에 그는 사탄이요, 이단이 하는
이야기라 너희가 말할 수 있는가?
46 너희는 말을 하고도 남을 것이니라.
47 그러면 너희는 무슨 말이 하늘에 오르
는 길이라 할 수 있는가?
48 그럼 나의 아들이 너희에게 말하기를
'하늘을 향하여 한 점의 부끄러움이
없는 삶이 아니요, 하늘을 향하여 그
저 부끄러움이 더덕더덕 붙은 그와 같
은 삶을 살라.' 그리 말한다 하면,
49 너희는 이것은 천사의 말이요, 하늘의
뜻이요, 내가 역사하는 가르침이라 그
리 말할 것인가?
50 너희는 그를 보고 또 사탄이라 말할
것이니라.
51 사탄이기에 감히 하늘을 향하여 부끄
러움이 있는 행동을 하라 가르친다 할
것이니, 이리 갈 수도 없고 저리 갈 수
도 없음이니 어찌한단 말이던가?
52 너희가 바로 그리 가르치지 아니하기
에 내가 나의 아들을 통하여서 가르침
이니라.
53 너희가 '하늘을 향하여 한 점의 부끄
럼이 없는 삶을 살라'는 가훈을 내려
보내며 그와 같이 가르치며 그리 행한
다면, 내가 나의 아들을 통하여 그를
부르짖을 이유도 없으며 그를 너희에

게 전할 이유도 없음이니라.
54 너희가 못 하기에 내가 나의 뜻을 전
함이니라.
55 너희가 구원을 받는 것은 '하늘을 향
하여 한 점의 부끄러움이 없는 그와
같은 삶을 살라.' 그리 가르치는 나의
아들이 사탄이요, 이단의 가르침이라
면,
56 과연 나의 아들은 무엇을 어찌 가르쳐
야 하는가?
57 너희는 부끄러운 줄 알아야 할 것이
니라.
58 그리고 너희가 썩어서 냄새 나는 것
을 들여다볼 줄 알아야 할 것이니라.
59 너희가 너무 썩고 혼탁하여 세상을
정화할 줄 모르니, 내가 그리하여 가
훈을 내려보냄이니라.
60 하늘을 향하여 한 점의 부끄러움이 없
는 삶을 사는 그것만이 너희가 구원
을 받으며 하늘에 올 수 있는 기본이
요, 근본이라는 것을 내가 써서 전해
주었음이니,
61 너희가 오늘날 그를 가지고 시시비비
할 것을 내가 예비하여 써서 내려보냈
음이니 그리 알라.
62 사랑하는 나의 아들딸이요, 나에게 선
택된 자요, 나의 아들을 따르는 제자
라는 백성 너희는 두려워하지 말라.
63 다만, 하늘을 향하여 한 점의 부끄러
움이 없는 삶을 살라.
64 그것이 너희가 천사요, 나의 자식이
요, 하늘에 오르는 길이라는 것을 잊
지 말라.

5,817 번째 하나님 말씀

2003년 4월 3일 06시 49분

1 사랑하는 나의 아들아!
2 "네, 아버님! 말씀하옵소서."
3 하늘을 향하여 한 점의 부끄럼이 없는
삶을 살라.
4 나의 사랑하는 아들 너도 그러하며 너
를 따르는 제자들이 다 그러하니라.
5 너희가 하늘을 향하여 한 점의 부끄럼
이 없이 삶을 사는 자, 모두를 다 역사
할 것이니라.
6 너희는 하늘을 향하여 한 점의 부끄럼
이 없이 살라는 그것이 무엇이 잘못되
었는가?
7 그게 나 여호와의 명이며 나의 뜻이니
라.
8 나에게 한 점의 부끄럼이 없는 삶을
사는 자, 그 모두를 다 이룰 것이니라.
9 과연 너희가 나를 향하여 한 점의 부
끄럼이 없는 그와 같은 삶을 사는가?
10 한 점의 부끄럼이 없는 삶을 사는 그
것이 너희가 구원의 길이요, 하늘에
오르는 길이요, 모두 다 그것으로써
역사함을 잊어서는 아니 될 것이니라.
11 그러니 나의 아들 너 또한 하늘을 향
하여 한 점의 부끄럼이 없는 삶을 살
아갈 때 모든 것은 다 이루어질 것이
며 모든 역사가 이루어질 것이니라.
12 너희 제자들도 그러하니라.
13 나 여호와를 원망하지 말며 나를 탓하
지 말라.
14 너희가 나의 법전을 접한다 하여 나의
강론을 듣는다 하여 육의 고통이요,
모든 시련에서 벗어난다는 생각을 하

지 말라.
15 너희가 하늘을 향하여 한 점의 부끄럼
이 없는 삶을 사는 것이 중요함을 알
아야 할 것이니라.
16 사랑하는 나의 아들아!
17 "네, 아버님! 말씀하옵소서."
18 너의 제자들에게 그리 꼭 전하도록 하
라.
19 그리하여 그와 같이 살았을 때 그 뜻
이 이루어지지 아니하거든 나에게 원
망하며 나에게 말하여 이르라.
20 하늘을 향하여 한 점의 부끄럼이 없는
삶을 사는가?
21 그리고 내가 너에게 일찍 가르쳐 주었
느니라.
22 나에게 무엇을 달라, 무엇을 이루어
달라는 기도를 하지 말라 하였느니라.
23 바로 나 여호와가 알아서 너희에게
내려 주는 것이며 은혜를 내린다 하였
음이니라.
24 너희 인간 세상에서 살아가는 것도 그
러하느니라.
25 부모가 알아서 주는 유산이요, 부모가
남겨주는 걸 자식이 달라, 또 무엇을
어찌해 달라 말한다면 부모에게 칼을
들고 대드는 자라 내가 그리 말하지
아니하였던가?
26 너희가 무엇을 이루고자, 무엇을 달라
나 여호와에게 기도하는 그 자체가 얼
마나 너희가 사악한 자인지를 아는가?
27 너희가 나 여호와에게 무엇을 이루어
달라, 무엇을 달라 기도하는 것이 나
에게 칼을 들고 달라 하는 그것보다
도 더 무서운 것이 무엇인 줄 아는가?
28 너희는 나의 아들딸이요, 상속자로서
모두를 다 포기하는 것임을 알아야 할
것이니라.
29 부모가 순종하는 자식을 생각하며 순
종하는 자식에게 줄 것인데,
30 칼을 들고 대들며 무엇을 달라 뺏고자
하는 그 자식은 제가 급하며 마음대로
쓰고자, 제가 탕진하고자 하여 그를
달라는 것이 아닌가?
31 그러니 달라는 자식에게 부모가 주지
를 아니함이니라.
32 임의대로 제가 달라는 대로 주는 부모
가 없으며 그와 같이 사악한 자식을
부모는 사랑하지 아니하며 그에게 모
두를 맡기지 못함이니라.
33 그러니 바로 무엇인가?
34 그 유산을 포기하는 자이며, 그 부모
의 대를 잇고자 하는 것을 포기하는
자식임을 알아야 할 것이니라.
35 지금 나에게 무엇을 달라, 무엇을 이
루고자 기도하고 몸부림치는 백성 너
희는 바로 무엇인 줄 아는가?
36 나의 자식임을 포기하며 나의 유업을
이어받으며 유산을 이어받는 것을 포
기하는 자라는 것을 너희는 알아야
할 것이니라.
37 그러니 너희가 함부로 무엇을 이루어
달라는 기도가 얼마나 무섭고 무서운
기도인지를 알아야 할 것이니라.
38 절대 너희는 그와 같은 기도를 하지
말라.
39 그와 같은 기도를 하는 그 순간에 너
희는 나의 아들딸이요, 나의 자식으로
서 모두를 포기하는 것이며,
40 나로부터 유업을 받으며 나로부터 가
업을 이어받으며 나를 계승하고자 하

는 자식이 아니라는 것을 잊어서는 아
니 될 것이니,
41 그와 같은 기도는 절대 드리지 말며
그와 같은 생각도 하지 말라 그리 전
하라.
42 지금 모두 이루어지지 아니하며 역사
가 이루어지지 아니하며 고달프고 힘
들다 그리 생각하지 말라.
43 그건 무엇인지 너희가 알겠는가?
44 바로 너희가 하늘을 향하여 한 점의
부끄럼이 없는 삶을 살지 못하기 때문
이니라.
45 너희가 하늘을 향하여 한 점의 부끄럼
이 없이 산다면 나 여호와가 너희에게
안 이루어 주는 것이 없으며 역사하지
아니할 것이 없을 것이니라.
46 이것이 나 여호와의 마음이요, 나의
생각임을 알라.
47 이를 너의 제자들에게 전하라.
48 그리고 너희가 정녕 한 점의 부끄럼
이 없는 삶을 살거든 나에게 말하라.
49 무엇이든 이루어 줄 것이니라.

5,818 번째 하나님 말씀

2003년 4월 3일 09시 18분

1 사랑하는 나의 아들아!
2 "네, 아버님! 말씀하옵소서."
3 물에 빠져 숨을 거두는 사람은 그 순
간까지 그는 물이 얼마나 무서우며 그
고통스러운 속에서 숨을 거두겠는가?
4 그 물속에서 헤어나지 못하고 빠져 죽
는 사람만이 그 심정을 알며 그 고통
을 알 것이니라.
5 너희가 무슨 화재가 났거나 무슨 긴급
상황에서 너희를 도와주는 사람들을
평소에는 소중함을 모르며 너희와는
아무런 관계없는 그와 같은 사람이라
생각할 것이니라.
6 그러나 너희 집이 타며 재산이 불에
타 쓰러져 갈 때 그 안에 사랑하는 가
족이 나오지 못한다면 너희는 어떠하
겠는가?
7 그때 그 구조대라는 사람이 와 불을
끄며 너희 생명을 구원해 줄 때, 너희
는 그 사람을 그저 보통 사람이며 평
소에 너희와 관계없는 사람같이 보이
겠는가?
8 너희는 그들의 손을 잡고 감사함을 드
리며 고마움을 드려도 너희 마음을 다
표현할 수 없을 것이니, 너희가 당하
고 처한 환경에 따라서 달라지는 것이
너희 마음이 아니겠는가?
9 너희가 평소에는 구조대라 하여 남들
을 구원해 주는 사람들에게 감사함을
모르며 고마움을 모르며 그냥 살아갈
것이니라.
10 저희도 직장을 위해서 먹고살기 위해
하는 짓이려니 그리 생각할 것이나,
11 너희 집에 불이 나 타들어 갈 때, 그리
고 너희 가족을 구하지 못하고 있을
때,
12 그 불길을 잡아 주며 그들을 구하는
그와 같은 역사를 할 때는 그 구조대
라는 사람들이 그냥 먹고 노는 사람이
아니요, 자기 직업을 위해서만 살아가
는 사람이 아니요,
13 남의 생명을 위해서 초를 다투는 얼마
나 귀하고 소중한 사람인지를 알 것이
니라.

14 10분 이면 너희 집이 전소하며 이웃
집까지 불이 붙으며 크나큰 시장을 휩
쓸 수 있는 그 불길을 잡는 것은,
15 그들이 1분, 1초를 다투어 먼저 가서
물을 뿌리고 진화하느냐 못 하느냐의
차이에 있음이니,
16 그와 같을 때 그들이 얼마나 소중하
며, 그들이 오기를 얼마나 기다리겠는
가?
17 그러니 너희가 평소에 보는 것과 당했
을 때 보는 것이 그리 다른 것이 인간
세속에서 살아가는 너희의 마음이요,
너희의 환경이니라.
18 당해 보지 아니한 자는 그를 모르느니
라.
19 그러면 나의 아들 예수를 그 십자가에
못 박아 한 방울의 피까지 다 쏟도록
했을 때, 그 잔악하고 고통스러운 방
법으로 나의 아들을 너희가 그리 죽
였음이니, 그리하여 너희는 무엇을 했
는가?
20 그 죽어 가는 나의 아들을 바라보는
그 고통의 시련이요, 나의 아들을 죽
이면서 나 여호와에게까지 시련과 고
통을 주었으며 나를 그리 울렸음이니
라.
21 너희가 얼마나 잔인한 고문을 했는지
알겠는가?
22 너희가 나를 고문하며, 나의 아들을
피 한 방울까지 다 쏟고 고통스럽게
죽어 가도록 하는 짓을 한 사악한 자
들의 그 후손이라는 자들이 어찌하여
지금 나의 아들 예수의 보혈로써 구원
을 받았다 그리하는가?
23 그가 죽어 가는 동안 긴 시간을 바라
보는 내 마음을 얼마나 고문했으며,
얼마나 잔인한 자들인가를, 너희는 그
걸 모르는 것이니라.
24 너희는 구조대가 얼마나 중요한 것인
지, 너희가 불이 나서 긴급한 상황이
됐을 때, 네가 죽어 갈 때 그들을 기다
리는 마음이 어떻겠는가?
25 죽어 가는 너를 살려 줬을 때 그가 얼
마나 귀하고 소중한 사람인지를 너희
는 다시 보게 될 것이며, 그 감사함을
알게 될 것이니라.
26 그와 같은 모든 체험을 해야만 알며
경험해야만 아는 것이 너희이니라.
27 그리하여 지금 내가 나의 아들을 통하
여 160권의 법전이 너희를 구원하는
길이요, 생명의 길이요, 하늘에 오르
는 길이라 해도, 너희는 보지 않고 이
를 욕하며 돌아다보지 아니함이니,
28 너희가 죽어 나에게 와서 심판을 받
을 때,
29 불이 나서 집이 타들어 가며 너희 가
족이 그 안에 있어 구하기 위해 소방
수요, 또는 구조대라는 사람을 기다리
는 마음보다도 더 초조하며 불안하며
고통스러운 세상이라는 것을 너희는
알게 될 것이니라.
30 그러나 내가 이 세상에 나의 아들을
통하여 법전을 내려 십계명대로 살며
하늘의 뜻에 살며 하늘을 향하여 한
점의 부끄럼이 없이 살라는 이 책이
어떠한 것인지를 너희는 지금은 모를
것이니라.
31 그리하여 너희가 죽어 와 심판을 받을
때 그때는 알 것이니, 그때는 이미 때
가 늦음이니라.

32 평소 구조대원을 무시하며, 그들을 그
저 직업인으로 봤으며, 놀고먹는 사람
으로 봤던 너희가,
33 불이 나서 집이 타고 죽어 갈 때, 그들
이 초를 다투어 오는 것이 얼마나 귀
하고 소중한 것인가를 알며,
34 그리고 그들을 위해서 길을 내 주며
모든 것을 제공하겠다는 마음을 갖게
될 것이니, 그것이 인간 너희의 마음
이니라.
35 그러니 지금 나의 법전이 너희를 구원
하는 길이요, 생명의 길이라는 것을
아직도 모르는 것은 바로 그와 같은
자보다도 더 어리석은 자이니,
36 너희는 나의 법전이 영원한 생명의 길
이요, 하늘에 오르는 길이요, 구원의
길이라는 걸 잊지 말라.
37 지금 미리 많이 보라.
38 너희에게 읽을 기회를 주며 나의 법
전을 세상에 전함이니,
39 흔하고 흔한 나의 법전을 접하지 아니
하며 보지 않는 너희 죄가 얼마나 무
서운 것인가를 알게 될 것이니 그리
알라.
40 그때는 이미 때가 늦으며 너희가 어
찌할 수 없는 형국이 됨이니라.
41 바로 너희가 죽어 가는 그 순간에 구
조대를 기다리는 것보다도 더 절박한
것이며 더 무서운 것이며 더 고통을
주는 것이 너희가 죽어 와 나에게 심
판을 받으며 지금까지 지은 죄의 대가
를 치르는 것이니,
42 이를 너희가 용서받으며 여기서 구원
할 수 있으며 바로 살 수 있는 것은 나
의 법전을 읽고 접하여 법전대로 사는
자만이 구원을 받을 수 있다는 것을
잊지 말라, 사랑하는 나의 아들딸들아!

5,819 번째 하나님 말씀

2003년 4월 3일 12시 18분

1 사랑하는 나의 아들아!
2 "네, 아버님! 말씀하옵소서."
3 너의 제자들에게 전해 주라.
4 내가 그들을 사랑하노라.
5 하얀 눈이 세상에 소복소복 내리니,
소리 없이 내리는 눈은 쌓이고 또 쌓
임이니, 그 눈이 쌓이는 것은 너희 눈
에 보임이니라.
6 그러나 아무리 쌓였던 눈도 태양열에
는 다 녹음이니, 그 녹은 다음에 또다
시 세상의 험악한 모습이 다 보이는
것이 이 세상에 눈이 쌓이는 역사가
아니던가?
7 너희는 빛에 녹는 그 눈이 쌓이는 것
은 눈으로 보며 위대하다 그리 말하면
서, 눈보다도 더 영원히 찢어지지 아
니하며 태워지지 아니하며 묻히지 않
는 나의 법전이 소리 없이 내리는 눈
이 쌓이듯이 소리 없이 한 권, 두 권
세상에 전해 주기 위하여 그 준비를
하고 있음이니,
8 그 역사의 위대함을 너희는 어찌하여
보지 못하는가?
9 너희는 그를 기록하여 전하는 나의 아
들이 가는 길을 과연 다르다 보는가?
10 내가 오늘 너희에게 말함이니, 나의
아들 예수가 십자가에 못 박혀 피가
한 방울 한 방울 말라 갈 때 그의 생명
이 죽어 감이니, 그걸 바라보는 나 여

호와의 아픈 마음이요,
11 나의 아들 예수가 그걸 인내하며 고통
스러움을 참는 그와 같은 마음으로 또
한 오늘날 나의 아들이 한 권 한 권 법
전을 소복소복 눈이 쌓이듯이 쌓아 가
는 그 역사를 이루는 것을, 어찌하여
너희는 그를 들여다보지 못하며 보지
못하는가?
12 사랑이 무엇이며 사랑의 눈길이 무엇
이며 사랑의 마음이 무엇이던가?
13 그를 너희는 알아야 할 것이니라.
14 나약한 '윤수'라 하는 한 여인이 선지
자를 받들어 그 길을 도와줌이니 그것
이 바로 사랑이며,
15 그가 나의 아들이 바로 설 수 있도록,
그리고 그 아들이 나의 법전을 만들
수 있도록 노력함이 하늘에 닿으며 내
가 그 정성을 아느니라.
16 그 마음을 아느니라.
17 그것이 바로 사랑이니라.
18 '윤수'라는 여인의 마음과 같은 자가
있었더라면,
19 나의 아들이 십자가에서 흘리는 피를
그는 반드시 수건으로 닦아 줄 수 있
는 여인이었음을 너희는 알라.
20 그것이 정성이요, 사랑하는 마음이니
라.
21 내 마음을 너희가 알겠는가?
22 나의 아들이 어떠한 고통과 어떠한 시
련 속에서 그것을 소복소복 눈이 쌓이
듯이 쌓아 가는가?
23 지금 녹지도 않으며 태우지도 못하며
태양열도 태우지 못하며 물도 적시지
못하며 땅에도 묻지 못하며 그 쌓이는
눈에 눈덩이가 늘어나는 것을 너희는
보라.
24 그것이 얼마나 너희에게 위대한 영광
이요, 축복인가!
25 그보다 더 큰 영광과 축복이 없으며
그보다 더 위대한 역사가 없거늘, 어
찌하여 너희가 그를 모르는가?
26 이제 그 쌓이는 눈은 녹지 아니함이니
라.
27 너희 손으로 너희의 노력으로 쌓이는
눈은 세상 어디를 가든 녹지 않으며
지워지지 아니하며 날아가지 아니하
며 묻히지 아니함이니라.
28 영원히 존재하는 그 눈을 지금 너희
손으로, 너희 몸으로 쌓는 위대한 역
사를 하는 것이 사랑하는 나의 아들딸
이요, 나의 아들을 따르는 제자 너희
가 가는 길이니라.
29 나 여호와의 이 마음을 너희가 안다면
오늘날 너희가 얼마나 위대한 선택이
요, 영광인지를 알라.
30 육의 세상에 흔들리는 갈대와 같이 흔
들리며 왔다 갔다 하는 그와 같은 재
물이요, 명예요, 부귀영화에 너희가
연연하지 말라.
31 홍수가 나 모든 것을 쓸어 가듯이 그
저 쓸려 가며, 죽으면 모두 다 잊히며
지워지는 것이 너희 육의 삶이니,
32 그 육의 삶에 너희가 연연하다 보면
나에게 오는 마음이 흔들리며,
33 진실한 믿음이 무엇이며, 어떠한 역경
에도 나 여호와가 너희와 같이한다는
그 믿음이 약해져 불안해하며 공포에
떨며 걱정하며 근심하나니, 그 마음을
접을 수 있는 마음을 가지라.
34 나 여호와가 너희를 기억하고 있음을

알라.

5,820 번째 하나님 말씀

2003년 4월 3일 16시 25분

1 사랑하는 나의 아들아!
2 "네, 아버님! 말씀하옵소서."
3 이 세상에 나의 피조물 만백성이 나
로부터 생명을 받아 나가니,
4 너희가 노력하는 만큼 먹고 취하고 살
수 있도록 내가 60점이라는 그 한계
에서 다 풀어줬다 하였음이니라.
5 그러나 나의 피조물 만백성이 노력하
며 연구하며 최선의 노력을 다하여 한
점의 부끄럼이 없는 삶 속에서 가정을
이끌어 가며 행복하다는 삶을 사는 백
성이 과연 얼마나 되는가?
6 그와 같은 백성은 소수 백성밖에 되
지 아니함이니라.
7 지금 제자리를 지키며 인간의 본분이
요, 도리를 다하며,
8 남에게 어려움을 부탁하지 아니하며
살아가는 백성이 그리 많지 않음이니,
9 육의 세상에서 힘들지 아니하며 그래
도 인생을 즐기며 사는 백성과, 힘들
고 어려운 일을 하며 살아가는 사람들
의 그 수를 비교할 때,
10 열에 일곱은 어렵고 힘들게 사는 백성
이요, 그저 셋이라는 백성이 나름대로
육의 부귀영화를 누리며 살아가는 백
성이니,
11 너희가 상류 사회의 그 속에서부터 나
의 법전을 가지고 깨우치며 만백성을
다스린다는 것은 있을 수 없음이니라.
12 밑에서부터, 아래 백성부터 어려운 백
성의 삶을 알며 그들의 고달픔을 알며
그들의 희비애락을 알며,
13 그리하여 너희가 다져 가는 지도자가
되어야만 정녕 완벽한 지도자요, 내가
명하는 선생이요, 내가 명하는 나의
지도자요, 만백성의 선생으로서 자리
를 잡을 수 있음을 너희는 알아야 할
것이니라.
14 몹시 어렵고 힘들게 사는 백성, 그리
고 고달픈 인생을 사는 백성, 그와 같
은 백성이 살아가는 어렵고 힘든 과정
을 너희가 제대로 보지 못하며 알지
못하고 살아간다면,
15 너희는 나의 피조물 만백성을 정녕 구
하는 지도자요, 선생으로서 자격이 없
음이니라.
16 그리하여 가난하고 어렵고 힘든 백성,
그리고 남에게 내놓을 것 없는 그와
같은 너희를 선택하여 그 생활에서부
터 다져 나가기 시작하며,
17 너희보다 못한 자들을 바라보며 너희
보다 어려운 자들을 도우며 살아야 한
다는 그 마음을 기르고 또 길러 훈련
을 한 다음에,
18 내가 너희에게 재물이요, 능력을 부어
주었을 때 너희가 만백성을 도울 수
있음이니라.
19 너희가 오늘의 고달프고 힘든 길을 모
르면, 내가 너희에게 풍족한 재물을
주어 너희가 모든 역사를 하며 상류
사회 이상으로 삶을 살며 나의 법전을
전하는 그와 같은 역사를 이루었을
때, 너희는 결코 밑의 백성의 마음을
모름이니,
20 그리하여 너희가 어렵고 힘든 백성에

게 베푸는 것, 그리고 내줄 수 있는 것,
21 그리고 물질적인 것을 두려워하지 않으며 겁먹지 아니하며 어려운 백성이요, 너희보다 못한 백성에게 베풀 수 있는 그와 같은 역사의 힘을 늘릴 수 있고 기를 수 있는 것은 오로지 어렵고 힘든 오늘의 삶의 고비 속에서 이루어짐이니,
22 그리하여 내가 너희에게 훈련에 훈련을 거듭하고 있음을 알아야 할 것이니라.
23 이제 너희가 좀 더 훈련을 하며 좀 더 깨우쳐 인간의 어려움을 알며 힘든 것을 알며,
24 사람의 정이 무엇이며 나눔이 무엇이며 살아가는 것이 무엇이며, 이 세상에 나로부터 선택된 백성보다 더 큰 영광과 은혜를 받은 것이 없으며 역사한 것이 없다는 것을 너희가 뼈저리게 깨달았을 때,
25 그리고 오늘의 삶을 믿음을 위해 사는 길이요, 구원의 길을 위해 사는 것이 얼마나 위대한 것이며 소중한 것인가를, 세상 그 무엇과도 바꿀 수 없는 위대한 삶이라는 걸 깊이 깨우쳐,
26 모든 물질적인 것을 어렵고 힘든 자에게 그저 낙엽 하나 놓듯이 줄 수 있는 마음 자세가 되지 아니하면 내가 너희에게 재물을 부어 줄 수 없음이니라.
27 너희가 더 좋은 것, 더 편안한 것, 아름다운 것을 추구하다 보면 남을 도울 수 없으며 남을 볼 수 없음이니라.
28 가난한 자가 재물을 가지면 가난한 백성의 마음을 모르니,
29 그는 너희가 말하는 졸부요, 부자라는 자요, 갑자기 그 재물을 얻었기 때문이니라.
30 그리하여 가지고 있으면서 베푸는 것, 어려우면서 베푸는 것, 그와 같은 훈련과 훈련을 거듭하여 너희의 마음 자세가 다스려져,
31 너희가 어느 날 갑자기 졸부요, 재벌이 되었을 때 풀어줄 수 있으며 남을 위하여 베풀 수 있는 그와 같은 마음의 훈련을 하지 아니하면 너희에게 재물을 주지 아니할 것이니라.
32 너희가 그와 같은 마음 자세로 변했을 때 내가 너희에게 남에게 베풀고 나누며 살 수 있는 그 모두를 내려 줄 것이니,
33 그때를 위하여 마음을 비우며, 구원을 받는 나의 법전을 보고 깨우치는 믿음보다 더 소중한 것이 아무것도 없으며,
34 그것 하나면 이 세상에 가장 행복한 백성이라는 그 마음부터 다스리도록 하라.
35 그와 같은 마음으로 너희가 굳건히 다스려졌을 때, 내가 너희에게 모든 것을 내릴 것이니 그리 알라.

5,821 번째 하나님 말씀

2003년 4월 3일 16시 30분

1 사랑하는 나의 아들아!
2 "네, 아버님! 말씀하옵소서."
3 내가 너희를 사랑함이니라.
4 그리하여 너희를 완벽한 훈련으로써 다스리고 깨우쳐 나에게 오를 수 있는 그 역사를 이루도록 하여서, 한 사람도 나로부터 낙오자를 만들어서는 아

니 되며 낙오자가 생겨서는 아니 되기
에,
5 내가 너희에게 오늘 강도 높은 훈련
을 시행하고 있음을 알라.
6 너희가 고통으로 견딜 수 없는 그와
같은 상황에서 정녕 어떠한 길을 선택
하느냐 하는 그 믿음이 중요함이니라.
7 너희가 고통스럽고 견딜 수 없고 어려
운 그 순간에 믿음이라는 것을 버리며
편안한 육의 삶을 위하여 무너지는 그
와 같은 삶을 살아갈 수 있는 것이 항
상 너희 마음이기에,
8 내가 그와 같은 마음을 너희에게서
뽑아내고자 하며 너희가 굳건하게 견
딜 수 있는 훈련을 계속함이니,
9 아무리 고통스럽고 시련이 어렵다 해
도 그 상황을 극복하며 변화되지 않
을 때, 나 여호와가 너희를 구원한다
는 것을 알아야 할 것이니라.
10 너희가 바로 서지 못하며 완벽하게 설
수 있는 그와 같은 형국이 되지 아니
하였을 때, 나는 너희에게 구원의 손
을 내밀지 아니함을 알라.
11 너희가 완벽히 섰으며 이제는 충분히
나에게 올 수 있다 할 때 내가 너희에
게 손을 내밀어 이끌어 주는 나 여호
와이니라.
12 변화되지 않았을 때 나 여호와는 너희
를 절대 구원하지 아니함을 알라.
13 믿음 앞에서 시련과 고통 속에 싸워
이기는 자, 그와 같은 자만이 내가 구
원하며 손을 내미느니라.
14 그게 바로 무엇이던가?
15 모든 천사와 사탄이 볼 때 공의의 하
나님으로서 나 여호와가 할 길이며,
16 내가 그와 같기에 나 여호와는 절대적
인 심판자임을 너희는 알아야 할 것
이니라.
17 나의 아들을 통하여 너희에게 나 여
호와가 무엇을 원하며 내가 무엇을 하
고자 하며 너희가 어찌 가야 할 것인
가를 알아 그를 깨닫고 알았을 때,
18 내가 왜 그 길을 가며 그와 같이 역사
하는지 이유를 그때 말해 줌이니 바
로 그것이니라.
19 완벽하게 깨닫지 못한 자에게 내가 깨
달음이요, 어떠한 특혜를 준다면 공의
의 하나님이 아니요,
20 모든 사탄이요, 천사 또한 나에게서
등을 돌릴 것이니,
21 그리고 이 모든 심판은 공정하지 못함
이니라.
22 너희가 죽고 사는 것이요, 영원히 다
시 태어나고 못 태어나며, 천국이요,
지옥이요, 그와 같은 형국에서,
23 공정한 재판이요, 엄격한 재판이 아니
며 실수하는 재판이 되어서는 결코 아
니 되지 아니하는가?
24 그리하여 나는 실수하는 재판을 하지
아니할 것이며, 너희가 완벽히 무엇인
가를 알고 스스로 깨달았을 때, 내가
너희에게 그 이유를 알려 주듯이,
25 너희가 바로 설 수 있고 완벽하게 변
화되었을 때 내가 너희에게 손을 내밀
어 하늘에 오르는 길을 오르게 함이니,
26 너희가 갖춰졌을 때, 즉 반석 위에 섰
을 때 내가 너희를 이끌어 줌을 알라.
27 반석 위에 서는 것까지는 너희가 해야
할 일임을 알아야 할 것이니라.
28 그렇지 아니하면 너희가 어렵고 힘들

때 세상사 인간 세상에 타협할 것이
며 중재할 것이며,
29 그리고 너희가 그런대로 흘러가며 육
의 편안한 삶을 살다 나에게 오르고자
함이니,
30 그때는 오를 수도 없지만, 그와 같이
오를 수 없는 무너지는 삶을 살며 너
희 스스로 올 수 없다는 걸 알게 되며,
31 그를 알았을 때, 너희는 스스로 더 무
너지게 됨이니라.
32 너희는 그리하여 육이 고통스럽고 힘
들 때 모든 것과 타협할 수 있음이니,
33 너희가 절대 타협하지 않는 자며, 양
보하는 자가 아니요, 오로지 믿음 앞
에서 목숨을 내걸고 나 여호와에게 오
는 길을 위하여 너희가 목숨을 두려워
하지 않는 굳건한 마음이 될 때까지
내가 너희에게 거듭 훈련과 훈련을 시
킬 것이니라.
34 훈련을 시키지 않고 다스려지지 않은
상태에서 내가 너희에게 무엇을 내렸
을 때,
35 너희는 세상사에 타협하며 어렵고 힘
들 때 스스로 포기하며 무너지는 삶을
살게 되기 때문이니,
36 내가 너희를 버리지 아니하고자 함임
을 알라.

5,822 번째 하나님 말씀

2003년 4월 3일 17시 24분

1 사랑하는 나의 아들아!
2 "네, 아버님! 말씀하옵소서."
3 지금의 모든 종교 집단의 지도자, 그
리고 신도라는 백성이 정녕 지금의 믿
음을 거꾸로 가고 있다면 너희는 알겠
는가?
4 정녕 그들은 지금 가는 길이 어떠한
길인지도 모르고 가느니라.
5 지금 모든 신도라는 백성, 구원의 길
을 달린다는 그들은 주일이라는 그날
을 쉬는 날이라 하여 교회요, 성당이
요, 회당에 나가 재물을 바치며 기도
하고 눈물짓는 그것만이 믿음의 길이
라 그리 알고 있느니라.
6 그러면서 그들은 뭐라 말하는가?
7 그 휴식이요, 안식일이라 쉬는 그날에
저희가 나 여호와를 만나러 오며, 나
의 일을 하며 나를 위해서 일하며, 나
를 만나기 위해 모든 준비를 하는 것
으로 착각하고 있느니라.
8 그러나 이제 나의 법전을 읽은 만백성
너희가 깨우쳐 주라.
9 너희가 안식일이라 생각하며 쉬는 날
은 나 여호와도 또한 쉬는 날이니라.
10 그러니 그 쉬는 날 무엇을 한단 말이
던가?
11 6일 동안 너희가 일반 생활이요, 세속
에서 살아가는 그 순간에 내가 너희와
모두 같이하며 같이 역사함이니라.
12 그리하여 너희가 6일 동안 열심히 사
는 그 삶이 나와 더불어 사는 삶이니,
내가 너희와 같이하며 같이 역사하며
6일 동안 같이 존재함이니라.
13 그리고 나와 같이 6일이라는 그 시간
에 열심히 일한 백성이 휴식을 취하는
것이며 나 또한 휴식을 하나니,
14 그날만 나를 만나며 나를 위한 일을
하고 산다고 너희가 그리 말하며 나와
대화하는 시간이며 믿음을 돈독히 하

는 그 시간이라 말하면,
15 너희는 6일은 그저 허송세월을 하며
그 나머지 하루를 나에게 바치며 나와
만나며 나와 대화하는 그런 날이라 생
각하는가?
16 이제부터 그와 같은 생각을 바꿔야 하
며 그 틀을 깨야만 할 것이니라.
17 너희가 말하는 6일간 열심히 일하고
더불어 사는 그와 같은 훌륭한 모습이
요, 그 삶이 복음을 전하는 것이며 만
백성을 깨우치는 그와 같은 길임을 알
라.
18 그리하여 6일 동안 내가 너희와 더불
어 같이 임하며 같이 일하고 있으며
같이 역사하고 있음이니라.
19 그러니 그 6일 동안이 얼마나 소중한
것인가를 너희는 알아야 할 것이니라.
20 너희가 쉬는 날은 나도 쉬는 날이며
나도 편히 안식을 취하는 날이니,
21 그와 같이 나를 찾으며 울고불고 나
에게 기도하며 광란의 짓을 하지 말라.
22 나도 그날은 쉬는 날이니라.
23 6일 동안 너희와 더불어 모든 생활을
세속에서 같이했음이니,
24 7일 중의 6일은 나를 만나지 않으며
하루만 만난다 함이니, 너희는 이제
그와 같은 이치를 깨우치라.
25 7일 중의 6일은 너희와 내가 같이하
며 너희와 같이 역사하며, 하루는 내
가 쉬는 것임을 너희는 알아야 할 것
이니라.
26 그 쉬는 날에 일하는 것처럼 그리 말
하지 말라.
27 6일 동안 같이 일하는 것이요, 내가
너희와 같이하며,
28 하루 너희가 쉬는 날에 나도 너희와
같이 하루 쉼이니,
29 그날을 그 반대 방향으로 깨우치고 가
야 할 것이니라.
30 그러니 너희가 지금 가는 모든 것이
잘못되었으며 엉터리이며 나와는 관
계가 없음이니라.
31 너희는 이제 알아야 할 것이니라.
32 너희가 6일 동안 열심히 일하고, 주일
이라는 그날 교회에 가 모두를 다 바
치며 성당에 가 모두를 바치는 것이
나를 만나며 나의 믿음에 대해 돈독히
하는 것이라 그리 생각하지 말라.
33 그날은 나도 같이 쉬는 날이니라.
34 그러니 너희는 6일 동안을 내가 항상
같이하고 있음을 알라.
35 그리하여 나도 쉬는 날 나를 귀찮게
하지 말라.
36 지금까지 그 모든 방향을 다 바꿔야
함을 알라.
37 그러니 6일 동안 너희가 열심히 일하
는 것이 나를 위하는 것이며 나와 더
불어 살아감이니라.
38 너희가 6일 동안 일하고 사는 그 삶이
아름다운 삶이며, 나에게 거역하는 삶
이 아니요, 나에게 부끄러운 삶이 아
니라 하면 그것이 나에게 충실히 사는
삶이요,
39 너희가 6일 동안 잘못 살며 그 삶을
부끄러운 짓을 하며 내가 기뻐하지 않
는 일을 하는 것은 바로 나를 거역함
이니, 너희는 쉬는 날에 쉴 자격이 없
다는 것을 내가 깨우쳐 줌이니라.
40 이제 너희는 6일 동안은 내가 같이함
이니, 내가 쉬는 날 너희도 같이 쉬도

록 하며,
41 그날 믿음을 돈독히 하며 무엇인가를
얻고자 깨우치며, 또한 나와 같이 하
는 시간이며 나를 만나는 시간이라 그
리 착각하지 말라.
42 내가 너희와 같이하는 것은 공기와
같다 하였으니, 네 주변을 항상 떠나
지 않는 것이 나 여호와이니라.
43 그러니 6일 동안은 너희가 나와 같이
열심히 일을 하여, 나에게 부끄럽지
않은 일, 그리고 만백성에게 누가 되
지 않는 아름답고 착한 일을 열심히
하며 살아가고,
44 하루는 쉬는 날로 그리하라.
45 그리하여 그와 같이 가는 것이 너희가
나에게 오르는 길임을 내가 너희에게
깨우쳐 주니 그 길임을 이제는 알라.
46 너희는 지금 거꾸로 가고 있음이니라.
47 너희가 하루를 나에게 바치고 6일 동
안 그저 인간 세속에서 더불어 살아간
다 하면 이는 너희가 하늘에 오를 수
있는 길이 없음이니라.
48 그러니 그와 같은 이치의 틀을 너희가
벗어나도록 그리하라.
49 그렇지 아니하면 너희가 지금까지 가
는 길이 나와는 정 반대요, 내 뜻과는
다른 길을 가는 것임을 잊지 말라.

5,823 번째 하나님 말씀

2003년 4월 4일 06시 29분

1 사랑하는 나의 아들아!
2 "네, 아버님! 말씀하옵소서."
3 수천 년 동안 믿어 오는 그 종교 집단
의 지도자들이 광분하는 신도 그들에
게 다 구원을 받으며 하늘에 오를 수
있는 자격을 받았다 말하느니라.
4 그들이 그와 같이 말하거든, 너는 그
들에게 물어보라.
5 너희 종교 지도자가 구원을 받았다는
그 말과 내가 불로 써 내린 십계명 중
에 어느 것이 더 귀한 것이며, 어느 것
을 지키고 살아가야 하는지를 한번
물어보도록 그리하라.
6 광분하지 말며 열 받지 말며 차분히
앉아서 한번 그걸 물어보라.
7 나의 아들 예수의 보혈로써 무조건 구
원을 받았다 하는 너희가 하는 말과
내가 지키라는 그 계명을 지키고 살아
야 한다는 것 중 어느 것이 더 소중하
고 귀한 말인가?
8 하나를 깨우치려면 너희가 피나는 노
력의 역사가 있어야 하거늘,
9 너희는 그저 쉽게 나의 아들 예수의
보혈로써 구원을 받았으며 너희 손으
로 지은 성전에 가 회개하고 눈물짓고
기도하면 모든 죄가 다 씻어졌다 그리
말하나,
10 그와 같은 역사가 이루어지기 전에,
내가 십계명이라는 것을 불로 써 세상
에 내려보냈음이니라.
11 그건 너희가 지켜야 하는 것이며 그
것이 영혼을 구원하는 길이라 내가
그리 말하였으니,
12 과연 너희는 나 여호와의 이름을 망
령되게 아니 하며,
13 나의 아들이요, 나의 딸이라 하면서
네 부모를 위하여 과연 너희가 얼마
만큼 부끄럽지 않은 삶을 살고 있는가
너희 스스로 한번 점검해 보라 그리

전하라.
14 그리고 네 이웃에게 거짓 증거하지
말라 함이니, 과연 너희가 계명에 기
록된 대로 네 이웃에 얼마나 거짓 증
거 아니하며 사는가?
15 너희는 수시로 네 이웃에 거짓 하며
너를 속이며 너 자신이 그와 같이 살
아가는 삶은 없는가?
16 너희는 아무리 십계명을 외우고 깨닫
는다 해도 수없이 그와 같은 실수를
하며 또 우를 범하고 사는 것이 아닌
가?
17 너희가 얼마만큼 남을 속이지 않으며
이웃에 거짓 증거하지 아니하며 실수
하지 아니하고 사는가 한번 들여다보
도록 그리하라.
18 그리고 이웃의 것을 탐내지 말라는 것
을 얼마나 탐내지 아니하며 시기하지
않는가 한번 물어보라.
19 너희는 하나도 변한 것이 없을 것이니
라.
20 너희는 '네 부모를 공경하라.' 함도 과
연 그 말을 들으면서 얼마나 공경하
며, 너희가 네 이웃에 거짓 증거하지
아니하며 네 이웃의 모든 사람을 속
이지 아니하며 거짓 하지 아니하는가?
21 너희는 거짓을 하면서도 그것이 거짓
인지 아닌지도 모르고 그저 가볍게 넘
어가는 것은 없는지 한번 너희 스스로
들여다보면,
22 너희가 과연 은혜요, 축복이요, 영광
을 받을 수 있는 것인지 없는지를 너
희 스스로 알 것이니라.
23 나 여호와에게 한 점의 부끄럼이 없이
살지 못하는 그러한 형국에서 너희가
구원을 받았다, 나에게 오를 수 있다
는 이야기를 함부로 하지 말라.
24 너희가 십계명대로 나 여호와의 이름
을 부끄럽게 하지 아니하며 내가 명한
대로 그대로 지키고 사는 것만이 구원
의 길이요, 하늘에 오르는 길이니,
25 과연 그를 너희가 얼마나 지키고 얼마
나 행하고 사는가 너희 스스로 한번
두드려 보라.
26 너희는 아무것도 변한 것이 없으며 깨
달은 것이 없으며 역사한 것이 없음이
니라.
27 그게 내가 너희를 내려다보는 것이니
라.
28 그저 건수가 흐르듯이 겉으로 있는 것
몇 가지를 고쳤다 하여 깨달은 것이
요, 실천하는 사람처럼 그리하지 말라.
29 순간에 스쳐 가는 변명이요, 순간에
스쳐 가는 거짓이요, 이것은 죄가 되
지 아니하며 이것은 별것 아니라는
생각에서 그저 쉽게 말하며 쉽게 넘어
가는 것은 없는가?
30 그러면서 너희가 깨달은 자요, 구원을
받으며 하늘에 오르는 자라 생각하지
말라.
31 작은 것이나 큰 것이나 너희가 실수
하고 나에게 거짓 하는 것은 똑같다
말하였느니라.
32 그러니 너희가 작은 것까지 깨닫지 못
하며 수시로 나의 뜻을 거역하고 행하
는 것은 없는가?
33 그를 들여다보고 그를 바로잡는 것이
너의 제자들이 가야 할 길이며,
34 만백성을 깨우쳐야 할 전사가 가야 할
길이라는 것을 깨우쳐 주도록 그리하

라.
35 그리하여 너희가 법전을 읽고 또 읽
으라 내가 함은 무엇이던가?
36 너희가 정독하고 정독함으로써 그것
을 기억하고 또 기억함으로 인하여 그
때그때 그 순간마다 마음이 굳어짐이
니,
37 작은 거짓이요, 작은 실수를 하지 아
니하며 이웃에 거짓 증거하지 않는 삶
을 살 수 있기 때문이니 그리 전하도
록 하라.

5,824 번째 하나님 말씀

2003년 4월 4일 06시 37분

1 사랑하는 나의 아들아!
2 "네, 아버님! 말씀하옵소서."
3 내가 너희에게 뭐라 말하였느냐?
4 일요일이라 하는 그 주일이라는 날만
나를 찾으며 나와 만나며 나와 더불어
한다는 생각을 지우라 하였음이니라.
5 그날은 너희도 쉬고 나도 쉬는 날이
니, 나를 찾지 말라 그리 내가 전하였
느니라.
6 나를 향하여 울고불고 찬송하며 기도
하지 말라.
7 6일 동안 열심히 살아가는 그 생활 속
에서 내가 너희와 같이하며,
8 그 기간에 너희가 역사하는 것이 얼
마나 나 여호와에게 기쁜 일을 하고
사느냐 하는 것이 너희가 나의 은혜
에 대해 보답하는 길이라 내가 그리
말하였음이니라.
9 그 삶이 더 소중하며, 그 시간마다 내
가 너희와 같이하고 있으며, 내가 너
희와 떨어져 있는 시간이 없다 하였음
이니라.
10 그 6일이야말로 너희가 나와 더불어
같이 있는 시간이니, 그때 기도를 많
이 하며 나를 경배하며 나를 많이 만
나는 그와 같은 역사를 한다는 것을
내가 너희에게 가르쳐 주었으니,
11 여기서 너희가 또 하나 깨우치고 가야
할 것이니라.
12 수천 년 세월이 흘러오는 동안에 종교
지도자요, 목사요, 전도사라 하는 그
직업의 이름을 가진 자들만이 나의
복음을 전도하는 자이며, 또 나의 백
성을 인도하는 자격이 있는 자이며,
성경을 전파하고 또 성경을 가르치고
공부하는 것이라 생각하고 살아가느
니라.
13 그러나 이제 그와 같은 생각에서 벗어
나야 할 것이니라.
14 그와 같이 명을 받은 자, 그와 같은 직
함을 받은 자만이 나의 성경을 전하며
만백성에게 전도하며 그를 깨우치고
인도하는 그와 같은 책임을 가진 자라
그리 생각하지 말라.
15 그와 같은 생각을 하고 있기 때문에
지금 어떤 짓을 하고 있는가?
16 신학교라는 곳에 제 자식을 보내며 그
곳에서 공부하며, 그곳에서 그 어떠한
자격증을 인간에게서 받아 나온 그와
같은 자만이 단상에 서며 설교할 수
있다 그리 말하고 있기에 지금과 같은
병폐가 생겼으며,
17 이 병폐로 인하여 사악한 시대가 되었
다는 것을 너희는 알아야 할 것이니
라.

18 너희는 목사요, 전도사라 하는 명칭을
가지고 있고 직함을 가진 자만이 성
서를 공부하며 연단에서 만백성을 깨
우치는 그와 같은 길이 아님을 알라.
19 나의 아들이 세상에 나왔으니 예수가
목사학교를 나왔던가, 신학교를 나왔
던가?
20 나로부터 직접 명을 받아 그가 세상에
나가 그를 전함이니라.
21 지금 160권의 법전을 써서 만백성을
구하고자 하는 나의 아들 또한 그가
신학이라는 학교에 다녔으며 거기서
명칭을 받았으며 거기서 직함을 받아
서 가르쳤던가?
22 너희는 그와 같은 이치부터 깨우치고
벗어나야 함을 알라.
23 너희가 6일 동안 사는 동안에 얼마나
아름답고 착하고 선하게 살았느냐 하
는 그것이 복음을 전하는 것이며, 만
백성에게 성경을 가르칠 수 있는 자
며, 자격이 있는 자라는 걸 너희는 알
아야 할 것이니라.
24 누구든 나 여호와가 필요하여 내가 이
루고자 하면 그를 불러 내가 씀이니라.
25 그리하여 그를 내가 지도자로서 육성
시키며 내가 그에게 성령의 권능을 줌
이니, 그는 지도자로서 하나의 손색이
없음을 너희는 알아야 할 것이니라.
26 누구나 나 여호와의 뜻에 따라 살고
생활하며, 요소요소에서 너희가 살아
가는 그 생활에 충실하며 남에게 모범
이 되는 그와 같은 삶을 살아가는 그
것이 바로 전도요, 나의 성경을 가르
치는 길이라는 걸 너희는 알아야 할
것이니라.
27 나의 성경이라는 것은 제한된 것이 아
니요, 그 비유의 뜻은 아무나 깨달을
수 없으며, 신학이라는 그 대학을 나
왔다 해서 거기서 깨달으며 거기에서
완벽하게 아는 것이 아니니라.
28 그와 같은 자격을 가지고 꼭 그들만이
연단에 서며 설교하며 강의하며 나의
성경을 가르친다는 그와 같은 생각을
이제 폐쇄해야 할 것이니라.
29 누구든 성경을 읽고 깨우쳤을 때 아름
답고 모범적으로 사는 자에게 내가 지
혜를 주고 깨달음을 주며 남을 가르칠
수 있는 능력을 준다는 것을 너희는
알아야 할 것이니라.
30 누구나 다 자격증이라는 것을 가진
자, 그와 같은 계획을 한 자만 할 수
있다 하나,
31 인간의 생각이며 인간 세상에서 인간
의 그 계획에 따라 주는 자격증이라는
것은 아무런 관계가 없음이니라.
32 나로부터 선택되어 내가 나의 백성을
쓰고자 한다면 인간 세상의 실력이요,
학력이요, 그가 가진 기준은 필요 없
음이니라.
33 그의 살아온 삶이 얼마나 아름답게 살
아가느냐, 그와 같은 자가 나의 성경
을 공부하며 나의 법전을 공부하며,
34 그와 같은 것을 보는 백성이 그를 보
고 따르고 깨우치는 것이니, 또한 그
와 같은 백성이 정녕 지도자가 될 수
있는 것이요,
35 신학이라는 어떤 틀에 박힌 학교를 나
오며 목사요, 전도사라 하는 직함을
가진 자만이 성경을 가르치고 지도한
다 생각하지 말라.

36 그 병폐 때문에 잘못 깨우치고 제대로
알지 못하는 자가 저희 권위를 세워
너희를 종과 같이 부리고 다스려, 그
저 피도 눈물도 없이 거둬들이는 그와
같은 자들이 지금 세상에 서 있음이니,
37 그리하여 그를 단죄하고 내가 그를 정
리하고자 함이니라.
38 내가 필요하면 씀을 너희는 알아야 할
것이니라.
39 그리하여 참다운 지도자를 배출하는
데는 너희가 실패하였으며,
40 지금 참다운 지도자요, 진정한 지도자
를 배출하지 못하며, 인생에 거의 실
패한 자, 인생의 고통을 겪은 자, 그리
고 인생에서 남들처럼 노력하지 못한
자, 그와 같은 자들이 나로부터 선택
되었다 하여 신학교를 가며 신학을 공
부하여 지도자로 서니,
41 진정한 지도자요, 진정한 일꾼은 내가
한 사람도 보지 못했다면 너희는 과
연 믿겠는가?
42 인간 세상에서 주는 자격증으로서 종
교 지도자라 단상에 서는 것은 나와
관계없음이니라.
43 나로부터 선택받으며 나로부터 깨달
음을 얻으며 나로부터 축복과 영광을
받아 서는 자가 진정한 종교 지도자
요, 하늘의 지도자임을 알라.
44 너희는 여기서 깊이 깨우치라.
45 인간이 주는 자격증이요, 인간이 가르
치는 학교를 나온 너희는 바로 무엇이
던가?
46 인간 세상의 한계를 벗어나지 못하니,
인간 세속을 벗어나지 못한 것이니라.
47 그러니 내가 선택하는 하늘의 뜻을 가
르치는 자는 하늘의 내가 선택하는 지
도자요, 내가 선택한 목자요, 내가 선
택한 안내자가 바로 만백성을 구하는
진정한 지도자이니,
48 인간 세상에서 인간의 학문이요, 너희
법으로 지도자라 그리 만들어 세상에
내보내는 그 병폐가 오늘의 사악한 세
상을 만들었음이니, 이와 같이 험악한
세상이 되었음을 너희는 알라.
49 인간의 자격증으로서는 인간의 한계
를 벗어나지 못하며, 그 자격증을 준
자의 제자요, 자격증을 준 자가 선생
이니,
50 그와 같이 지금도 인간의 틀을 벗지
못하고 그 속에서 다람쥐 쳇바퀴 돌듯
이 그저 돌고 도는 속에서 먼저 나오
면 선생이요, 늦게 나오면 제자라는
그와 같은 형국으로 감이니,
51 썩은 물이 썩은 물대로 그저 흘러가며
그것이 그저 이 세상을 지금 썩게 하
였으며, 이와 같이 병든 자들로서 우
글거리게 한 것이 그들이라는 걸 잊지
말라.

5,825 번째 하나님 말씀

2003년 4월 4일 06시 44분

1 사랑하는 나의 아들아!
2 "네, 아버님! 말씀하옵소서."
3 지금의 모든 종교 지도자요, 목사라는
사람들의 흘러가는 그 형태요, 지금까
지 이끌어 온 그 모든 것이 잘못되었
으며,
4 하늘에 오르는 길이 아니요, 나를 거
역하는 길이며 지옥으로 가는 길이라

했다면,
5 지금 너희의 모든 관행이요, 그 틀을 다 깨야 하며, 그 모두를 밖에서 반대 방향에서 항상 보는 그와 같은 깨달음을 얻어야 할 것이니라.
6 모두를 다 공개하며 모두를 다 열어 놓고 세상을 봐야 할 것이니라.
7 모두를 다 덮어놓고 일부분만을 보는 그와 같은 것은 믿음의 깨달음이 아님을 알라.
8 내가 너희에게 지금까지 온 믿음이요, 모든 종교 집단이요, 지도자가 잘못 가고 있다는 것은 하늘의 뜻에 모두를 놓고 보고 깨우치는 것이 아니요,
9 그저 극소수 일부만을 들여다보면서 그것으로써 하늘에 오르는 길이라 그리 말함이니라.
10 지금의 목사요, 종교 지도자들이 과연 어떠한 생각을 하고 그 지도자의 길을 가고 있는가?
11 그들은 그럴 것이니라.
12 세상에서 평범하게 살아가는 삶과 남들처럼 일반 직장이요, 직업을 가지고 살아간다면, 나 여호와를 가까이할 수 없으며 나의 뜻을 깨달을 수 없으며 연구할 수 없기 때문에,
13 나의 진리요, 나의 참뜻을 알기 위해 목사요, 종교 지도자의 길을 선택해서 가는 사람도 있을 것이니라.
14 그것만이 나 여호와에 관한 직접적인 일을 할 수 있는 것이며 나의 뜻을 행하고 살아간다고 생각하며 그 길을 선택하는 자가 수없이 있을 것이니라.
15 그러나 너희는 이와 같은 틀을 깨야 하며 그를 벗어나야 함을 알라.
16 너희가 그와 같은 목사요, 종교 지도자의 길을 가는 것만이 나에 대한 일을 직접 하며 나에게 가까이 오며 나로부터 더 무엇인가를 듣는다 그리 생각해서는 아니 됨이니라.
17 그와 같이 이루어지는 것이 아니니라.
18 너희가 그와 같은 직함이요, 그와 같은 명칭을 갖지 아니하여도,
19 평소에 살아가는 그 생활이 나 여호와가 기뻐하는 삶이요, 나 여호와를 슬프게 하지 아니하는 그와 같은 삶을 살며,
20 너희에게 주어진 직분이요, 직업에 최선을 다하며, 그를 소중히 알며 살아가는 것이 나 여호와와 더불어 가는 것이며,
21 나를 위하여 살아가며 나를 위하여 역사함이며,
22 너희가 직장이요, 직업으로 일하는 것도 나 여호와와 더불어 살아가는 것이며, 내 일을 한다 생각하고 모두를 소중하게 생각하며 아름답게 생각하며, 그곳에서 최선을 다하는 그와 같은 모습으로 살아갈 때,
23 그것이 바로 너희가 직접적으로 나의 일을 하는 것이며, 나와 같이하는 것이며, 나의 복음을 전하는 것임을 이제 너희는 알아야 할 것이니라.
24 이와 같은 틀을 깨지 못한다면 정녕 너희는 나에게 오를 수 없으며 하늘에 오르는 뜻을 알 수가 없는 것이니라.
25 그 모두를 다 벗어 버리며 다 깨 버려야 할 것이니 그리 알라.
26 그와 같은 생각으로 종교 지도자가 된 자, 목사가 된 자들은 그것이 아님을

알아야 할 것이니라.
27 그 길만이 아니라 너희 삶이 소중하
며 너희가 가진 직업이 소중하며,
28 너희가 하루하루 사는 삶을 얼마나 아
름답게 사느냐 그것이 나의 일을 직접
하는 것이며, 나와 더불어 사는 것이
며, 나를 가까이하는 것이며, 내 뜻을
아는 것이니라.
29 직함을 가졌다 하여, 일정한 교육 과
정을 인간 세상에서 받았다 하여 그것
이 내 일을 너희가 직접 하는 것이며,
나에게 가까이 오는 것이며, 나와 너
희가 가까이 있다는 생각을 버려야 할
것이니 그리 알도록 하라.

5,826 번째 하나님 말씀

2003년 4월 4일 06시 52분

1 사랑하는 나의 아들아!
2 "네, 아버님! 말씀하옵소서."
3 너희가 목사요, 종교 지도자의 길을
가는 것은 나와 더 가까이하고자, 나
의 뜻을 깨우치고자 하여 그와 같은
길을 가는 자도 있다 그리 말하였음
이니라.
4 그러나 그렇지 않은 종교 지도자들도
있음이니라.
5 너희가 그와 같이 가는 것은 잘못된
것이며 잘못 깨우침이니라.
6 삶을 바로 살며 행동을 바로 하는 것,
그리고 내가 내린 직업에 최선을 다하
는 그와 같은 자가 바로 모든 백성을
깨우칠 수 있는 자격이 있는 것이며,
7 그것이 복음을 전파하는 길이라 내가
말하였음이니, 너희에게 그 틀을 바꾸
라 하였음이니라.
8 그러니 또한 다른 백성은 어떤 지도
자들이 있는가?
9 종교 지도자요, 목사가 되면 그저 너
희가 먹고사는 것, 처자식을 관리하고
사는 것, 저 자신을 다스려 살아가는
것은 그저 어렵지 않고 힘들지 않게
살아갈 수 있다는 그와 같은 방법으로
써,
10 또한 종교 지도자로 앞에 간 선배들이
살아가는 모습이요, 그 형태를 보고
그 길을 가고자 선택하는 자들은 과연
없는가?
11 그와 같은 종교 지도자가 없다 너희는
말하지 못할 것이니라.
12 그러면서 너희는 남들에게 시시비비
를 받을 것도 없으며 지시를 받을 것
도 없으며,
13 그저 종교 지도자요, 목사가 되며 소
정의 교육을 받고 그와 같은 자리에
올라선다면 너희는 남에게 시시비비
를 받을 것도 없으며, 구차한 소리를
들을 것도 없으며,
14 대장이요, 제왕적인 자리에서 평생을
살아가는 삶을 살 수 있기에 그러한
길을 선택하는 자는 과연 없는가?
15 그와 같은 자들이 수없이 있을 것이니
라.
16 그러면서 나의 성경 공부라는 것을 그
저 연구하고 공부하고, 그 한 가지만
공부해서 정해진 시간에 설교라 하여
그저 몇 가지 말을 전하고 나면 너희
는 할 일이 없으며,
17 편안한 삶이요, 오로지 한 길만을 즐
겨 가며 사는 것이기 때문에,

18 오만 가지 일을 다 하며 살아가는 백
성과 차별화되니 너희의 육의 삶은 얼
마나 간단하고 편안한가?
19 그리하여 그 길을 선택한 자들이 수없
이 있으며,
20 세상사 너희가 속썩고 또 고통당하며
고통스럽게 살아갈 일이 없기 때문에,
그저 말만 하면 너희 신도들이요, 너
희를 따르는 그 백성이 모두를 다 해
결하며 이루어 주니, 너희보다 더 행
복하고 편안한 삶을 살아가는 자가 얼
마나 있는가?
21 그리고 너희는 나름대로 자유 시간이
많으며, 너희 맘대로 쓸 수 있으며, 남
들에게, 상사에게 명을 받을 일도 없
으며, 이웃에게 명을 받지 않는 그와
같은 삶을 살아가는 길이기에, 너희가
그와 같은 길을 선택한 자가 수없이
있으니,
22 그들 또한 얼마나 잘못된 자들이며
얼마나 잘못 가는 자들인가?
23 인간의 삶보다 편안한 생각을 하며 남
들보다 편안한 삶을 살기 위한 그 자
체가 너희의 믿음의 길이요, 그것을
위하여 믿음의 길을 가는 사람들이 아
니던가?
24 그러기에 너희 종교 지도자요, 지금의
가는 종교 집단이 잘못되었다 내가 그
리 말하는 것이니라.
25 너희는 여기서 알아야 할 것이니라.
26 너희가 모든 것을 남으로부터 편하게
받아들이며 편하게 거둬들이며 쉽게
모든 것을 얻고 살아가는 것은 무엇이
던가?
27 그와 같은 자들이 나 여호와가 공의
의 하나님이 아니요,
28 천사요, 사탄들 앞에서 그들을 나무라
지 못하며 그들 앞에 내가 바로 서지
못하는 그와 같은 일을 너희가 만듦을
알라.
29 공의의 하나님이라면 나 여호와는 너
희에게 똑같이 혜택을 주며 똑같이
역사할 수 있도록 하며 차등이 없어
야 하거늘,
30 너희가 나의 이름을 팔아 차등을 두는
생활을 하며 차별화된 삶을 살고 있
으니,
31 그것이 과연 나 여호와의 뜻대로 사는
것이며 내가 공의의 하나님이라 할
수 있는가?
32 너희는 남에게서 편하게 그저 거둬들
이며 쉽게 받아들이며, 나의 백성이
요, 나의 사랑하는 아들딸들을 맘대로
종처럼 부려 가면서 살아가는 그 모두
가 똑같은 인간의 삶을 차별화하는 것
이니,
33 그와 같은 자들이 나의 백성이요, 나
의 지도자요, 종교 집단이라 생각하는
자는 나 여호와가 공의의 하나님이 아
니라고 간판을 내걸고 소리 지르고 다
니는 행위라는 것을 너희는 알아야
할 것이니 그리 알라.

5,827 번째 하나님 말씀

2003년 4월 4일 10시 09분

1 사랑하는 나의 아들아!
2 "네, 아버님! 말씀하옵소서."
3 세상사 너희가 살아가는 것을 반대로
보며 반대로 살아가야 한다 내가 그

리 말하지 아니하였느냐?
4 오죽하면 내가 팽이라는 것이 오른쪽
으로 도는 것을 왼쪽으로 돌리는 그와
같은 세상을 보지 아니하면 너희가
바로 볼 수 없으며 하늘에 오르는 길
을 볼 수 없다 그리 말하였겠는가?
5 이와 같이 말을 하는 나 여호와의 마
음이 아픔을 너희는 들여다봐야 할
것이니라.
6 너희는 인간이요, 사람이며 생각하는
동물이니라.
7 추우면 따뜻하게 하여야 하며 더우면
또 시원한 것을 찾는, 그와 같이 수시
로 변하는 삶을 살아가는 것이요,
8 환경이요, 여건에 따라서 움직이는 것
이 너희이기에 그 마음을 바로잡아
가며 정도의 길을 가는 것은 얼마나
힘들고 어려운 것인지를 나 여호와는
알고 있음이니라.
9 그러나 그 길을 가지 아니하면 너희가
나에게 오를 수 없으며 내 품에 올 수
없음이니 이를 어찌한단 말이더냐?
10 그리하여 너희에게 바르게 살라 그리
말함이니라.
11 세상사 너희가 살아가는 모두가 팽이
가 오른쪽으로 돌듯이, 그 도는 팽이
를 왼쪽으로 돌리는 그와 같은 삶을
살며 세상을 봐야 한다 내가 그리 말
함이니,
12 너희가 육의 세상의 삶을 사는 것만이
그와 같은 반대 현상이 아니라, 믿음
의 길을 가는 종파요, 모든 종교 집단
의 그 믿음 자체도 반대쪽으로 가야
하며, 반대로 돌아야 하며, 다시 깨우
침을 얻어야 하는 것을 너희는 알아
야 할 것이니라.
13 너희가 얼마나 어리석고 불쌍하게 세
상을 사는 백성인 줄 알겠는가?
14 이 세상 모든 것은 나 여호와가 필요
하여 만들었으며, 내가 필요로 하기에
주관하여 세상에 내놓았다 너희는 그
리 말하지 않느냐?
15 그 말은 맞느니라.
16 그러니 세상 모든 것은 너희와 더불
어 살아갈 수 있게 되어 있으니, 세상
에 나온 것을 적대하지 말며 적으로
간주하지 말며 미워하지 말며 저주하
지 말도록 그리하라.
17 모든 독을 품은 벌레도 그가 존재해야
하기 때문이며, 그의 도움이 필요하기
때문이니, 이 마음을 너희는 모르겠는
가?
18 종교 집단 너희가 살아가는 그 방향
을 내가 왜 잘못 가는 것이며 어리석
다 말하는지 알겠는가?
19 내가 너희를 미워하며 꾸짖고 탓하고
자 함이 아니니라.
20 내가 너희를 사랑하며, 너희는 나의
아들딸이니 너희보다 더 소중한 자가
세상에 없음이니라.
21 그러니 여기서 하나의 이치를 너희에
게 깨우쳐 주고자 하느니라.
22 하나만을 보고 살아가는 백성은 그 하
나밖에 모름이니, 열 개를 보는 백성
은 어떠하더냐?
23 하나를 보는 백성보다 세상에 열 개를
보는 백성은 너희보다 열 가지를 더
알고 있지 않더냐?
24 정확히 아홉 개를 더 아는 선생이 아
니더냐?

25 그러니 그가 너보다 나으며, 너보다
그 모두를 더 아는 자이니라.
26 그러니 하나밖에 보지 못하며 하나밖
에 모르는 백성이 열을 보고 열 개를
깨우친 자를 이기려 든다면,
27 이는 하나를 깨우친 자가 얼마나 어리
석은 행동인지 알아야 할 것이니라.
28 그뿐이더냐?
29 백이라는 것을 보고 백을 깨닫는 사
람에게 열 개를 깨달은 자가 그것만이
이 세상의 진리요, 참뜻이요, 그 길만
이 사는 길이라 그리 강요한다면 그것
이 되겠는가?
30 아니 됨이니라.
31 지금 모든 종교 집단 지도자요, 신도
라는 자들이 그저 잘못 세뇌되고 잘못
가르쳐, 저희가 가는 믿음의 길만이
구원의 길이요, 다른 것은 아무것도
타협할 것이 없으며 대화할 것이 없다
함이니,
32 아무리 아름다운 말을 해도 너희는
그를 믿으려 하지 아니함이니라.
33 너희는 너희가 배고플 때 밥 한 그릇
을 사 주는 사람에게 감사하다 하지
아니하고,
34 말로써 그저 저희를 따르면 구원을 받
는다는 사람의 그와 같은 말에만 너희
가 감사함이니,
35 어찌하여 너희는 은혜를 모르며 감사
함을 모르는가?
36 배고플 때 밥 한 그릇을 대접받았으면
그저 감사하고 고맙다 인사하면 되며,
그 사람의 아름다운 마음을 보고 너희
도 행하면 될 것을,
37 너희는 그와 같은 좋은 일을 하는 자
까지도 너희와 같이 손잡고 같은 종교
요, 같은 믿음의 길을 가지 아니하여
너희 지도자 앞에 가서 강론을 듣지
아니하는 자는 아무리 베풀어도 은혜
가 아니요,
38 너희는 배고파서 그를 받아먹으면서
도 그건 독소라 생각하는 그 마음을
갖고 있음이니, 얼마나 너희가 사악한
자며 이중적인 인간이며 간악한 자이
더냐?
39 배가 고파서 배는 채우면서, 속으로
생각하기는 '이자는 나와 같이 믿음의
길을 가는 자가 아니요, 저희 종교 지
도자 앞에 강론을 듣지 않으니,
40 이자가 주는 것은 감사할 것도 없으
며, 이자가 주는 것은 정녕 하나님이
주는 것이 아니라' 그리 생각하며 고
마운 줄 모르고,
41 '배가 고프니 그저 배부르면 돌아서겠
다'는 생각을 하고, '배부르면 너와 만
나지 않는다'는 그와 같은 생각을 하
고 있으니,
42 너희가 얼마나 이율배반적이며 간악
하고 사악한 백성인지 알겠는가?
43 이것이 지금 믿음의 길을 가는 백성
너희들이니라.
44 이제 너희는 하나밖에 모르니, 열 개,
백 개 가진 자들을 알도록 하며, 그들
을 따라 배우도록 그리하라.
45 내가 이 법전을 세상에 내려보냈음이
니,
46 내가 너희에게 모든 종파를 그만두고
너희의 믿음을 그만두며 나의 법전을
따라와 이를 읽고 이 길을 가라 함이
아니니라.

47 너희는 믿음의 세상을 가는 그 백성
속에서 시간이 날 때 이 세상에 '하늘
에 오르는 길'이요, 나 여호와의 말씀
이라 하니 이것도 세상에 나올 이유가
있어 나왔겠거니 하여 그저 한두 장
들여다보라는 것이니라.
48 그래서 너희가 정독해서 읽고 거기서
깨우칠 것이 있고 얻을 것이 있으면
너희 것으로 만들며, 버릴 것이 있으
면 버리면 되거늘,
49 어찌하여 너희는 이단이요, 사탄이라
하여 들여다보지도 않고 그리 말하는
가?
50 내가 너희에게 말하기를, 사람을 심판
하지 말며 사람을 평가하지 말라 그리
하였음이니라.
51 그가 가진 마음이요, 심성을 모름이
니, 너보다 더 인자하며 너보다 더 사
랑하는 마음을 가진 사람의 그 본심
을 모르면 그를 평가절하하지 말라
그리하였음이니,
52 너희는 어찌하여 그와 같은 우를 그리
도 범하는가?
53 너희가 지금 만날 배우는 것보다도,
나의 법전 단 한 페이지를 읽었을 때
위대한 깨우침을 얻는 내용이 거기에
들어 있다면, 너희는 과연 어찌하겠느
냐?
54 그러니 이제는 법전을 적대시하지 말
며 적으로 생각하지 말며, 나 여호와
가 필요로 하여 세상에 내보낸 것이라
하여 너희가 읽어 보고 정독하도록 그
리하라.
55 내가 너희에게 간곡히 부탁하니 그를
한번 읽어 보라는 것이니, 거기에 정
녕 하늘에 오르는 길이요, 심판하는
길의 내용이 있다면 너희는 과연 어
찌하겠느냐?
56 하나만 가지고 너희가 옳다 고집 피
우지 말라.
57 여러 가지 방법이 있지 않으냐?
58 너희가 똑같은 거리요, 똑같은 시간대
에 가는 것도 빨리 가는 방법이 있고,
또 천천히 가는 방법도 있고, 기계를
이용해서 가는 방법이 있고, 동물을
이용해서 가는 방법이 있고, 너희 두
발로 걸어서 가는 방법도 있지 않더냐?
59 어찌하여 두 발로 땅을 밟고 걸어가는
것만이 너희가 위대하다 생각하니 너
희가 언제 그 멀고도 먼 길을 갈 수 있
단 말이더냐?
60 기계를 타고 날아가는 자, 짐승을 타
고 달려가는 자, 그와 같이 사람마다
여러 가지 방법이 있음이니 걸어가는
것만이 옳다 고집하지 말라.
61 내가 오죽 불쌍하고 답답하면 법전에
기록하여 전했는가?
62 수십 년 전에 강을 건너는 그 목선만
이 배요, 지금 유람선이라 하여 음악
을 들으며 호화찬란하며 즐기며 갈 수
있는 그 유람선 위에는 너희가 수영장
이 있으며 오락 시설이 있으며 잠자는
시설이 있는 그와 같이 화려한 유람선
을 놓고 강을 건너라 할 때,
63 저것은 배가 아니라 고집 피우며 그저
사람이 젓는 그 배를 타고 가야 한다
고 그리 부르짖으니,
64 종교 지도자요, 신도 너희가 그리 어
리석고 불쌍한 자들이니라.
65 이와 같이 내가 법전에 기록한 뜻을

너희가 깨우쳐 읽는다면, 나의 법전 한 구절 읽는 것이 두려울 것이 없으며, 그것이 욕되는 것이 없으며, 그것이 사탄의 길이요, 사악한 길로 가는 것이 아니라 함이니, 내가 너희를 그리도 불쌍하고 불쌍하게 생각하는 마음을 어찌 그리도 모르는가?

66 이제는 미워하지 말며 질투하지 말며 시기하지 말며, 너희들이 이 법전의 뚜껑을 열고 한번 읽어 보도록 그리하라.

67 나 여호와가 너희에게 간곡히 부탁하니, 단 한 번이라도 읽어 보라.

68 읽어 보는 자, 너희가 심판의 대상에 설 수 있다는 걸 알라, 사랑하는 나의 아들딸들아!

5,828 번째 하나님 말씀

2003년 4월 4일 10시 20분

1 사랑하는 나의 아들아!

2 "네, 아버님! 말씀하옵소서."

3 지금의 종교 지도자요, 그 집단들이 다 잘못된 자요, 패잔병들이 모여 있는 곳이라 내가 말을 하여 표현한다면, 너희는 나 여호와가 망발한다 생각하며,

4 그와 같이 말을 기록하여 전하는 나의 아들을 죽이려 할 것이며, 나의 법전을 찢어 버리고 태워 버리려 할 것이니라.

5 그러나 내가 보는 모든 종교 지도자들은 패잔병의 집단이며 패자들이 모여 있는 곳이라 내가 너희에게 그리 말하고자 함이니라.

6 너희는 종교 지도자요, 목사요, 그들이 어찌하여 그 길에 섰다 말하는가?

7 너희는 인간 세상에 살면서 실패한 자라 내가 말한다면 너희는 뭐라 하겠느냐?

8 너희는 사업가로서, 지도자로서, 또는 정치가로서, 또는 일반 기업을 운영하는 사람으로서, 또는 기능공으로서, 기계를 다루는 사람으로서, 또는 교육자로서 그곳에서 너희 인생을 출발하기 위하여 모두 몸부림쳤으며 최선을 다하였을 것이니라.

9 그러나 그때마다 너희는 게으르고 노력하지 아니하여 실패자가 되었을 것이니라.

10 좋은 학벌이요, 좋은 학교요, 또 좋은 직장이요, 남들이 부러워하는 그와 같은 실력 있는 자로서 그 자리에 섰더라면, 너희는 오늘날 종교 지도자의 길을 가지 않을 자가 수없이 많이 있었을 것이니라.

11 그러나 너희는 모든 비평적인 면에서 실패자이니라.

12 자신이 남들보다 뒤졌으며, 앞에 서지 못하는 그와 같은 자요, 실패한 자이니라.

13 그리하여 실패하고 쓰러지고 또 지쳐 있는 자들이 결국 하는 말이 무엇이더냐?

14 그리하여 목사가 되었으며 종교 지도자가 되었으며 목자가 되었다 그리 말하느니라.

15 지금까지 모두 실패한 것은 너희 자신이 게으르며 너희 자신이 무능해서 실패자가 된 것이 아니라,

16 나 여호와가 너희를 쓰기 위해 그리
훈련을 시켰으며, 그리하여 다스렸기
때문에 지도자로서 선택된 것이라 그
리 말하며,
17 나 여호와가 너희를 그 길을 가도록
인도하였기에 목자가 되었다는 그럴
싸한 변명을 하느니라.
18 그 변명을 하지 말라.
19 나는 패자를 쓰지 아니함이니라.
20 나는 승자를 쓰며 승자와 같은 길을
가는 자를 씀이니라.
21 너희는 스스로 자신을 변명하는 것이
며 자신의 실패가 부끄러워 두둔하는
것이지, 나하고는 관계가 없음이니라.
22 그리하여 인간 세상에서 모두가 실패
하였으며 성공하지 못한 자들이 바로
종교 지도자요, 오늘날 목회자요, 목
자라 하며 단상에 서 있는 자들이 부
지기수라 하면 너희는 과연 이 말을
믿겠는가, 믿지 아니하겠는가?
23 최고라는 것, 최상이라 하는 자리에
있는 자들이 과연 그 길을 선택한 사
람이 얼마나 있는가 너희는 한번 들
여다보도록 그리하라.
24 대개가 다 제자리를 지키지 못했으며,
무엇인가 하나도 이루어 놓은 것이 없
으며 역사한 것이 없는 자들,
25 부족한 자들, 둔한 자들이 갈 길이 없
어 마지막에 그 길을 선택한 것이 목
자요, 목사요, 종교 지도자의 길을 선
택했으나,
26 물론 개중에는 예외도 있음이니라.
27 내가 너희에게 말했듯이 나의 일을 하
기 위해, 나와 가까이하기 위해, 그리
고 나의 진리를 깨닫고자 하며 그리하
여 그를 깨달은 대로 만백성에게 전하
기 위해 하는 자도 일부 있느니라.
28 그와 같은 자들이 존재하기에 그나마
이와 같이 현상 유지가 되며 지금 존
재한다는 것을 너희는 알아야 할 것
이니라.
29 종교 지도자는 인간의 세상에서 가르
치는 것이 아니요,
30 창조주 나 여호와의 뜻이요, 내 것을
가지고 가르치는 자이니,
31 인간 세상의 육의 삶에서 실패한 자,
성공하지 못한 자는 그와 같은 능력이
없으며 그 자질이 없음이니라.
32 다만, 너희가 성공이라는 것을 재물이
요, 권력이요, 이것에 비유하지 말라.
33 얼마나 아름답게 살았으며 인성이 얼
마나 갖춰졌으며 얼마나 인간다운 삶
을 살았는가 거기에 초점을 둬야 할
것이니 그리 알라.
34 너희는 모두 다 부족한 자라 내가 말
한다면, 너희는 과연 믿겠는가?
35 그러니 인간 세상에서 성공하지 못한
자, 승자가 되지 못한 자, 그 부족한
자요, 실패한 자, 그 실패를 경험하고
실패에서 일어나지 못한 그와 같은 자
는 종교 지도자가 될 수 없다는 것을
너희는 알아야 할 것이니라.
36 그러니 인간 세속의 삶에서도 성공하
지 못하고, 남에게 뒤지지 않는 그와
같은 삶을 살지 못한 자가 어찌하여
하늘의 뜻이요, 하늘의 진리를 가르칠
수 있는 지도자로 섰단 말이던가?
37 너희 신도들은 성공한 자가 있으며 바
로 선 자가 많이 있으니, 신도들보다
못한 자가 그 앞에서 가르친다고 지금

하고 있음이니,
38 나로부터 선택되지 아니한 지도자는
지도자가 아님을 여기서 너희는 알아
야 할 것이니라.
39 그리하여 모든 인생이요, 모든 삶의
패잔병이요, 패자들이 모인 집단이 지
금의 지도자들이 가는 길이며 그들의
모임이라는 것을 잊지 말라.
40 너희는 인간 세속에서도 느끼지 않는
가?
41 가난한 자, 그리고 힘들게 살아온 자
가 권력을 잡았을 때 그는 무엇부터
하는가?
42 우선 권력을 남용하여 부를 축적하며
지금까지 배고프고 힘들었던 것을 보
상을 받고자 하는 것이 그들의 심리이
니,
43 과연 그와 같은 심리를 가진 자들이
바르게 이 세상을 다스릴 수 있단 말
이던가?
44 인생의 패자요, 실패한 자들이 제왕과
같은 자리에 앉다 보니 앞이 안 보이
며,
45 그리고 나 여호와가 존재함을 모르며,
46 그리하여 사랑하는 나의 백성을 그저
하수인이요, 종처럼 부리며 그들에게
서 거둬들이는 것을 부끄러운 줄도 모
르고 있음이니라.
47 단지 너희는 지금 패자일 뿐이니라.
48 그와 같은 자들은 나에게 올 수 있는
백성을 인도할 자격이 없다는 것을 알
라.
49 너희는 무엇인가 하나라도 바로 세운
자, 무엇인가를 역사하여 성공한 자,
작은 나무 하나를 세우는 것도 정성을
다하여 세운 그 승자,
50 그와 같은 자만이 종교 지도자가 될
수 있다는 것을 알아야 할 것이니라.
51 그리하여 그와 같이 썩어 가는 잘못
된 패잔병들이 가르치는 그 집단을 대
수술을 하고자 내가 나의 아들을 통하
여 나의 성령을 책으로 직접 내려보냄
이니, 이는 바로 나의 뜻이니라.
52 그리하여 이걸 누가 썼느냐가 중요한
것이 아니며, 누가 전하는가가 중요한
것이 아니니라.
53 이는 내가 내리는 것이며, 그들은 보
냄을 받은 자로서 임무를 수행함이니,
너희는 나의 법전을 읽고 깨우치라.
54 그리하여 이로써 너희가 성공하는 인
생의 삶을 살도록 내가 다시 한 번 만
백성에게 기회를 준다는 것을 잊지 말
아야 할 것이니라.
55 모두는 나의 법전에 기록되었음이니
라.
56 이제 너희는 나의 법전을 읽고 그대
로 행하고 깨우치는 자는 인간의 승자
가 될 수 있을 것이며, 그러한 자는 지
도자가 될 수 있음을 알아야 할 것이
니라.
57 지금 나의 아들을 따르는 제자들이요,
선택된 백성 너희에게 나의 법전을 가
지고 너희가 인생의 성공자가 될 수
있도록 한 번의 기회를 내가 주었음을
알아야 할 것이니라.
58 너희는 의식주를 해결하는 것이요, 육
의 삶의 부귀영화요, 그것을 떠나서,
그것이 부족하다 하여 자격이 없는 것
이 아니니라.
59 너희는 인성이 있으며 생각하는 마음

이 바르며, 무엇인가 남들과 다른 하
나의 성공 비결을 가진 자들이니라.
60 그리하여 내가 너희를 선택하였음을
알며, 너희에게 단 한 번의 기회를 주
었음이니라.
61 부족한 너희라 할지라도, 나의 법전을
가지고 만백성에게 전하는, 인간이 성
공할 수 있는 것, 그리하여 하늘에 오
르는 그 길을 볼 수 있는 승자가 될 수
있도록 내가 기회를 한 번씩 준 것이
나로부터 선택된 백성 너희라는 것을
잊지 말라.
62 나의 아들을 따르는 제자 너희는 이
를 명심하여 너희 가슴에 간직하도록
그리하라.

5,829 번째 하나님 말씀

2003년 4월 4일 10시 57분

1 사랑하는 나의 아들아!
2 "네, 아버님! 말씀하옵소서."
3 지금 너희가 살아가는 방법이요, 수천
년 동안 흘러온 종교 집단의 그 전통
과 관습,
4 그리고 나름대로 모든 신을 섬기며 살
아가는 그와 같은 인간의 삶, 이 세상
의 그 모두가 잘못되었으니, 그를 바
로잡으며 바로 서야 한다는 그 뜻을
너희는 나에게 원망할 것이니라.
5 그리고 그는 말도 안 되며, 어찌하여
이 세상에서 지금까지 흘러왔던 모든
관습이요, 습관을 다 바로잡고 고쳐야
하는가 하여 너희는 의구심을 갖고
살아갈 것이니라.
6 그러나 여기서 너희 스스로 진단해
보며 너희 스스로 깨우침을 얻어야
할 것이니라.
7 인간 백 명을 모아 놓았을 때, 그 백
명 중에 사랑을 실천하며 나누며 베풀
며 살아가는 사람들이 과연 얼마나 되
는가?
8 재물이요, 권력 앞에 아부하지 아니하
며 정의로운 삶을 살아가는 자, 그리
고 양보하며 사는 자, 그와 같은 자들
이 과연 너희는 몇 퍼센트나 된다 생
각하는가?
9 백 명이라는 숫자에서 사랑을 베풀며
나누며 정의롭고 아름답게 사는 자가
50명이 된다면 이 세상은 다시 살 필
요가 없으며 변화를 요구할 필요가 없
을 것이니라.
10 나 여호와의 마음이 그러하니라.
11 그러나 너희는 선하고 착하며 진정으
로 마음을 비우고 사랑으로써 살아가
며, 자기를 의식하지 아니하며 제가
양보하는 자가 몇 퍼센트나 나온다 할
수 있겠는가?
12 백 명 중에 열 명도 나오지 못함이니
라.
13 그러니 백 명 중에 열 명이 선하고 착
한 자요, 자기를 생각하지 아니하며
제가 양보하며 저를 버릴 수 있는 자
가 열 명도 안 된다 하면 너희는 과연
어찌하겠는가?
14 그렇다면 이 세상에서 지금 살아가는
구조가 변화되지 아니하며 바로잡지
아니하여도 된다 말하겠는가?
15 내가 오죽하면 백 명 중에 50명이 아
름다운 생각이요, 선한 생각을 하고
살며 정도의 삶을 살고자 한다면 내가

더 이상 말하지 아니한다고 했으나,
16 권력이요, 돈이요, 명예요, 부귀영화 앞에 신의가 없으며 또는 의리를 지키지 못하며,
17 그리고 저희를 위해서 남을 비방하며 남을 헐뜯으며 남을 넘어트리는 것을 수없이 행하고 살면서 그를 무서운 줄 모르며 두려운 줄 모르고 사는 것이 너희이니,
18 과연 백 명 중에 몇 명이나 정의로운 삶을 사는 사람이 있다 생각하는가?
19 그러니 너희가 바로 너희를 진단해 보며 심판을 해 보라 하였음이니라.
20 너희가 진단하고 심판했을 때, 정의롭고 아름답게 살며 저를 희생하여 남을 대신할 수 있는 사람이 얼마나 있는가?
21 그렇게 해서 50명이 넘으며 반이 넘는 숫자가 있다면, 내가 너희에게 지금 잘못됐다는 것은 잘못된 것이며,
22 그 숫자가 되지 못한다면 너희가 잘못된 것이니, 이를 바로잡고 바로 세워야 하지 않겠는가?
23 잘못된 자가 많이 있으며 정의로운 자가 적다면 정의로운 사회가 아니니라.
24 저를 먼저 내세우기 전에 남을 먼저 내세울 수 있는 그 백성이 반이 된다면,
25 나는 이 세상을 바로 살라, 너희에게 이와 같이 바로잡으라, 반대 방향으로 살라는 그와 같은 말을 하지 아니할 것이며,
26 내가 나의 아들을 통하여 밤낮 그를 독촉하여 160권이라는 법전을 세상에 내는 그와 같은 어렵고 힘든 역사도 시키지 아니하였을 것이니라.
27 그러나 정의로우며 진실한 자, 겉과 속이 다르지 아니한 자가 몇 퍼센트도 되지 아니함이니,
28 그러니 너희는 바로 서야 하며, 다시 서야 하며, 다시 가야 하며, 변화가 필요하며 개혁이 필요한 것이니라.
29 그리하여 내가 오늘의 이와 같은 역사를 가고 있다는 것을 너희는 알아야 할 것이니, 너희가 이 세상을 정화할 것인가, 정화하지 아니할 것인가 그를 먼저 생각하라.
30 사랑하는 자식이 부모 곁을 떠났을 때 너희와 어떠한 관계가 있으며,
31 남의 자식을 만나기를 두려워하며 남의 자식을 훈계하기를 감히 입을 열지 못하며, 남의 자식의 비행이요, 잘못되는 걸 보면서도 타이르지 못하고 다스리지 못하는 그와 같이 무서운 세상이 되었음이니,
32 나이 먹은 자가 존경을 받으며 밑의 아이들을 사랑하며, 밑의 아이들은 윗사람의 가르침을 따르며 '예'라는 대답을 할 수 있는 그와 같은 세상이 아름다운 세상이며 내가 내린 세상이 아니던가?
33 그것이 이루어지지 않는 세상이니, 너희는 과연 어찌하는가?
34 너희는 말할 것이니라.
35 어린 청소년들이 비행할 때 너희가 가서 다스리면, 그를 이해하며 따를 사람이 과연 백 명 중에 몇 명이나 있겠는가?
36 연륜과 직책을 무시하고, '네가 나에게 무엇 때문에 터치하며 네가 무엇 때문에 나에게 시시비비하며 네가 나

를 먹여 줬느냐, 입혀 주었느냐, 잠을
재웠느냐, 너나 잘하라'며 그리 대들
학생이나 젊은이들이 과연 없는가?
37 그와 같은 것이 있다면 이는 너희가
잘못 가르친 것이며 모두는 너희 죄
이니라.
38 그러니 백 명 중에 그 청소년들이 과
연 얼마나 순종하고 따르는가?
39 너희는 그것을 한번 보면서, 이 사회
를 어찌해야 할 것인가, 그 책임을 너
희는 느끼게 될 것이며,
40 변화되는 세상, 인성을 아름답게 고치
는 세상이 되지 아니하면 아니 된다는
걸 너희 스스로 알게 될 것이니라.
41 그리하니 지금의 모든 종교 집단 너희
가 잘못된 것이며, 특히나 지도자들이
잘못 섰기 때문에 오늘 이와 같은 험
악한 세상이 되었음이니, 내가 그 죄
를 너희에게 묻고자 하는 것이며,
42 그리하여 너희 뿌리를 뽑으며 너희를
단죄하여 새로운 법전이요, 새로운 성
경으로써 다시 만백성을 다스리고자
이 역사가 이루어진다는 것을 너희는
믿어야 할 것이며, 이를 거부해서는
아니 될 것이니 그리 알라.

5,830 번째 하나님 말씀

2003년 4월 4일 11시 04분

1 사랑하는 나의 아들아!
2 "네, 아버님! 말씀하옵소서."
3 지금의 모든 종교 집단은 두 마음을
가지고 갈 수 없다 그리 말하지 아니
하였던가?
4 정녕 종교 지도자는 믿음을 향하여 갈
것인가, 그렇지 않으면 재물을 가지고
갈 것인가?
5 재물과 믿음의 두 길을 갈 수 없다 내
가 그리 말하였음이니라.
6 너희가 더 큰 성전이요, 더 웅대한 성
전을 지으며 많은 백성을 모으고자 하
는 그와 같은 외형의 형식에 치우치다
보니,
7 너희는 지금 재물을 거둬들이지 아니
하면 너희 자신을 지탱할 수 없는 그
와 같은 비대한 형국이 되었음이니라.
8 너무나 비대해진 성전이요, 교회라는
곳을 너희가 유지하고 지키기 위해서
너희는 어떠한 헌금이요, 재물을 계속
거둬들이지 아니하며 받아들이지 아
니하면 그를 유지할 수가 없음이니,
9 그러다 보니 너희야말로 이것저것을
가릴 형편이 못 되느니라.
10 그리하여 헌금과 재물을 바치는 자에
게 그저 거둬들이며, 주는 대로 너희
가 감사하며 축복받았다 그리 말하며
그들에게서 거둬들이는 그와 같은 것
이 지금의 종교 지도자가 교회에서 이
루어지는 일이니,
11 얼마나 비참하고 불쌍한 모습인지 너
희는 알겠는가?
12 너희는 이미 재물의 노예가 되었으며
재물의 종으로 전락한 자들이 무슨
믿음을 가르치며 하늘에 오르는 길을
가르치며 하늘의 뜻을 가르치며 천국
의 문을 인도한다 그리 말하는가?
13 그렇지 않다면 너희는 그 재물을 바
치는 자에게 그 재물이 어찌하여 나왔
으며 어디서부터 그 재물을 취득했으
며 어찌하여 그 재물을 역사했는가,

바치는 모든 헌금의 그 근본을 알아야
할 것이니라.
14 모든 인간관계에서 너희가 해서는 안
되는 짓, 해서는 안 되는 사업, 나 여
호와가 원하지 않는 그와 같은 일을
하며 나 여호와가 기뻐하지 않는 그와
같은 직업을 가지고 있으며 거기에서
또 종사하며 그와 같은 짓을 하면서
재물을 바쳤을 때,
15 너희는 그저 그 액수에 따라서 감사하
다는 기도만 해 주니,
16 그가 마약을 판 자요, 사람을 판 자요,
사악한 짓을 해서 벌었는지, 강도질을
했는지, 도둑질을 했는지, 그리고 살
인을 해서 만든 것인지, 남의 것을 탈
취한 것인지 너희는 아무것도 모르느
니라.
17 그저 갖다 바치기만 하면 그저 축복
기도해 주고 영광이라 하는 것이 너
희이니, 과연 그래도 되겠는가?
18 너희는 재물을 갖다 바치기 전에, 그
재물이 어떠한 경로로 어찌하여 그걸
바치는가 그것부터 파악하며, 그것부
터 들여다보는 그와 같은 길을 가야
하는 것이니라.
19 그러나 너희는 지금 너희 성전이요,
교회요, 방대해진 그 집단을 운영하기
위해서, 남들보다 성공했다는 소리를
듣기 위해서, 더 큰 것을 짓기 위해서,
더 큰 것을 역사하기 위해서 시도 때
도 없이 연구를 해야 하며, 또 머리를
써야 함이니,
20 이것저것 가릴 형편이 못 됨이니, 너
희가 그와 같은 자들이 되느니라.
21 사악한 자요, 강도질한 자가 갖다 바
친 재물을 가지고 그걸로 그를 축복
받으라 기도하면 너희는 강도의 왕이
요,
22 살인한 자가 바치며 남의 것을 강탈한
자가 바친다면, 너희는 강탈한 자를
시키는 두목이요, 사악한 자의 대장이
요, 악한 자의 우두머리라는 걸 종교
지도자 너희는 알아야 할 것이니라.
23 그러니 너희가 어떠한 자로서 그 집단
에 서서 사랑하는 나의 피조물 만백성
을 깨우친다 말할 수 있는가?
24 도둑질한 돈을 갖다 놓고 너희가 감사
기도를 해 주며 그걸로 성전에 쓴다
면, 너희는 도둑의 괴수가 되는 것이
요, 살인을 한 자면 살인을 명한 자이
니, 너희는 똑같은 자이니라.
25 그러니 너희가 과연 헌금이요, 감사
헌금을 받으면서 그 돈의 흐름이요,
그 물질이 어찌해서 들어오는지 너희
는 그를 알고 있는가?
26 무조건 거둬들이고 무조건 받아들이
기만 하면 되는 것처럼 지금 젖어 있
는 너희는 물질의 종이요, 물질의 노
예가 되어 있으니,
27 도둑질한 돈이요, 강도질한 것이요,
남의 것을 훔친 것, 그리고 남에게 사
기를 친 것, 그리고 남의 땅을 제 것으
로 팔아먹은 것, 그저 수단과 방법을
가리지 않고 모은 그 돈에 대하여 감
사 기도라는 명칭을 붙여 주는 것이
너희이니,
28 돈의 노예요, 돈의 종이 된 것이 지금
의 종교 집단이요, 지도자 너희가 흘
러가는 형국이라는 것을 부정하지 못
할 것이며 부인하지 못할 것이니 그리

알라, 이 불쌍한 인간들아!

5,831 번째 하나님 말씀

2003년 4월 4일 16시 49분

1 사랑하는 나의 아들아!
2 "네, 아버님! 말씀하옵소서."
3 너희는 위를 보고 살아가는 그와 같은
삶을 살지 말라.
4 너희는 아래를 내려다보는 삶을 살라.
5 너희보다 못한 자, 어렵고 힘들고 가
난한 자, 그러한 백성이 수없이 더 많
음이니, 너희는 그들을 바라보며 그들
을 보고 살아가는 마음을 갖고 살아야
할 것이니라.
6 그리하여도 너희 마음을 비우고 다스
리지 못할 것이니,
7 위를 보고 살며 가진 자, 권력 있는
자, 힘 있는 자를 바라보고 산다면 너
희 자신을 다스리기 어려울 것이며 욕
심을 버리지 못함이니,
8 너희보다 어렵고 불쌍한 많은 백성을
생각하며 그들과 접하여 살아가는 그
와 같은 삶을 살라.
9 그 속에 사랑이 있고 정이 있고 인정
이 있으며 진실이 있음이니라.
10 그리하여 위를 보고 사는 것이 아니라
아래를 보고 사는 그와 같은 삶을 살
도록 그리하라.
11 그리 너희가 살았을 때 바로 모든 인
간의 어렵고 힘든 그 고비를 다 알 수
있으며 그리하여 너희가 사람들의 힘
들고 어려움을 알 수 있음이니라.
12 그러면서 무엇을 깨달아야 하는가?
13 인간 세상에 살아가면서 너희가 잘못
되었을 때, 힘들어 늘어졌을 때, 너희
스스로 무엇인가를 깨우치고 깨달음
을 얻어야 할 것이니라.
14 네가 쓰러졌을 때 '과연 나는 왜 쓰러
졌으며 나는 왜 실패하였는가?' 깊이
생각하고 깨닫는다면 거기에는 반드
시 답이 있음을 알아야 할 것이니라.
15 너희가 남들처럼 바로 서지 못하며 남
들처럼 깨달으며 앞으로 가지 못하고
사는 자,
16 인생의 설계에서 나름대로 실패하고
뜻을 이루지 못한 자는 스스로 자신을
들여다보면 잘못된 부분이 있으며 지
키지 못한 부분이 있으며 역사하지 못
한 부분이 있음이니라.
17 그러니 자신의 내부를 들여다보며 자
신을 다스려 살아가도록 그리하라.
18 그러다 보면 너희가 그 뜻을 알게 될
것이니라.
19 그러면 권능을 알 것이요, 내가 너희
에게 내려 준 권능을 알게 될 것이며
그를 보게 될 것이니라.
20 그러니 너희는 그걸 깨닫는 길부터 연
구하며, 너희 인생을 다시 설계하며,
다시 시작하는 그와 같은 삶으로 살라.
21 그리하여 육으로써 실패하지 아니한
자, 육으로써 남에게 저주받지 않는
자, 그리고 의식주를 해결하며 당당한
모습으로 살아갈 때 모든 것이 너희에
게 역사함을 잊어서는 아니 될 것이
니라.

5,832 번째 하나님 말씀

2003년 4월 4일 16시 54분

1 사랑하는 나의 아들아!
2 "네, 아버님! 말씀하옵소서."
3 너희 각자 개인의 소중함을 깨달으라
하였음이니라.
4 나로부터 한 생명을 받아 나가 인간으
로 태어난 삶 그 자체가 얼마나 소중
한 것인지를 깨달으며 너희가 네 자리
를 지키는 그와 같은 삶을 살라 하였
음이니라.
5 그리하여 너희가 이루는 가정이라는
것이 가장 작은 천국의 모범이며 그곳
에서 아름답게 사는 것이 천국을 이루
는 것이라 내가 그리 말하였음이니,
6 천국과 같은 삶이 된다 하였음이니라.
7 가정이 가장 작은 천국이니 그 천국과
같은 가정의 삶을 꾸려 나가는 그와
같은 백성이 바로 나에게 선택된 백성
의 삶이라는 것을 알아야 할 것이니
라.
8 2천 년이라는 긴 세월의 역사가 흘러
오면서 모든 종교 집단이 하늘에 오르
는 길이요, 나의 백성을 선하고 아름
다우며 사랑을 베풀며 사는 백성으로
이끌고 인도하여 하늘에 오른다 했던
그들이 지금 어찌 되고 있는가?
9 가장 작은 천국이 가정이라 했으니,
그 작은 천국이 지금 파괴되며 그 가
정이 무너지는 그 숫자가 점점 늘어
가는 그와 같은 형국으로 지금 이끌어
가고 있음이니,
10 그것이 또한 누구의 죄이던가?
11 지금 누가 그와 같이 인성을 이기적인
심성으로 만들어 놓아 서로 가장 작은
천국을 파괴하며 그들이 사회의 천국
을 파괴하는 그와 같은 삶을 살아가도
록 하고 있는가?
12 서로 의지하며 더불어 살라 내가 내린
인간 너희는 같은 형제라 하였으나,
13 인간과 인간, 사람과 사람 사이를 벌
려 놓는 그와 같은 간신배 역할을 하
는 것이 누군지 너희는 알고 있는가?
14 지금의 종교 집단 너희가 너희만을
숭배하고 따르며 너희 말에 순종할
수 있도록 백성을 이끌어 가기 위해
너희에게 재물을 바치며 모든 봉사를
하며 머슴이요, 종과 같이 살아가도록
너희가 어찌했는지 알겠는가?
15 작은 천국인 개인의 가정마저 파괴하
게 하였으며, 사회의 천국도 너희가
파괴하게 하였으며,
16 인간과 인간을 서로 이간질하며 간신
배 역할을 하여 그들을 벌려 놓았으며
서로 의혹하며 의심하는 세상으로 너
희가 만들었음이니라.
17 사회의 모든 아름다운 모습은 다 파괴
하며, 오로지 너희 종교 집단에 와 기
도하고 경배하며 찬송 부르며 재물을
바치는 자만이 구원을 받는다 하여 다
른 세상을 지금 만들어 가는 것이 종
교 집단 너희니라.
18 내가 만든 지상이요, 아름다운 세상이
곧 성전이라 하였으며 그 성전에서 사
는 백성은 누구나 더불어 사랑을 나누
며 함께 살아가도록 그리되어 있으나,
19 너희가 이를 차별화하여 서로 의심하
며 서로 의혹하게 그와 같이 관계를
벌려 놓는 간신배 역할을 한 것이 지

금의 종교 집단이요, 지도자 너희가
가는 형국이라면,
20 너희는 그렇지 않다 나에게 그리 말할
것이니라.
21 너희는 일반 백성과 너희를 격리하고
벌려 놓았으며, 서로 협조하지 못하
게, 서로 대화하지 못하게 하며, 서로
겸상하지 못하게 하였음이니,
22 바로 너희의 나라만을 세운 자들이며
너희가 원하고 주관하는 그 세상을 다
시 만들고자 했던 것이 너희며, 다시
만들어 놓은 자들이 너희이니라.
23 그러니 너희가 얼마나 간악한 자며
얼마나 무서운 죄를 짓고 있는가?
24 얼마나 너희가 인간과 인간 사이를
벌려 놓으며 그들이 서로 사랑하고 신
뢰하며 살아가는 그 마음마저도 갈기
갈기 찢어 놓았는지 너희가 그 죄를
나에게 왔을 때만 알 것이니 그리 알
라.

5,833 번째 하나님 말씀

2003년 4월 4일 17시 18분

1 사랑하는 나의 아들아!
2 "네, 아버님! 말씀하옵소서."
3 내가 너에게 뭐라 말하였던가?
4 네가 하는 말은 이 세상에 사라지지
아니하며 그 말은 이 세상에 영원히
존재하며 전해진다 내가 너에게 그리
말하며 그리 가르치지 아니했던가?
5 네가 감히 사탄이요, 천사요, 선지자
요, 나의 아들이요, 그리 말하는 그와
같은 네 행위가 과연 어떠한 행위인지
너는 아는가?
6 네가 사탄이 아닌가 생각하는 그 마음
은 바로 무엇이더냐?
7 나 여호와를 네가 욕되게 하는 것이며
나 여호와를 사탄이라 말하는 것과 같
은 이치라는 무서움을 어찌 모르고 말
을 함부로 한단 말이던가?
8 너 자신을 의심하는 말은 농담이라도
해서는 아니 되며 그와 같은 말을 해
서는 아니 됨을 어찌하여 그리도 모르
는가?
9 너는 나로부터 선택된 나의 아들이요,
만백성을 구하는 나의 성령을 기록하
는 나의 아들로서, 네가 어찌 감히 농
담이든 흘러가는 말이든 너의 제자들
과 그와 같은 말을 할 수 있는가?
10 너를 사탄이라 생각한다면 따르지 말
며, 천사의 아들이라 생각하면 너를
따르라는 그와 같은 말을 네가 어찌
감히 그리 말할 수 있는가?
11 그는 네가 나를 욕되게 하며, 네가 너
를 사탄이라 말한다면 나 여호와가 사
탄이라는 뜻이라는 그 무서운 말을 네
가 어찌 세상에 내놓을 수 있는가?
12 너는 말을 삼가야 하며 행동을 삼가
야 함을 알아야 할 것이니라.
13 네가 어찌하여 인간 세상에 살아간 지
난날의 말을 그리할 수 있는가?
14 네가 지난날의 삶에 대해 그와 같이
지난 과거를 말할 수 있는 것은 네 생
각과 마음이 아직도 인간 세상을 버리
지 못했으며,
15 네가 아직도 그 세상에 미련이요, 아
쉬움을 가지고 있다는 말이요, 그 뜻
이 아니던가?
16 너는 어찌하여 그와 같은 말을 하는가?

17 네가 그와 같이 잘못된 말을 하는 만
큼 내가 너에게 내린 성령이 기록된
테이프의 내용은 지워질 것이며, 내가
지울 것이니라.
18 네가 한 시간을 그리 말하면 네가 한
시간 동안 나의 성령을 받아 기록한
테이프에 기록된 것을 내가 지울 것이
며,
19 네가 세 시간을 말하든, 열 시간을 말
하든 네가 인간 세속의 잡스러운 말로
써 시간을 보내는 그와 같은 삶을 살
며 그 행위를 하면 그 시간만큼 모두
는 날아갈 것이니 그리 알라.
20 내가 너에게 말하기를, 세상사의 그
모두는 지워지지 아니하며 영원히 지
속하며 영원히 존재한다 하였거늘, 어
찌하여 인간 세속의 지난날의 네 삶을
그리도 유창하게 이야기하며, 함부로
너의 제자들 앞에서 네 과거사를 말할
수 있는가?
21 과연 너는 그것으로써 얻어지는 것이
무엇이며, 잃는 것이 무엇이며,
22 네 입이 얼마나 깨끗해지며, 네 생각
이 얼마나 정화되고 변하는가?
23 아무것도 이루어짐이 없으며 변함이
없으며 역사함이 없음이니라.
24 그러니 내가 너에게 네가 하는 말은
세상에서 지워지지 아니하며 영원히
존속한다는 그걸 어찌하여 잊고 사는
가?
25 내가 정녕 너의 입을 함봉하며 너의
입을 봉해야만 네가 말을 함부로 하지
아니하겠는가?
26 너는 그와 같은 말을 해서는 아니 됨
이니라.
27 농담의 말도 해서도 안 되며, 장난기
어린 말을 해서도 안 되며, 너의 제자
들을 놀려 주려고 해도 안 되며, 네 제
자에게 자랑삼아 얘기해서도 안 되며,
네 제자의 마음의 동요를 보기 위해
그와 같은 시험의 말을 해서도 아니
됨이니 그를 알라.
28 차후에 이와 같은 일이 있을 때는 내
가 엄히 다스릴 것이며, 네가 한 시간
을 말하면 한 시간만큼 나의 성령이
요, 내가 너에게 내린 나의 성령의 뜻
이 지워질 것이며, 그와 같이 네가 고
통의 시간을 더 가야 한다는 것을 잊
지 말라.
29 내가 엄히 다스릴 것이니 그리 알도록
하라.
30 두 번 다시 네가 실언을 하며 네 제자
의 마음을 알려고 하든, 네 제자를 훈
련하며 너의 제자들을 시험하든 네
임의대로 함부로 말을 해서는 아니 되
며,
31 네가 사탄이요, 선지자요, 너 자신이
그와 같은 이야기를 해서는 아니 될
것이니 그리 알라.
32 그렇지 아니한 백성도 너를 사탄이요,
사악한 자요, 마지막 시대에 세상을
뒤덮으며 세상을 혼란케 하는 사악한
자라 그들이 말하며,
33 그 말의 근거를 잡지 못하여 지금 혈
안이 되어 있는 그들에게 너 자신이
흔들리는 소리를 함부로 해서는 아니
됨이니,
34 항상 너의 제자들이라 하여 영원히 네
곁에 있는 것이 아니니라.
35 유다가 예수를 팔 수 있는 것이 무엇

때문에 팔았는지 알고 있는가?
36 금화와 은화 몇 닢 때문에 팔았다고
너희는 그리 생각할 것이나,
37 거기에서 허점이 보였으며 무엇인가
그가 보고 느꼈을 때 진정 이것은 흔
들리는 것이 있다고 제 나름대로 판단
했음이니, 그 원인의 제공은 나의 아
들 예수가 한 것임을 알아야 할 것이
니라.
38 그러니 지금 너의 제자들이 너에게서
등을 돌리며, 나의 법전이 세상에 나
가는 것을 반대하며 그를 이루지 못하
게 할 때,
39 그 모든 원인 제공은 네가 하는 것이
며 네가 역사함이니,
40 네 행동과 네 처신을 얼마나 바르고
곧게 해야 하는지 잊지 말아야 할 것
이니라.
41 나의 아들 예수를 따르는 그 제자들이
서로 비방하며 서로 헐뜯고 서로 저
희의 깨달음이 앞이라며 다투는 그와
같은 감정 속에서 나의 아들 예수를
평가절하했으며 그를 무시하는 그와
같은 생각이 마음속에 도사리게 되어
있으니,
42 그리하여 감히 무서운 그와 같은 행위
를 할 수 있었던 것을, 너희는 그 정황
이요, 그 시대의 상황을 생각해야 할
것이니라.
43 아무리 네가 네 제자의 마음을 알며
그들을 다스리려 한다 해도 내가 내리
는 것 이외는 어떠한 이야기를 해서도
안 되며 네가 흔들리는 대화를 해서도
아니 됨을 알라.
44 이제 내가 두 번 다시 너에게 명하지
아니할 것이니, 이를 엄히 다스리고
지켜야 할 것이니라.
45 이제 네가 벌써 70여 권이요, 그 많은
법전을 기록하는 이 순간에 내가 너를
다시 처음부터 다스리는 이와 같은 말
을 해서는 아니 됨이니 이를 명심하고
또 명심하도록 그리하며,
46 이는 네 자세가 흔들린 것이며 네 마
음이 느슨해진 것이며, 네가 기도하고
법전을 만드는 데 네 마음이 풀려 있
는 근거이니라.
47 네가 항상 긴장하며 잠시도 마음을 풀
어서는 아니 된다 하였거늘, 어찌하여
네가 이리 마음이 풀리며 그와 같이
마음의 자세가 흔들려 가는가?
48 그리해서는 아니 됨을 알라, 사랑하는
나의 아들아!
49 항상 긴장과 긴장 속에서 역사해야 될
것이며, 잠시도 세상사에 눈을 돌려서
도 아니 된다 내가 그리하였거늘,
50 어찌하여 네가 지난날 살아온 너의 세
상사의 그와 같은 이야기로써 시간을
보내며, 그것으로써 너의 제자들에게
그와 같은 말을 귀에 들려주는가?
51 그들의 귀를 씻어야 할 것이니 그리
알라.

5,834 번째 하나님 말씀

2003년 4월 4일 17시 26분

1 사랑하는 나의 아들아!
2 "네, 아버님! 말씀하옵소서."
3 수천 년 동안 흘러온 지금의 종교 집
단이요, 그 모든 것이 잘못되었다면,
4 내가 이 세상에 너희가 살아가는 그것

이 잘못되었으며 다시 시작해야 한다
깨우침을 주었듯이 그 모두도 다 다시
시작하여야 하며 다시 역사를 이루어
야 할 것이니라.
5 그 많은 세월 속에 그 물질적인 힘이
요, 그 조직이요, 그 능력을 다 다시
시작하여야 한다는 그와 같은 가르침
이요, 나의 성령이 내려가는 것을 그
들이 받아들이며 그들이 인정하며 용
서하려 하겠는가?
6 그들은 이를 찢어 버리며 태워 버리며
존재치 못하도록 할 것이거늘,
7 거기에서 네가 잠시라도 흔들리는 조
그마한 틈이라도 보인다면 그것이 확
대되고 또 확대됨이니, 그걸 감당할
수 없음을 알아야 할 것이니라.
8 저희는 수십억의 재물을 거둬들이며,
네가 단돈 몇 닢을 거둬들이면 그것을
확대하고 또 확대하여 저희 것을 감
추려 하며, 저희의 추한 모습을 덮으
려 하는 것이 그들일 것이며,
9 그들은 그를 물고 늘어질 것이며 너를
흔들 것이니라.
10 먹이를 구한 맹수가 절대로 그 먹이를
놓지 않고 물고 늘어지듯이, 그 무서
운 역경에서 네가 과연 견딜 수 있다
생각하는가?
11 먹이를 문 사자는 그를 놓지 아니할
것이니라.
12 그 사자에게 물린 약한 짐승은 결국
아무리 발버둥쳐도 그 숨통이 끊어지
게 됨이니,
13 그리하여 나의 아들 예수도 더는 견
디지 못하여 맹수에게 물려 먹히는 짐
승처럼 그와 같이 지옥 불로 가는 그
들의 모든 행위에 나의 아들 예수를
그 십자가에 죽이는 그와 같은 행위도
불사하고 두려운 줄 모르며 그와 같은
행위를 한 것이 그들이니라.
14 사자가 나약한 먹이의 숨통을 물었을
때는 놓지 않듯 그리 물고 늘어져 나
의 아들 예수를 그리 죽게 만들었으니
그들은 지옥으로 갔으며,
15 나의 아들은 고통의 시련을 겪으며 사
랑이 무엇인지를 절규하고 부르짖다
나에게 그 잔을 정녕 받지 아니하면
아니 되는가 하는 눈물의 기도를 드
리면서 순종의 역사를 겪게 했음이니,
16 지금의 너를 바라보는 그들이 무엇인
줄 아는가?
17 사자가 먹이를 문 것처럼 그를 절대로
놓지 않으려 하는 자가 그들이거늘,
어찌하여 네가 그들에게 물리는 그와
같은 준비를 하는가?
18 약한 동물이 사자 같은 맹수에게 물려
죽지 않는 것은 거리를 두고 멀리 도
망가며 근접해 있지 않은 것만이 제
가 사는 길이니라.
19 제가 아무리 재빠르고 아무리 날렵하
다 하여도 그 집단의 무리 속에 있는
것을 뽐내며 제가 있는 것을 과시하
며 모습을 드러내는 것은 가장 어리석
은 자니, 그는 결국 거기서 죽게 되어
있음이니라.
20 네가 그와 같은 어리석은 행위를 해서
는 아니 될 것이니라.
21 맹수 옆에 멀리 떨어져 가는 것, 멀리
가서 저희 종족을 보존하는 그와 같은
현명함을 가지는 짐승만이 살 것이니
라.

22 제가 맹수에게 감히 접하지 못하며 대
적하지 못할 자가 뽐내며 제 모습을
드러내면, 그 맹수의 집단이 한두 마
리도 아니거늘, 하나도 당할 수 없는
것을 여러 마리가 공격하는 그 울타리
에서 벗어날 수 없음이니라.
23 그보다 더 무서운 것이 지금의 종교
집단이요, 그 지도자들의 수요, 그들
의 능력의 형태이거늘, 그 속에서 네
가 과연 견뎌 낼 수 있다 생각하는가?
24 한 톨의 허점을 보여서도 아니 되거
늘, 네가 네 입으로 그들이 원하는 말
을 한다면 바로 곧 그것이 빌미가 되
며 그로 인하여 네가 벗어날 수 없는
올가미에 걸린다는 것을 잊어서는 아
니 될 것이니라.
25 숨통을 물리는 그와 같은 어리석은 짐
승이 되지 말라, 사랑하는 나의 아들
아!
26 그들이 바로 어찌하여 그와 같이 가는
가?
27 그들은 진정한 진리요, 진리의 전체
뜻이요, 나의 뜻을 알지 못하고 가르
치는 자이니라.
28 그들은 백 분의 일도 안 되는 그 진리
를 알고 일부만을 가지고 깨달았다 생
각하며 그걸로 그 백성을 가르침이니,
29 그들은 가르칠 것이 고갈되었으며 더
는 끌고 갈 수 없는 것이 지금 그들의
형편이니라.
30 그리하여 그들이 일부만을 가지고 가
르침이니, 모두가 균형이 잡히지 아니
하였으며, 균형이 상실되었으며, 모두
흔들리는 상태가 되었으며 지금 이와
같은 형국이니라.
31 너희는 시소라는 것이 물건의 무게를
측정하여 그 중심을 잡지 않던가?
32 그보다도 더하게 갈팡질팡하는 그와
같은 형국이 되어 있는 것이 모든 종
교의 집단이요, 그들이 가르치고 깨우
치는 상태이니라.
33 그것이 무엇인 줄 알겠는가?
34 정답을 알면 그 정답을 기록하면 되나,
35 정답이 아니고 오답을 가지고 서로 싸
우기 때문에 이것도 저것도 또 정답이
라 그들이 두드려 맞추려 하나 그 정
답을 모르니 그들은 그 답을 찾을 수
가 없음이니라.
36 그리하여 지금의 이 세상의 모두가 균
형이 깨졌으며, 흔들리는 차처럼 너희
가 지금 요동을 치며 사는 삶인 줄 알
아야 할 것이니라.
37 그리하여 너희가 그 속에서 살아가면
서 흔들리는 자세로 저 자신이 어떻
게 중심을 잡을 수 있단 말이던가?
38 흔들리는 그 속에서 너희는 중심을
잡을 수 없으며 바로 설 수 없음이니
라.
39 지금 나의 피조물 만백성이 그와 같이
균형을 잃고 있음이니, 지금의 사는
모습이 그와 같은 형국이니라.
40 나의 백성이 삶의 부분적인 진리를
가지고 전체의 진리인 것처럼 가르치
고 깨닫고 그 종교 집단들이 존재하여
너희를 이끌어 감이니, 그 잘못된 일
부의 진리를 가지고 너희가 확산하고
확대되어 가는 것을 잡을 수가 없으며
다스릴 수가 없음이니라.
41 그리하여 너희에게 새로운 빛을 내리
비춰 주고자 하는 것이며,

42 전체의 참진리요, 너희가 원하는 길이
요, 너희가 나에게 오르는 길이 무엇
인가, 총체적인 나의 진리요, 살아가
는 뜻이요, 그 모두를 나의 법전에 기
록하여 누구나 읽을 수 있도록 내가
세상에 내보내는 것이 지금 내가 하고
자 하는 그 역사임을 너희는 알아야
할 것이니라.
43 너희는 지금의 세상에 살아가는 너희
형국이, 작은 그릇이 큰 그릇을 뒤집
어씌우려 하며 제 품에 들어오라 억지
를 쓰는 그와 같은 것이 지금의 형국
이니라.
44 나의 법전으로 말할 것 같으면 나의
성령의 뜻이요, 만백성을 구하는 새로
운 법전이 이 세상을 내가 창조했듯이
나의 법전이 세상과 같은 그릇이거늘,
45 그 그릇을 작은 그릇이 덮겠다, 덮어
씌우겠다 하며, 제 품에 들어오지 아
니하는 것은 이단이요, 사탄이라 그리
아무리 악을 써도 그 작은 그릇에 이
지구를 덮는 나의 큰 그릇이요, 나의
법전이 거기에 들어갈 수 없으며 거기
에 씌울 수도 없는 것은 당연하니,
46 머지않아 그와 같은 형국이 드러나게
될 것이며 다 그를 알게 될 것이니라.
47 아무리 너희가 지금은 강하고 큰 것
이라 소리 지르며 외쳐도, 이 지구를
덮는, 내가 크게 만든 나의 이 그릇을
절대로 덮을 수가 없는 것이니,
48 아무리 덤비고 덤빈다 해도 작은 그
릇은 큰 그릇을 덮지 못하기 때문에
그때를 알게 될 것이며, 그와 같은 역
사를 알게 될 것이며, 너희가 어떤 것
이 큰 그릇이며 어떤 것이 작은 그릇
인지를 알게 될 것이며 만백성이 알
게 될 것이니라.
49 그러니 나로부터 선택된 백성 너희는
묵묵히 참고 견디며, 그리고 오늘날
너희가 노출되는 그와 같은 삶을 살아
서는 아니 됨을 알아야 할 것이니라.
50 말 한마디, 행동 하나를 바로 해야 할
것이니라.
51 너희가 행동을 잘못하는 것은 나약한
짐승이 사자 앞에서 제가 여기 있다
과시하는 것이며,
52 너희가 말을 잘못하는 것은 그 나약한
짐승이 사자 앞에서 제 울음소리를 뽐
내며 제가 세상에서 제일이라 그리 소
리 지르는 것이며 제 목소리보다 아름
다운 자가 없다 그리 말하는 것이니,
53 그는 죽음을 자초하는 것이며, 사자에
게 제 위치를 알려 줌이니 그는 결국
무엇이더냐?
54 배고픈 사자에게 그는 밥이 됨이니,
55 너희는 지금 가고 있는 그와 같은 형
국의 위치에서 조용조용 묵묵히 참고
인내하고 가는 것만이 나의 새로운 성
경을 만백성에게 전하며, 세상에 나오
는 것이며 모든 백성을 구할 수 있는
역사라는 것을 알라.
56 지금 나의 아들 네가 말 한마디를 잘
못하며 행동을 잘못하는 것은 그 먹이
를 노리는 사자 앞에 네가 그들에게
네 위치를 알려 주며 네가 존재함을
알리는 것과 똑같은 행동이라는 걸 알
라.
57 너의 제자들 또한 그러하니라.
58 묵묵히 조용히 나의 법전을 읽고 깨우
쳐 가슴속으로 진리를 깨달으며, 선이

무엇인가를 알며, 하늘에서 원하는 것
이 무엇이며 내가 이루고자 하는 것이
무엇인가를 하나하나 깨우쳐 가슴속
에 다져 나가는 것이 지금은 가장 중
요함을 알라.
59 이제 너는 말을 함부로 하지 말라.
60 내가 다시 너에게 말함이니 내가 명하
는 것 외에, 내가 법전에 기록한 것 외
에는 네 입에서 해서는 아니 될 것이
니 그리 알라, 사랑하는 나의 아들아!

5,835 번째 하나님 말씀

2003년 4월 4일 17시 36분

1 사랑하는 나의 아들아!
2 "네, 아버님! 말씀하옵소서."
3 이 세상의 모든 종교 집단들이 정녕
믿음이요, 진리의 길을 가는 것이 아
니요, 저희가 존속하기에 바쁘며 저희
의 명성을 날리기에 바쁨이니,
4 그리고 저희가 더 큰 성전을 짓고자,
더 많은 집단을 거느리고자 혈안이
되어 있는 그와 같은 형국이니,
5 타락되었어도 너무나도 타락된 것이
지금의 종교 집단이니,
6 타락된 자들이 너무 많아 그를 내가
바라볼 수 없는 그와 같은 형국이 되
어 있음이니라.
7 그러니 타락될 대로 타락된 그들이 무
슨 진리를 가르치며 무슨 진리의 공부
를 깨우쳐 만백성을 구원한단 말이던
가?
8 진정한 진리요, 나 여호와의 뜻이요,
내가 이루고자 하는 그 역사에는 그들
이 근접도 하지 못하며 옆에도 와 있
지 못한 것이 그들의 지금의 형국이니
라.
9 그러니 어찌 그들이 참진리요, 나 여
호와의 뜻을 전하고 가르치겠다 하겠
는가?
10 타락하기 시작하는 그 종교 집단은 서
서히 타락을 계속하게 됨이요,
11 아무리 아름다운 것을 부어 놓고 아름
다운 것을 깨우치려 해도 그들은 그를
듣지 아니하며 거부함이니라.
12 그리하여 타락하고 타락하는 길로 달
려가게 되어 있으며, 계속 무너지는
그와 같은 형국임을 너희는 알아야
할 것이니라.
13 그들을 어찌 바로잡을 수 있단 말이던
가?
14 단단하게 쌓는 성의 축도 하나가 빠지
기 시작하면 비바람에 계속 무너지는
것은 당연하니라.
15 그와 같이 타락하기 시작한 종교 집단
은 계속 타락함이니, 그를 너희가 수
리하고 다시 잡아 세우지 아니한다면
결국 지탱하지 못하는 것이니,
16 지금의 종교 집단도 대수술이요, 대변
화의 개혁을 하지 아니하면 그들이 존
재하며 견딜 수가 없는 것이니,
17 그리하여 지금 그 심판의 시대가 왔음
을 너희는 알아야 할 것이니라.
18 너희는 나 여호와가 지금 심판을 시작
함을 믿지 않으려 하나, 지금 바로 심
판의 시대가 되었음을 알라.
19 지금이 내가 심판하는 시대가 아니라
고 거부하는 자에게, 내가 심판의 시
대라는 그 증표를 알려 주고 전하고자
하니, 너희는 알아야 할 것이니라.

20 사탄이요, 사악한 자가 나의 피조물
만백성을 심판하고 재판한다면,
21 그들에게 그 기회를 주지 아니하며 그
방법을 주지 아니하며, 동등하게 너희
가 심판을 받을 수 있는 그와 같은 기
회를 주지 않는 것이니라.
22 그러나 지금 나 여호와가 너희를 심
판하기 위하여 내가 무엇을 너희에게
내려보냈는가?
23 나의 법전이라 하여 너희가 읽고 깨
우칠 수 있으며 너희가 연구하고 또
깨달아서 구원을 받을 기회요, 법전이
라는 책을 내가 세상에 먼저 내려보냄
이니,
24 이것이 나 여호와요, 나 여호와가 내
리는 법전이 바로 진정한 증표임을 너
희는 알아야 할 것이니라.
25 너희는 이 뜻을 알고 깨우쳐야 함을
잊어서는 아니 될 것이니라.
26 사탄은 미래에 이루어질 것, 미래에
심판할 것, 너희에게 다가오는 미래에
대한 심판의 준비를 가르쳐 주지 아니
하며,
27 그를 알려 주지 아니하고 그저 너희가
사악한 쪽으로 흘러가도록 그대로 놔
두며, 그쪽으로 흘러가도록 방향을 잡
아 주는 것이 사탄이요, 사악한 자이
니라.
28 사탄이란 너희 백성이 사탄 쪽으로
그저 줄지어 가면, 그들이 그쪽으로
바로 갈 수 있도록 그 앞을 쓸어 주며
그 길을 닦아 주며, 다리가 없으면 다
리를 놔 주는 것이 사탄이니, 악으로
넘어져 가는 것이 너희이니라.
29 그것이 사탄과 나 여호와가 선택한 그
백성을 사랑하는 마음이 다름이니라.
30 나 여호와가 너희에게 내리는 증표가
바로 무엇인 줄 알겠는가?
31 너희의 미래에 이루어질 것을 내가 미
리 여기서 깨우쳐 주며,
32 너희가 어찌 행해야만 구원을 받는다
는 것을 내가 너희에게 전해 주고 깨
우쳐 주고 공부하며 연구할 수 있게
너희에게 다양한 기회를 주고 있음이
니,
33 이것이 바로 나 여호와가 역사하는 것
임을 너희는 알아야 할 것이니라.
34 사탄은 이와 같은 기회를 주지 아니함
을 알라.
35 지금 내가 나의 아들을 통하여 내리는
이 법전이 과연 사악한 행위를 하라
기록되었는가, 선한 일을 하도록 기록
되었는가?
36 악한 일을 하도록 기록되어 있으며 악
한 일을 하도록 했으면 사탄의 것이나,
37 선한 일을 하며 너희가 착하게 살도
록 깨우치며 그 길을 열어 주며 너희
가 미래의 심판에 대해 준비를 할 수
있고 공부할 수 있고 대비할 수 있도
록 내가 미리 주고 너희를 심판하고
자 함이니, 이게 자식을 사랑하는 부
모가 하는 역사가 아니던가?
38 사탄은 너희 부모가 아니며 너희 조
상이 아니니, 그들은 너희가 그저 무
너지도록 그와 같은 역사를 할 것이
며, 심판할 때 심판을 할 것이니,
39 그들은 너희에게 미리 미래를 알려 주
지 아니하며 공부할 기회를 주지 아니
하며 동등한 기회를 주지 않는다는 것
을 알아야 할 것이니라.

40 나 여호와가 너희에게 똑같은 기회를
주며 이 모든 심판의 시대를 열어 가
는 것은 너희에게 동등한 권한을 주
고 모두를 내가 사랑하고 아끼기 때문
이니,
41 너희는 여기서 알아야 할 것이니라.
42 모든 자들에게 똑같은 기회를 준다는
것,
43 그리고 높은 자, 낮은 자, 더 배우고
더 가진 자, 권력 있는 자 따질 것 없
이 동등한 자격을 너희에게 주는 것이
바로 나 여호와가 역사하는 것임을
너희는 알아야 할 것이니라.
44 너희가 교회에 가서 기도하는 것만이
구원을 받는다는 그와 같은 편견 때문
에 나의 법전을 읽지 못하며 이를 보
지 못하며, 나의 아들을 통하여 내리
는 강론을 듣지 않으려 하며,
45 이를 사탄이요, 이단이라 그리 말하여
내가 너희에게 주는 동등한 자격을 깨
닫지 못하며 그를 활용하지 못하며,
46 그 시간을 버리고 놓치는 것을 너희는
알아야 할 것이니, 이제는 너희는 잘
못된 그 방향을 바로잡아야 할 것이
니라.
47 내가 너희에게 뭐라 가르쳤는가?
48 너희가 주일이요, 쉬는 날 하루만 나
를 만나며 나에게 기도하면 축복을 받
는다는 생각부터 깨라 말하지 아니하
였더냐?
49 6일 동안 너희가 일하는 곳에 내가 같
이하며 너희가 나에게 기쁨을 주는
일을 하며 누가 되지 않는 일은 너희
가 나에게 축복과 영광을 도리어 주
는 것이라 내가 그리 말하지 아니하였
더냐?
50 그것이 너희와 내가 6일 동안 같이 있
으며 같이 행한다는 것을 알라.
51 그러니 6일 동안 내가 너희와 같이 있
거늘, 어찌하여 쉬는 날 하루만 너희
가 나를 만나며 나를 위해 일하며 나
를 위해 역사한다는 그와 같이 생각하
는가?
52 그것이 너희가 잘못 가고 잘못 깨닫는
것이라 내가 가르쳤음이니,
53 지금의 모든 종교 집단이 하는 일이
그와 같은 것이니라.
54 하늘의 뜻을 모르며 내가 의도하는 것
을 모르기 때문에 그러함을 너희는
알아야 할 것이니라.
55 이제 내가 너희에게 뭐라 말하느냐?
56 나 여호와에게 올 수 있는 백성은 너
희가 때와 장소를 가리지 말며 나에게
기도하고 경배하며,
57 너희가 깨닫는 것, 곧 오늘보다 내일
이 더 아름다운 삶을 사는 것이 나에
게 오르는 참진리의 길이라 하였음이
니라.
58 성서가 어떻고 구약이 어떻고 신약이
어떠하며 예수의 부활이 어떠하며 모
세의 기적이 어떠하며 그와 같은 역사
의 노아의 방주가 어떤 것이며 그와
같은 것을 이야기한다 하여 그것이 지
금 하늘에 오르는 길에 도움 되는 것
이 아니요, 직접 너희가 깨우치며 역
사하는 것이 아니니라.
59 역사는 역사대로 지나간 것은 덮어 둘
것이며,
60 다만 너희가 나 여호와가 존재하는
것을 믿고 오로지 그 속에서 나에게

기쁨을 주기 위한 아름다운 삶을 살며, 오늘보다 내일이 더 아름다운 삶으로 살아가는 것이 곧 하늘에 오르는 것이며,
61 오늘의 너희가 행해야 할 길이고 가야 할 길이라는 것을 잊지 말라, 사랑하는 나의 아들딸들아!

5,836 번째 하나님 말씀

2003년 4월 4일 17시 44분

1 사랑하는 나의 아들아!
2 "네, 아버님! 말씀하옵소서."
3 내가 나의 법전에 기록하여 너에게 전하기를, 너희가 지금 교회에 가서 바치는 것만큼, 행하는 것만큼 1년만 너희를 낳아 주고 길러 준 부모에게 그리하면 너희를 효자가 아니라 천사가 나왔다고 그리 말할 것이라 하였으며,
4 그와 같이 천사라는 말을 듣는 자는 내가 천사의 날개를 달아 하늘에 오르게 한다 하였음이니,
5 낳아 주고 길러 준 부모에게도 그 보답을 하지 아니하는 자가 구원을 받겠다는 그 계산속에서 장사꾼보다도 더 사악한 마음으로 저희가 손으로 지은 성전에서 잘못 가르치는 종교 지도자의 그 설교에 모두를 다 바치고 어리석은 삶을 살아가는 불쌍한 백성이 있다 하였음이니라.
6 내가 너희에게 그리 말하면 너희는 나보고 나 여호와가 진정한 사탄이요, 사악한 자가 하는 말이라 그리 말할 것이니,
7 그렇다면 내가 지금 전하는 이 뜻을 한번 듣고 분석해 보도록 하라.
8 내가 나의 법전에 전하기를, 너희 주변에 있는 젊은이가 흉악한 자요, 살인한 자요, 강도질하는 자요, 그와 같이 아주 흉악한 짓을 하는 자를 너희가 교회에다 바치는 것만큼 1년만 그 사람에게 정성을 들이면 그 사람이 감화받고, 살인하지 아니하며 도둑질하지 아니하며 간음하지 아니하는 사람이 될 것이라 그리 말하지 아니하였던가?
9 그리하여 1년 동안 너희가 그리 베풀었을 때, 그들이 하는 말이 '나도 이제 천사님같이 살며 천사님같이 변하여 세상을 아름다운 모습으로 살아가는 사람이 되겠다'고 말한다 하지 않았던가?
10 그리하여 그가 말하기를 '나도 천사님처럼 천사가 되겠다, 그리고 천사처럼 변화되어 살아가겠다' 말한다고 내가 그리 말하지 아니하였더냐?
11 아무리 흉악한 자요, 포악한 자라도 너희가 교회에다 바치는 것처럼 1년만 그리 정성을 들이면 그도 천사가 될 수 있다고 내가 그리 말했으며 그도 천사가 될 것이니라.
12 그는 감사의 눈물을 흘릴 것이며 너를 천사로 부르며 나 여호와를 찾을 것이니라.
13 그러나 지금 목사라는 자들에게 너희가 하는 행위는 과연 어떠하던가?
14 너희가 1년을 목사에게 그리 바치고 충성을 다하며 모두를 다 바치는가?
15 너희는 10년, 20년, 몇십 년 동안 그 종교 지도자요, 목사요, 그 교회에 가

서 모두를 다 바치니,
16 과연 1년만 바쳐도 사악하고 사람을
죽일 수 있는 포악한 자가 천사가 된
다 하였거늘,
17 너희 종교 지도자가 10년, 20년, 30
년, 평생 그와 같이 거둬들이고 대우
를 받았다면,
18 그는 지금쯤 나 여호와보다 더 위대한
천사가 되어 있을 것이니,
19 과연 그들이 천사가 되었으며 위대한
자가 되어 있는가?
20 그들의 되어 있는 모습을 지금 너희
가 들여다보라.
21 너희가 처음이나 지금이나 똑같은 행
위를 계속하고 있다면 그것이 얼마나
사악한 자며 얼마나 녹일 수 없는 악
한 자인가?
22 너희는 무쇠도 녹일 수 있을 정도로
포악한 자도 그 마음을 녹인다 하였거
늘,
23 10년, 20년, 30년 동안 거둬들이고 대
우를 받으며 온갖 정성을 다 바친다
하여도 변하지 않는다면,
24 그는 녹일 수 없는 사악한 자며, 영영
구제받을 수 없는 사탄이요, 사악한
자라는 걸 알아야 할 것이니라.
25 그러니 너희가 한번 견주어 보라.
26 너희가 교회라는 곳에 바치는 것만큼
아무리 포악한 자라도 1년만 그리하
면 그가 천사가 된다 하였으니,
27 너희가 10년, 20년, 평생 바친 것을
거둬들인 그 종교 지도자요, 목사요,
하는 그들이 과연 얼마나 변했는가?
28 그 변한 모습을 보고 너희가 견주어
보면, 그들이 살인한 자요, 포악한 자
보다도 얼마나 무지막지하며 악랄하
며, 아주 상대할 수 없는 자이며, 얼마
나 못된 자인지 너희는 알아야 할 것
이니,
29 여기서 너희가 스스로 평가하도록 그
리하라.
30 그리하며 나에게 시시비비를 하지 말
라.
31 이제 너희가 눈으로 보고 점검해 봐
서 과연 그렇다 생각할 때는 나의 법
전을 읽도록 하라.
32 나의 법전을 읽으면 한두 가지가 아니
요, 세상사 모든 것에 눈을 뜰 수 있으
며 하늘에 오르는 진정한 길을 볼 수
있는 것이 여기에 기록되어 있음이니,
33 그를 보고도 깨우치지 못한다면 너희
는 어찌할 수 없으며, 이는 나 여호와
도 너희 마음을 더는 다스릴 수 없으
며 너희를 더 인도할 수 없다는 것을
알아야 할 것이니라.

5,837 번째 하나님 말씀

2003년 4월 4일 18시 50분

1 사랑하는 나의 아들아!
2 "네, 아버님! 말씀하옵소서."
3 나의 법전을 이단이요, 사탄이요, 사
악한 거짓 선지자가 마지막 시대에 너
희를 지옥 불로 인도하기 위해 이와
같은 짓을 하니, 너희는 법전을 읽지
도 말며 보지도 말라 말하는 그 종교
지도자들에게 전하라.
4 너희가 하는 기도가 정녕 효험이 있으
며, 너희가 나에게 기도하는 것이 이
루어지며 축복과 영광의 은혜를 내릴

수 있는 종교 지도자라 그리 말하며, 너희가 소원하고 기도하는 것을 이루어 주는 나 여호와라 말한다면,
5 내가 너희 것을 들어준다면,
6 모든 종교 집단이요, 지도자는 이 법전이 세상에 나오지 못하도록 기도하라 그리 전하라.
7 너희가 그리 기도하며, 나에게 기도하는 것은 모든 것이 이루어지며 역사한다 말하는 종교 지도자 그들에게 말하라.
8 그리하여 그들에게 기도하라 그리 이르라.
9 너희가 나의 법전이 세상에 나오지 못하도록 기도한다면, 이것이 잘못된 것이면 나 여호와가 이 법전이 세상에 내려오지 않도록 할 것이 아닌가?
10 너희 기도를 들어줄 것이며, 그리 나가지 못하도록 할 것이며,
11 너희가 내가 선택한 종교 지도자라면 너희를 비방하며 너희가 잘못하는 것을 꼬집으며 너희에게 가시나무 채로 휘두르는 그와 같은 뼈아픈 얘기가 수없이 기록되었음이니,
12 너희를 아프게 하는 이 책을 세상에 나오지 못하게 하는 것이 나 여호와의 뜻이지 않겠는가?
13 그러나 이 모두가 이루어지지 아니한다면 너희는 부끄러운 줄 알며, 너희 자신이 과연 어디에 있는가를 깨우쳐야 할 것이며,
14 이 법전이 얼마나 위대한 것이며 나 여호와의 뜻이라는 걸 너희가 이제 알아야 할 것이니라.
15 모든 너희 신도들 앞에 서서 이 법전을 들고, 이는 사탄이요, 이단이요, 마지막 시대에 온 거짓 선지자라 말한다면,
16 너희는 그 자리에서 기도하라.
17 나에게 이 법전이 세상에 나오지 못하게 하며, 이게 세상을 덮지 못하도록, 이를 나오지 못하도록 해 달라 너희가 기도하라.
18 너희 기도는 100퍼센트 효과가 있으며, 은혜와 은총이 있으며, 그 모두가 상달되며 나 여호와가 듣는다 하여, 너희가 재물을 받고 그에게 열배 백배의 축복을 주라 감히 그와 같은 기도를 하는 너희가 아니던가?
19 그렇다면 나의 법전이 세상에 나오지 못하도록 해 달라 기도하라.
20 그러면 정녕 여호와 하나님 내가 들어줄 것이 아니던가?
21 너희 뜻이 이루어지지 아니하면 너희가 잘못된 것이니라.
22 그리고 너희는 또 이 법전을 가지고 지금 시시비비함이니,
23 이 법전이 무조건 무서운 가시나무 채요, 가죽 채로 너희에게 휘두르는 것이며,
24 오늘날까지 수천 년 동안 역사해 온 너희를 이처럼 매질하는 책은 세상에 영원히 있을 수 없으며,
25 지금까지도 없었으며, 앞으로도 있을 수 없을 것이니라.
26 그것도 한두 권으로써 비유를 들어 너희를 깨우치는 것이 아니요,
27 성서를 들어 너희에게 무엇을 탓하고 시시비비하는 것도 아니요,
28 160권이라는 대장서의 법전을 가지고

너희를 휘두름이니,
29 그리고 너희에게 매질을 지금 하고
있음이니,
30 너희가 나로부터 선택된 종교 지도자
요, 너희가 바로 가는 종교 지도자요,
바로 가는 집단이라면,
31 이 법전이 너희를 그리도 혼내고 다
스리고 매질을 하는데, 나 여호와가
그 가죽 채요, 가시나무 채를 거둬들
이지 않겠는가?
32 너희의 하나님이 진정한 창조주 하나
님이라면 너희에게 휘두르는 그 가죽
채요, 가시나무 채를 거둬들일 것이
니, 너희는 한번 그를 보도록 하라.
33 그러나 이 법전이 세상에 나오며, 너
희가 아무리 기도를 해도 그 역사가
이루어지지 않는다면,
34 너희가 잘못된 자며 사탄이요, 사악한
자며,
35 너희 기도는 하늘에 들리지 아니하며,
36 하늘에 들리는 역사가 이루어지지 않
는다는 것을 스스로 너희 제자와 신
도들 앞에 고개 숙여 백배사죄하고
너희는 물러나는 그와 같은 길을 선
택해야 할 것이니라.
37 너희가 진정한 지도자라면 내가 너희
를 구박하고 혼내며 너희를 가시나무
채로 매질하며, 너희가 오늘날까지 살
아왔던 그 모든 공을 인정하지 아니하
여 그를 뭉개는 이와 같은 법전이요,
책은 세상에 나올 수 없을 것이니라.
38 그러나 이 책이 세상을 덮으며 만백성
이 이를 보고 두려워 떠는 그와 같은
형국이 나온다면,
39 너희가 잘못된 것이며, 너희 기도가
엉터리며, 너희 기도는 나와는 관계도
없으며,
40 너희를 그리 혼내고 내가 이를 다스린
다면, 너희는 내가 선택한 종교 지도
자요, 나의 대업을 하며 내 일을 하는
자가 아니요, 내가 이루고자 하는 역
사를 하지 아니하는 자니,
41 너희가 사탄이요, 사탄의 자식이며 가
짜며 거짓 선지자요, 마지막 시대에
혼란을 이루는 것이 너희라는 것을
그때는 너희 스스로 인정하지 아니할
수 없을 것이니, 그 둘 중 하나의 길을
선택하라.
42 너희 기도로써 법전이 세상에 나오지
못하도록 하기를 원하며, 너희를 그리
가시나무 채로 휘두르는 이 책이 세상
에 나오지 못하도록 그리해 달라 기
도하며, 축복을 달라, 영광을 내려 달
라 기도하라.
43 그리하여 그것이 이루어질 때는 이것
이 사탄이요, 이단은 세상에서 자연적
으로 소멸할 것이며 빛을 보지 못할
것이니라.
44 그렇지 않고 이것이 흰 눈이 세상을
덮듯이 계속 덮어 나가면 너희의 기도
는 엉터리며,
45 너희가 축복이요, 은혜의 영광을 주었
다는 것은 나의 피조물 만백성에게 거
짓이며 사기극을 벌여 온 것이라는 것
을 입증하는 것이니,
46 그때는 내가 어떤 체벌을 너희에게 내
려도 원망하지 말며 나를 욕하지 말라.
47 그래도 너희가 그것이 이루어지지 않
을 때 나는 너희에게 무서운 체벌을
가할 것이니 그리 알도록 하라.

48 그러니 이것으로 모든 결정을 짓도록
하라.
49 그럴 자신이 없거든 사탄이요, 이단이
요, 사악한 자라 말하지 말라.
50 그리 감히 말하는 자는 그 얼마나 무
서운 죄를 짓는 것인가를 알 날이 머
지않았음을 알게 될 것이니라.
51 이로써 너희가 결정을 지으며 이로써
모든 매듭을 지으라.
52 사랑하고 착한 나의 백성, 너희 신도
라는 자들까지 이 법전을 읽고 구원을
받지 못하며 하늘에 오르는 길을 못
오게 막는 그와 같은 사악한 행위를
하지 못할 것이며, 더는 해서는 아니
될 것이니,
53 그리하여 내가 그들을 구원하기 위하
여 너희에게 물으니, 너희를 휘둘려
패고 다스리며 욕하며 꾸짖는 이 법전
을, 너희가 나로부터 선택된 백성이라
면 세상에 나가지 못하도록 기도를 드
리라.
54 그리해서 그것이 이루어지면 나의 법
전이 잘못된 것이요, 그러나 그 뜻이
이루어지지 않을 때는 너희가 잘못된
자니, 둘 중의 하나를 하라.
55 그다음에는 내가 너희를 무서운 체벌
로써 당장 다스릴 것이니, 그 둘 중에
서 양단간의 하나를 선택하라.
56 말로써 사탄이요, 이단이요, 사악한
자요, 마지막 시대니 더 많은 재물을
바치며 더 열심히 믿으며 하늘에 오르
는 길을 선택하라는 그와 같은 감언이
설로써 나의 백성을 속이지 말라.
57 사랑하는 나의 아들아!
58 "네, 여호와 하나님! 말씀하옵소서."
59 너희가 크게 지은 죄는 눈으로 보며
가슴에 새겨 두나, 작게 지은 죄는 잊
어버리고 지워 버리며 사는 것이 너희
라 내가 그리 말하였음이니라.
60 그러나 너희가 죄를 짓는 것이 작고
큰 것은 다 너희 기준이요, 나 여호와
가 보는 기준은 다 똑같다 그리 말하
지 아니하였던가?
61 너희가 작은 것에 소홀하며, 작은 것
에 모든 마음을 집중하지 아니하고 살
아간다면 너희는 큰 것을 이룰 수 없
음을 알아야 할 것이니라.
62 작은 죄요, 작은 실수가 무서운 줄 알
며 두려운 줄 아는 그와 같은 마음을
가지고 살아갈 때, 큰 죄를 짓지 않는
다는 것을 너희는 어찌 그리도 모르
는가?
63 너희가 작은 것은 그리 소홀히 말하며
그저 쉽게 넘어가고 잊어버리며 지워
버리고 감이니,
64 그와 같이 작게 지은 죄들이 쌓이고
쌓였을 때 과연 너희는 어찌하려고
그리하는가?
65 눈으로 보는 큰 죄보다 보지 못하는
작은 죄들이 더 무서움이니라.
66 그러니 완벽하게 살라는 것이 나 여호
와의 뜻이거늘,
67 나의 아들 너나 너를 따르는 자들이
요, 나의 법전을 읽은 백성 그 모두는
변하는 역사의 소용돌이 속에서 몸부
림을 치고 가나, 너희가 작은 것을 소
홀히 하며 작은 죄에 관심을 두지 못
하며 마음가짐을 다스리지 못한다면
그는 아니 됨이니, 이를 명심해서 행
해야 할 것을 잊지 말라.

68 작은 것에 모든 신경을 쓰라.
69 작은 것을 다스려 나가며, 작은 것을 역사하기 시작하며 작은 죄를 짓지 아니하기 시작한다면,
70 너희는 곧 구원의 길이요, 너희는 큰 죄를 짓지 아니하며, 모든 큰 악습도 다스려 나갈 수 있음을 알아야 할 것이니라.
71 내가 너희에게 큰 것을 남에게 주며 베푸는 것을 처음부터 하지 말라 하지 않았던가?
72 너희가 그리하려면 어렵고 힘들며 부작용이 나서 할 수 없다 하였음이니라.
73 그러니 작은 것부터 주는 것에 숙달하며 작은 것부터 주는 것을 훈련했을 때, 점차 커지기 시작하면 큰 것도 줄 수 있으며 던질 수 있도록 너희가 훈련이 된다 말하지 아니하였던가?
74 이치는 다 같은 것이니라.
75 작은 개미구멍만 한 것이 물이 흐르고 또 흐르기 시작하면 감당할 수 없듯이,
76 아무리 남들이 감당할 수 없고 이해할 수 없는 크나큰 것들도 아무런 부담 없이 마음의 고충 없이 던질 수 있는 것이 너희라는 것을 잊지 말라, 사랑하는 나의 아들딸들아!
77 작은 것에 충실하라.
78 작은 것을 소홀히 하지 말라.
79 작은 죄라 하여 잊어버리고 그냥 넘어가면 아니 되느니라.
80 그와 같은 삶을 살아가도록 그리하라, 사랑하는 나의 아들딸들아!

5,838 번째 하나님 말씀

2003년 4월 4일 20시 59분

(강론을 마치며)

1 사랑하는 나의 아들아!
2 "네, 아버님! 말씀하옵소서."
3 너희 어린 자식을 세상에 누가 다스려 가르치는가?
4 부모가 다스리며 부모가 가르치는 것이요, 또 선생이 가르치며 선생이 다스리는 것을 듣고 배우며 살아가는 것이 아니던가?
5 인간은 살아가면서 친구요, 형제요, 이웃으로부터 충고를 받으며 또 조언을 받고 충언을 들어가며 살아가는 것이 인간이 사는 도리며 살아가는 것이니라.
6 그와 같이 친구의 조언이요, 주변의 충언이 없이는 바로 설 수 없는 것이 인간 너희의 삶이니라.
7 그러나 이 세상에 남의 충고를 듣지 아니하며 충언을 듣지 아니하며 조언을 듣지 않는 곳이 단 한 곳이 있으니, 그게 바로 어디인지 너희는 알겠는가?
8 지금의 종교 집단에서 종교 지도자들이 흘러가는 형국이 그러하니라.
9 그들은 절대로 백성이요, 신도들이요, 주변 사람에게서 조언이요, 충고를 듣지 아니하며, 충언을 듣지 아니하며 하지 못하게 하고 있음이니라.
10 너희가 입이 있어도 입을 열지 못한다는 것은 독재자와 같은 것이며, 그와 같은 자들이 이끌어 가는 지금 이 시대를 과연 진정한 진리요, 참뜻을 가는 길이라 너희가 말할 수 있겠는가?

11 너희가 누구의 충언도 듣지 아니하며
조언을 듣지 않는 것은 완벽한 자이
기 때문에 남의 가르침이요, 남의 조
언하는 것을 듣지 아니하고 사는 자가
아니던가?
12 완벽한 진리요, 완벽한 뜻을 가진 자
는 창조주 나 여호와 외에는 완벽한
자가 없음이니,
13 그 누구라도 더불어 선배요, 이웃에게
서 충언과 조언을 듣고 깨달으며 살아
가는 것이 인간의 도리이니라.
14 한 집단만이 충언을 듣지 아니하며 조
언을 듣지 아니하며, 그 신도요, 주변
사람에게서 가르침을 듣지 않는 자들
은 과연 무엇이던가?
15 저희가 나 여호와 창조주요, 나보다
위에 있는 행세를 하는 것이며,
16 최소한 저희는 나와 동등한 자격이요,
인격체를 가진 자라 그리 생각하는 것
이니,
17 그가 어리석은 자가 아니라면 그는 오
만 한 자며, 나보다 높고자 하는 자라
는 것을 너희는 알아야 할 것이니라.
18 내가 너희에게 말하여 전하였느니라.
19 하늘을 두루마리 삼고 바다를 먹물 삼
아 쓰고 써도 다 내릴 길이 없다 하였
음이니,
20 거기에는 너희가 잘못된 것을 바로잡
으며 너희에게 아름다움을 가르쳐 주
며 그 모든 진리에 어긋나는 것을 바
로잡는 것을 내려보내는 길밖에 무엇
이 있단 말이던가?
21 너희를 깨우치고자 하니, 너희가 잘못
된 것을 보여 줌이요,
22 너희가 거울에 비치는 모습을 보듯이,
지금의 잘못 가는 믿음이요, 종교 집
단이 흘러가는 것을 바로 비춰 보며
바로잡지 아니하면 그를 바로 세울 수
없기 때문임을 너희는 알아야 할 것
이니라.
23 이제 너희는 깨우치라.
24 조언과 충언을 듣지 아니하며 저희가
하는 것을 관여하지 못하며 저희가
하는 것을 시시비비하지 못하며 그를
왈가왈부할 수 없다는 것은 그들이 곧
신이며 완벽한 자라고 착각하고 있기
때문이니,
25 그들이 착각이 아니면 오만이며 어리
석은 자라는 것을 알아야 할 것이니라.
26 조언과 충언이 얼마나 소중한 것이며,
인생의 삶의 길을 열어 주는 것이 아
니던가?
27 이와 같은 이치를 보고 가는 것을 보
면 너희는 알 것이니라.
28 너희 말에 '하나를 보면 열을 안다.'
하였음이니, 내가 백 가지, 천 가지를
다 기록하여 너희에게 전해도 이를 깨
닫지 못하며 이를 바로 보지 못하는
것이 너희이니, 나 여호와가 어찌하겠
는가?
29 너희가 하나를 보면 열을 깨우칠 수
있는 그와 같은 지혜를 가진 백성이요,
30 너희가 가장 중요한 하늘에 오르는 길
이요, 구원을 받는 길의 깨달음을 바
로 볼 수 있다면,
31 내가 나의 아들을 통하여 오늘날 이와
같은 역사를 이룰 필요도 없으며, 해
야 할 이유가 어디 있는가?
32 너희는 하나를 보고 열을 깨우치는 지
혜가 있으나 막상 가장 중요한 새 생

명이 태어나며 구원을 받는 것은 열을
줘도 하나를 받아들이지 아니하는 것
이 너희며,
33 더구나 저희가 믿음의 길을 가며 저
희만 구원을 받았다는 자들은 천 개,
만 개를 불어넣어도 다 물거품이요,
다 겉도는 것이며,
34 그저 바위를 바람이 스쳐 가듯이 그냥
스쳐 가니, 어찌 깨달음을 얻을 수 있
던가?
35 내가 바람으로 바위를 닳게 할 수 있
을망정 나의 성령이요, 나의 참진리를
가지고 지금 잘못 가는 그들의 마음
은 변하게 할 수 없는 것이 이와 같은
형국이니,
36 이 일을 너희는 어찌하면 되겠는가?
37 너희가 나의 법전을 만들어 이 세상을
하얀 눈이 덮듯이 그 역사를 이루지
않는 한 이는 변화될 수 없는 것이니
라.
38 너희는 어찌하면 좋겠는가?
39 너희가 오늘의 고통을 다 접어 두고
그저 만백성이 죽음으로 가는 그 길을
그대로 두며, 법전을 만들어 전하지
않는 것이 정녕 옳은 길이라 생각하며
그 길을 가는 것이 편하다 생각하는가?
40 너희가 그 어렵고 힘든 고비일지라도
160권의 법전을 세상에 만들어 놓고
그 심판의 역사를 기다리는 그와 같은
용기 있는 삶을 살 수는 없는가?
41 너희는 그 길을 가야 하며 그 역사를
이루어야 함이니라.
42 너희가 마음이 흔들리며 계산된 마음
으로 동요되어서는 아무것도 이룰 수
없는 것임을 알라.
43 확고하게 나 여호와가 존재하며,
44 이는 나의 아들이요, 내가 나의 성령
으로 기록하여 내리는 이 법전을 정녕
생명이라 그리 생각하며 나의 뜻이라
굳건히 믿는 마음에서만 너희는 모든
변화를 볼 수 있을 것이니라.
45 너희는 지금 아무것도 없으며 가진
것도 없으며 이룬 것도 없으나, 너희
로 하여금 모두가 다 이루어진다는 것
을 알아야 할 것이니라.
46 큰 것은 죄요, 작은 것은 죄의 무서움
을 모르고 사는 것이 너희이니,
47 내가 너희에게 말했듯이 작은 죄가 더
무서우며 작은 질서를 지키는 것이 더
소중하다는 것을 너희는 과연 얼마나
지키고 시행하고 있는가, 그 자체를
하나 들여다보라.
48 내가 작은 죄가 무섭다는 것은 무엇인
줄 알겠는가?
49 작은 죄를 행하지 않는 그와 같은 연
습과 연습을 거듭할 때, 너희는 큰 죄
를 짓지 않는 그와 같은 깨달음이 있
는 것이니라.
50 내가 너희에게 작은 것을 남에게 주며
베푸는 것을 배우고 실천하라 하였음
이니라.
51 너희에게 지금 큰 것을 주게 하며 큰
것을 남에게 주라 하면 가슴이 떨리고
마음이 떨려 그걸 주지 못하며 아까워
줄 수 없으나,
52 작은 것을 수없이 주다 보면 훈련됨이
니, 큰 것도 그와 같이 놓을 수 있는
깨달음을 위해서 오늘날 너희를 그와
같이 훈련을 하는 것이니라.
53 이를 너희가 거꾸로 생각하면 깨달음

이 있을 것이니라.
54 큰 제방도 개미구멍으로 하여금 터지
듯이, 작은 구멍으로 물이 흐르고 흘
러서 크게 터지듯이,
55 내가 그와 같은 이치로써 깨우치고자
하는 나의 뜻임을 너희는 알아야 할
것이니라.
56 거꾸로 작은 것을 놓고 놓는 훈련을
했을 때는 큰 것을 놓을 수 있으나, 지
금 큰 것을 놓고 놓으라 하면 너희는
놓지 못함이니, 너희가 훈련이 필요함
을 알아야 할 것이니라.
57 너희는 이제 깨우쳐야 할 것이니라.
58 이 160권의 법전은 그 누구도 역사할
수 없으며, 앞으로 너희 후손에게도
이와 같은 일은 없을 것이니라.
59 모든 종파의 잘 가고 잘못 가는 것을
시시비비하며 그를 가려 낼 수 있는
책을 쓰는 자도 없을 것이며,
60 160권 속에 그 모든 것을 밝혀낼 자도
없을 것이니라.
61 남에게 가죽 채요, 가시나무 채를 휘
두를 수 있는 것은 아무나 할 수 없음
이니라.
62 오로지 창조주 나 여호와이기 때문에
나의 백성이요, 나의 아들딸이요, 그
들을 사랑하기에 내가 160권의 회초
리를 만들어 그들을 지금 다스리고 때
림이니,
63 너희는 두려워하지 말며 주저하지 말
라, 사랑하는 나의 아들딸들아!

5,839 번째 하나님 말씀

2003년 4월 4일 22시 57분

1 사랑하는 나의 아들아!
2 "네, 아버님! 말씀하옵소서."
3 너희가 마음을 비우고 산다는 것은 모
두 정상적인 상태로 돌아가는 것이니
라.
4 너희가 마음을 비우는 것이 나로부터
성령을 받아 나간 본마음이요, 원초적
인 마음이요, 초심이니라.
5 그와 같이 너희 육신이 돌아가는 것
도 다 그러하니라.
6 마음을 비우고 사는 자는 그 육신에
병이 나지 아니하며 육신의 고장이 없
음을 너희는 알아야 할 것이니라.
7 마음을 비우지 못하며 마음을 다스리
지 못할 때,
8 그와 같은 것이 마음에 맺힐 때 그 부
분에 병이 생기는 것이며 너희가 육신
의 고통을 겪게 되는 것이니, 그것이
마음을 비우지 못하였기 때문이라면
믿겠는가?
9 너희가 병들고 죽고 사는 것도 모두
마음을 비우지 못하는 그와 같은 역사
속에서 생기는 것임을 알아야 할 것이
니라.
10 정녕 마음을 비운 자는 병이 없으며
육의 고통이 없음이니라.
11 이는 곧 몸과 마음에 막히는 것이 없
기 때문이니,
12 너희 마음에 욕심이 그득할 때 몸이
막히며 몸이 원활하게 돌아가지 못함
이니, 피가 제대로 돌지 못함으로 인
하여 병이 생기는 것이며 생명을 잃게

됨을 너희는 알아야 할 것이니라.
13 그와 같이 마음을 비우는 것은 육의
관계에도 그 역사와 영향이 있다는 것
을 알아야 할 것이니라.
14 그러니 마음을 비우고 사는 것이 얼마
나 소중하고 귀한 것인가를 너희는
알아야 할 것이니라.
15 마음을 비우지 아니하는 것은 육의 모
든 것이 제대로 원활하게 돌아가지 못
하며, 제 기능을 발휘하지 못하여 한
쪽에서 멈추는 그와 같은 형국이 생겼
을 때, 병이 생기는 것이며,
16 너희 마음이 고달파지는 것이며 육이
고달픔을 겪는 것임을 알아야 할 것
이니라.
17 그러니 모든 마음을 비워라.
18 네 마음을 다스리며 모든 것을 다 놓
고 보면, 너희에게 고통이 없으며 육
이 병마에 시달릴 일도 없으며 너희
자신의 아름다운 모습이요, 너희 얼굴
이 험악하게 변하는 것도 막을 수 있
는 것이 바로 마음을 비우고 다스리는
것이니,
19 너희가 욕심을 가지고 있으며 마음을
버리지 못하는 것은 너희 자신의 깨
끗한 몸속에 무겁고 더러운 것들이 자
리를 잡고 있음이니,
20 그리하여 그곳에서 모든 병마가 시작
된다는 것을 잊지 말라.
21 너희가 마음이 가볍지 못하고 즐겁지
못함이니, 그리하여 한쪽에서부터 육
신의 병이 도래하게 되는 것이니,
22 마음이 깨끗하고 마음이 비어 있을
때는 그와 같은 일이 이루어지지 아니
함이니라.
23 한쪽에서 제대로 기능을 발휘하지 못
하기 때문에 그 병마가 시작됨이니 그
게 바로 무엇인 줄 알겠는가?
24 육이 막히며 육이 제대로 돌아가지 않
는 것은 마음을 비우지 못하며 다스려
지지 못했기 때문에 그와 같은 모든
것이 이루어진다는 것을 알라.
25 이제 너의 제자들이 나의 역사요, 나
의 뜻을 기록하며 나의 법전을 만들며
만백성을 구하는 것은 너희가 장수하
며 오래 살아가 건강한 육체와 정신을
가진 속에서 나의 사업을 이룰 수 있
음이니, 너희는 마음을 다 비우라 그
리 말하라.
26 마음이 가벼운 자는 육신이 가벼워지
니, 육신이 가벼우면 병마에 시달리지
아니하며 병이 접근하지 못하며 발생
하지 않느니라.
27 마음이 무거운 쪽에서 하나의 혈관이
돌아가지 않음이니, 거기서부터 너희
가 병이 생기며 그와 같이 병마에 쓰
러지는 결과가 되니,
28 마음을 비우고 세상을 아름답게 보도
록 그리하라.
29 그것이 무엇보다도 너희가 나로부터
받는 큰 상이요, 나로부터 받는 은혜
라는 것을 먼저 알라.
30 받을 수 있는 상이요, 은혜는 너희가
어찌 살며 어찌 행하느냐에 따라서 그
모든 것이 너희에게 내려지는 것이니
그를 잊지 말라 전하라.

5,840 번째 하나님 말씀

2003년 4월 4일 23시 05분

1 사랑하는 나의 아들아!
2 "네, 아버님! 말씀하옵소서."
3 너희가 한 가족이요, 가정을 이루고 살아감이니라.
4 그 가정을 이루는 가장이 잘못되며 그가 바로 서지 못할 때, 그 고통과 시련은 과연 누가 다 겪는가?
5 그 자식이요, 그 가족이 고통과 시련을 겪게 되며 그 고통을 분담하여 안고 가는 것은 가장이 잘못 섰을 때 잘못 이끌어 갈 때 그 타격을 받는 것이니라.
6 그러니 지금의 종교 지도자들이요, 모든 집단이 바른길을 가지 못하며 진정한 하늘에 오르는 길을 역사하지 못하고 끌어갈 때,
7 거기에 가장 피해자요, 가장 큰 타격을 받으며 고통 속에서 살아가는 것은 바로 너희 신도라는 것을 너희는 잊어서는 아니 될 것이니라.
8 잘못 가는 종교 지도자 한 사람으로 인하여 고통과 시련이요, 너희가 구원의 길이요, 하늘에 오르는 길이 아니라,
9 너희는 지옥으로 가는 그 길을 위해 평생 그와 같은 삶을 사는 것을 잊어서는 아니 될 것이니라.
10 그러니 종교 지도자가 바로 서며 바로 가르치며 인도하는 것이 얼마나 어렵고 힘든 길인가를 너희는 알아야 할 것이니라.
11 너희는 말로써는 세상 것을 다 이루며 말로써는 청산유수로 다 시행하고 지키느니라.
12 그러나 너희는 행함이 없으며 행동으로 옮기는 것이 없음이니, 그게 다 물거품의 믿음이니라.
13 너희가 진정 나에게 오르는 것은 어떠한 직급을 가지고 믿음의 길을 가는 것도 아니요,
14 어떤 명예를 가지고 가는 것도 아니요,
15 학위를 가지고 만백성을 깨우쳐 하늘로 인도하는 그와 같은 역사를 이루는 것이 아니라 내가 나의 아들을 통하여 전하였음이니, 그 뜻을 깊이 알라.
16 너희가 아무리 어리석고 못난 자라 하여도 가진 것이 없고 배운 것이 없다 해도, 그가 삶이 바르며 남에게서 저주받지 아니하며 부끄럽지 않은 삶을 살아가는 그와 같은 백성이 바로 복음을 전하는 것이며 가장 위대한 복음을 전하는 자이니라.
17 그러니 종교 지도자의 직함을 가진 전도사라 하며 행동이 바르지 못한 자들은 아무리 전하려 해도 그것은 전해지는 것이 아니요, 복음을 전파하는 것이 아니니라.
18 너희는 그와 같은 직급으로 좌우되지 말라.
19 아름답게 사는 것, 너희가 나의 뜻을 거역하지 아니하며 나 여호와를 기쁨으로써 같이하고자 하는 그와 같은 삶을 사는 자, 내가 너희와 항상 같이함이니,
20 너희 육신이 즐거우며 너희 삶이 행복하며 그 행복과 즐거움을 나 여호와와 같이 나누며 그 모두를 나에게 바치는

것이라는 그와 같은 아름다운 마음 자
세로 살아가는 백성이 나의 백성을 구
하는 것이며,
21 나의 복음을 전하는 것이며, 나의 뜻
을 전하는 지도자요, 나로부터 선택된
전사라는 것을 알라.
22 너희가 이 개념을 갖고 세상을 본다
면, 믿음의 길을 가는 것이 기초적인
것에서 가는 것이며, 어떠한 직급이
요, 어떠한 형태가 있고 없는 것, 그리
고 지식을 갖고 갖지 않은 그와 같은
형태로써 전도사가 되는 것이 아니며
전사가 되는 것이 아님을 알라.
23 그와 같은 것은 다 필요가 없느니라.
24 그 점을 너희가 알아야 할 것이니라.
25 나의 아들 예수도 과연 너희와 같이
직급을 받았으며 무엇을 받아서 그가
그리 역사를 했던가?
26 그는 나로부터 선택된 나의 아들이기
에 내가 바로 그에게 내렸으며, 그는
나에게 기도하여 듣고 그를 행하였음
이니,
27 이 위대한 변화를 너희는 어찌하여
덮어 두려 하는가?
28 지금의 나의 아들이 너희처럼 학위를
받고자 했으며 너희처럼 신학교라는
곳에 가서 공부하여 인간이 주는 그와
같은 임명장을 받은 사실이 있는가?
29 그는 그와 같은 것은 아무것도 없느니
라.
30 너희가 말하는 대로 부족하며 동적인
나의 아들이 내가 내리는 성령을 받아
160권의 책으로써 세상에 전하며 만
백성을 구하는 역사를 이루지 않는가?
31 그것이 바로 나로부터 선택된 자요,
내가 쓰고자 하는 자라는 것을 너희는
알아야 할 것이니,
32 예수가 그와 같은 역사를 격식이 없이
이루었던 것처럼, 나의 아들도 격식과
형식에 치우치지 아니하고 그저 내가
내리는 대로 전하며, 책을 만들어 만
백성을 구하며, 기도하라 할 때 기도
하며,
33 모든 동식물과 대화를 할 수 있는 능
력을 주었을 때 대화를 하며, 무생물
과 대화를 하며 꽃과 대화를 하며 그
와 같이 살아가는 그 위대한 역사를
이루는 것임을 모르겠는가?
34 이게 바로 선택된 자요, 나로부터 명
을 받은 선택된 자가 가는 길이며 만
백성의 지도자라는 것을 잊지 말라.
35 그러나 너희는 그와 같은 것을 모르느
니라.
36 그를 다 벗어나 너희는 형식에 치우
치며 자격증에 치우치며 인간이 주는
임명장으로 모든 역사를 하니, 그리하
여 너희가 신학교라는 학원을 찾게 되
며, 목사요, 종교 지도자를 육성하는
그 계통에 찾아가 거기서 몸바쳐 배우
고 배워 또 나와서 그와 같은 전철을
계속 반복하고 반복하는 것이 지금의
너희이니 그를 다 폐지해야 함을 알라.
37 너희가 하늘의 역사를 가르치며 하늘
의 뜻을 가르치며 나 여호와의 뜻을
가르치는 것은 나의 학교에서 공부하
는 자이니라.
38 너희의 그 학교라는 것은 너희가 만
든 것이며 너희가 장삿속으로 만들었
으며 사업하기 위하여 만든 것이지 내
가 만든 것이 아니니라.

39 나 여호와가 만든 학교는 보이지 아니
하며 형체가 없으며, 나 여호와는 형
체가 없어 너희가 볼 수 없으며 만질
수 없듯이,
40 내가 주관하는 그 모든 것은 너희가
다 볼 수 없으며 만질 수 없는 속에서
이루어지는 것이 유일신인 나 여호와
임을 너희는 알아야 할 것이니라.
41 육을 가진 자, 그리고 죽고 사는 자는
내가 신이 아니라 하지 아니하였는가?
42 그들은 보여 주며 볼 수 있도록 하며
대화로써 소통하는 것이 너희가 사는
것이니,
43 그러나 나 여호와의 학교요, 내가 가
르치며 나 여호와가 주관하는 것은 너
희가 볼 수 없으며 만질 수 없으며 형
체를 보지 못하는 속에 가르치며 깨달
으며 그와 같이 내가 나의 성령을 내
려보내되 나의 아들이 그를 받아 기록
하듯이 너희가 볼 수 없고 듣는 것으
로써 너희에게 임하나니,
44 그와 같이 형체가 없이 모든 깨우침을
인도하는 것이 창조주 나 여호와요,
유일신인 너희 아버지가 가르치는 길
이라는 것을 이제 깨우쳐야 할 것이
니 그리 알라.
45 모든 형체가 있는 것은 신이 아니듯
형체를 가진 것은 나의 가르침이 아
니니, 바로 너희는 내가 선택한 지도
자를 찾는 것이 너희가 구원의 길에
들어서는 것임을 잊지 말라.

5,841 번째 하나님 말씀

2003년 4월 4일 23시 09분

1 사랑하는 나의 아들아!
2 "네, 아버님! 말씀하옵소서."
3 너희가 곱게 살아가며 그리고 건강하
게 살며 병마에 시달리지 않고 사는
것은 너희 마음을 비우고 다스렸을 때
그렇다 하였음이니라.
4 너희는 스스로 욕심의 무게가 과연 너
희 몸속을 차지하고 있는가, 그를 헤
쳐 봐야 할 때가 되었음을 알라.
5 나의 아들을 따르는 제자들이요, 나의
법전을 읽고 공부하는 백성, 너희는
이제 너희 마음속에, 가슴속에, 체내
에 과연 욕심이라는 무게가 얼마나 너
희를 짓누르고 있으며 얼마나 많은 가
짓수가 너희를 누르고 있는지 너희 가
슴을 열고 헤쳐 보도록 그리해야 함을
알아야 할 것이니라.
6 너희가 아직도 욕심을 버리지 못하며
그 무게가 있다면, 수천수만 가지 욕
심의 생각을 하고 있다면, 너희는 병
마에 시달리게 되어 있으며 쓰러지게
되어 있음을 알라.
7 모든 것이 정상으로 돌아가지 못하기
때문이니,
8 이제 나에게 선택된 백성 너희는 과연
얼마만큼 너희 가슴이요, 마음속에 잘
못된 것이 있으며 욕심의 뿌리가 있으
며 그 무게가 얼마나 남아 있으며 너
희 자신을 얼마나 짓누르는지 찾아야
할 것이니라.
9 그리하여 그를 다 뽑아내야 하며 다
날려야 할 것이니라.

10 그렇다면 너희가 병마에 시달릴 일이
없으며 고민이 없으며 고통이 없으며
공허함이 없으며 허무함이 없음이니
라.
11 자연의 바람처럼 너희가 가벼운 자세
가 되었을 때, 거기에서 무엇이 걸려
병마에 시달리며 죽는 삶을 살겠는가?
12 너희가 그와 같은 자세로 섰을 때 이
지상이 어떠한 것인지 알게 될 것이며,
13 마음을 비우고 사는 자는 이 지상의
아름다움을 볼 것이며 모두와 대화를
할 수 있으며 그들이 속삭이는 말을
들을 수 있을 것이니라.
14 그것은 그들이 무게가 없으며 욕심이
없기에 그들이 하는 이야기는 하늘의
뜻이며 진리이니라.
15 그러니 진리에 가슴이 열려 있는 자는
모든 동식물이 하는 말이요, 모든 무
생물이 하는 말이요, 행동을 하는 그
모든 것을 듣고 볼 수 있음을 너희가
알아야 할 것이니, 그 경지에 올라야
할 것이니라.
16 그리 오른다면 마음의 무거움이 없음
을 알게 될 것이니라.
17 그때 너희가 하늘의 문을 보게 될 것
이니라.

5,842 번째 하나님 말씀

2003년 4월 4일 23시 16분

1 사랑하는 나의 아들아!
2 "네, 아버님! 말씀하옵소서."
3 너희가 주변을 씻고 닦을 때 육의 세
상에서 깨끗하고 아름다움을 볼 수 있
지 않던가?
4 먼지와 흙에 덮여 있는 것을 너희가
깨끗이 닦고 씻었을 때, 찬란하고 아
름다운 그 원형의 모습을 볼 수 있을
것이니라.
5 그러니 바로 너희가 그러하니라.
6 이제 나의 아들을 따르는 제자 너희는
과연 마음을 얼마나 씻어 내며 닦아
내는지 봐야 할 것이니라.
7 너희 마음이 과연 어떠하던가?
8 너희 마음을 닦아 내고 씻어 내고 뿌
리를 뽑아야 할 것이 과연 없는가?
9 이 모든 경지에 오른 자요, 나의 뜻대
로 살아간다는 너희가 남을 시기하고
남을 미워하며 그리고 남을 차별하는
그와 같은 생각은 과연 갖지 아니하고
있는가?
10 그리고 남의 흉을 보는 그와 같은 마
음은 너희는 갖지 아니하고 있는가?
11 남들이 너희를 구박하고 공격했을 때,
너희에게 욕하며 시비를 걸었을 때,
너희는 그들을 사랑하며 미워하지 아
니하는 그와 같은 마음을 지금 과연
가지고 있는가?
12 그렇다면 그 한계는 어디까지며 용서
하고 다스릴 수 있는 것은 어디까지인
가?
13 너희가 과연 오른뺨을 때렸을 때 왼뺨
을 내놓을 수 있는 그와 같은 마음의
자세는 과연 몇 퍼센트나 차지하고 있
으며 어디까지 도달해 있는가?
14 이제 너희 가슴속의 마음을 다 헤쳐
봐야 할 것이며 너희 얼굴이요, 몸체
를 모두 헤쳐 보는 그와 같은 진단이
필요함이니라.
15 너희가 만일 전사요, 나의 선택된 백

성의 지도자로서 나갈 때, 얼마나 많은 백성이 너희를 갈기갈기 헤쳐 놓고 보는지 알겠는가?

16 그 훈련을 지금부터 해야 함이니라.

17 정녕 너희는 완벽해야 함이니라.

18 너희가 살아가면서 사랑을 베풀며 나눔을 베풀며 산다고 말하나, 너희 마음속에 미워하고 예뻐하고 그리고 질투하며 시기하는 그와 같은 마음이 가슴속에 정녕 하나도 없다 말할 수 있는가?

19 아직도 너희가 그 뿌리요, 그 마음이 남아 있는가?

20 내가 네 자식과 남의 자식을 똑같이 보라 하였음이니, 남의 자식이 코 흘리는 모습이요, 남의 자식의 추한 모습을 보고 네 자식과 똑같이 볼 수 있는 마음의 한계는 과연 어디까지 가 있는가?

21 너희 자식을 100을 사랑한다면 남의 자식도 100을 사랑하는가?

22 너희가 남의 자식을 사랑하는 것이 10점이요, 20점이요, 30점인가, 너희 마음을 냉철히 평가하고 점수를 매겨 들여다봐야 함을 알라.

23 거기에서 모두 100이어야 하는 것이 너희가 가야 할 길이며 행할 길이니, 너희가 과연 마음을 얼마나 비웠는지 들여다보도록 그리하라.

24 말없이 피어 웃는 꽃의 마음만큼 너희가 비워져 있는가?

25 너희가 아무런 욕심이 없이 한겨울의 고통을 겪고 봄에 피어나는 그 아름다운 꽃들이 고통을 인내하고 견디는 것만큼 과연 이 세상의 욕심과 싸워서 버렸는가?

26 너희가 시기하고 질투하는 마음을 싸워서 버렸는가?

27 그리고 사람을 차별하는 너희가 그 욕심을 고통 속에서 버렸는지 한번 하나 하나 짚어 보라.

28 과연 너희는 얼마나 버렸는가?

29 너희는 버린 것이 하나도 없을 것이니라.

30 너희가 겉으로는 버렸으며 겉으로는 버린 것 같으나 결정적인 순간에 버린 것이 하나도 없다면 그것은 버린 것이 하나도 없음이니,

31 너희가 유사시에 너희 마음이 변하지 않을 수 있는가?

32 너희가 상사로부터 욕을 먹었다 하여, 상사로부터 꾸지람을 들었다 하여 과연 돌아서 하늘을 보며 욕하는 마음을 갖지 않는가, 원망하는 마음을 갖지 않는가, 얼굴을 붉히지 않는가?

33 너희 가슴에 고통이요, 분함은 갖지는 않는가?

34 그 모두를 너희 가슴속에서 너희가 얼마나 뽑어냈으며 뽑아냈으며 너희 자신에게는 그러한 마음이 없는가?

35 너희를 깨끗이 진단하고 다스려 보라.

36 다른 사람들이 너희를 평가하는 것보다도 더 무섭게 너희 자신을 평가하고 채점하고 점수를 매겨야 하는 것이 너희이니라.

37 머지않아 세상에 나가 만백성을 구하는, 나로부터 정녕 위대한 나 여호와의 뜻을 들으며 나의 음성을 들은 자에게서 배워 나온 너희가 과연 무엇이 차별화가 되었는가?

38 이것으로 그들은 평가할 것이며 유심
히 들여다볼 것이니라.
39 너희를 따르는 자들이 너희를 관찰할
것이며, 너희를 적이라 생각하는 자들
도 관찰할 것이며,
40 그 모든 행동이요, 일거수일투족을 관
찰하며 바라보는 자들밖에 없을 것이
니, 그 속에서 너희가 어찌 살아갈 수
있는가?
41 그들에게서 견디고자 하면 너희가 진
심으로 다 뽑아내는 것밖에 없음이니
라.
42 욕심이요, 시기하는 마음이요, 질투하
는 마음이요, 미워하는 마음이요, 그
모두를 너희 스스로 다 뽑아내고 하
얀 백지와 같이 되라.
43 내가 너희에게 하얀 종이에 올라섰을
때 너희 마음과 몸이 그 종이와 같이
되었을 때 너희는 나의 백성이라 내
가 말한 나의 법전에 기록한 내용의
뜻을 이제 깊이 음미할 때가 되었음을
알며, 그를 행할 때가 되었으며 너희
가 그 점수를 매기도록 그리하라.
44 너희가 하얀 종이 위에서 섰다 내려
왔을 때, 거기에 검은 점이 남으며 거
기에 흠집이 남으며 거기에 어떤 흔적
이 있어서는 아니 되느니라.
45 그저 종이처럼 그대로 하얗게 아무런
점도 남기지 않으며 흠집도 내지 않으
며 너희가 섰다가 간 흔적도 남기지
아니하는 그와 같은 마음이 되어야 할
것이며,
46 하얀 종이가 너희며 너희가 종이가
되는 그와 같은 마음이 아니면 너희
가 나의 전사로서 갈 수 없음이니,
47 나 여호와의 이 아픈 마음을 헤아려
그리 가 주기를 내가 간곡히 바라고
부탁하는 것임을 알라.

5,843 번째 하나님 말씀

2003년 4월 5일 07시 11분

1 사랑하는 나의 아들아!
2 "네, 아버님! 말씀하옵소서."
3 너희가 정녕 그 소중한 구원의 길이
요, 축복의 길이요, 영광을 얻는 것이
며 새로운 생명으로 태어날 수 있는
것은,
4 오늘의 삶을 얼마나 아름답게 살며
오늘보다 내일의 삶을 얼마나 아름답
게 사느냐에 너희가 바로 하늘에 오르
는 길이요, 그 모든 영광을 얻는 길이
라 내가 그리 말하였음이니라.
5 너희는 노아의 방주가 어떠한 것이며,
구약 시대가 어떠한 것이며, 신약 시
대가 어떠한 것이며,
6 아담과 이브가 선악과를 따먹은 것이
무엇이며, 나의 아들 예수가 역사했던
성경에 구구절절이 쓰여 있는 그 모
든 것을 가지고 시시비비를 하며 그
걸로 갑론을박하는 것이 아님을 알라.
7 지금 너희가 먹을 수 있는 사과라는
과일이 주먹만 하게 열렸다 하자.
8 그러면 현실적으로 그 과일은 주먹만
한 것으로 알며 그걸 너희가 먹게 되
며 가꾸게 되니, 오늘의 현실의 삶이
중요함이니라.
9 그러나 과거 모세의 시대요, 또는 노
아의 방주 시대요, 나의 아들 예수가
내려갔던 시대요, 아담과 이브의 시대

요, 그때는 사과가 호박만큼 큰 사과가 열렸다 하자.

10 그래서 그때의 호박만 한 그 사과를 생각하고 그 맛을 생각하며 그 기적을 생각하고 너희가 산다 해서, 오늘의 삶에 그것이 무슨 깨우침을 주며 무엇을 얻어 주며 현실에 사는 것에 무슨 도움이 되는가?

11 과거에 호박만 한 사과가 열렸다 하여 너희가 그 사과의 맛이요, 호박만 한 그 사과를 그리며 그것만 생각하고 있다면,

12 오늘 주먹만 하게 열리는 사과가 너희에게는 얼마나 소중한 것이며 너희에게 필요한 것인가를 너희가 모름이니라.

13 지금 주먹만 한 사과라도 너희가 먹을 수 있는 사과가 너희에게 양식이 되는 사과이니라.

14 그러니 너희가 오늘의 삶을 얼마나 아름답게 사느냐가 소중하고 귀한 것이지,

15 너희가 과거에 역사를 이룬 그것으로 갑론을박하며 그것으로 옳고 그름을 따져서는 아니 됨을 알아야 할 것이니라.

16 너희가 어떠한 존재이며 얼마나 위대한 존재이며,

17 너희가 얼마나 알고 있으며 능력이 있기에, 과거에 대한 그와 같은 것에 연연하며 과거를 너희 것으로 만들려 하며, 과거가 너희를 위하여 있는 것처럼 그리 착각하고 사는가?

18 너희는 백사장에 모래알만큼도 존재가치가 없는 낮은 자라 그리 생각하라.

19 너희 자신이 소중하고 귀하다 생각하라 하였지만, 너희 자신이 낮은 자라 생각하라.

20 세상에 백사장의 수많은 모래 중의 하나가 그 백사장을 다 지배하듯 그 백사장에 흘러온 역사에 대해 따지고 뒤진다면 과연 네가 무엇을 이루겠는가?

21 오늘의 너 자신을 돌아다보며 너 자신을 지키는 것이 소중함을 너희는 알아야 할 것이니라.

22 그러니 백사장의 모래알 하나만도 못한 미미한 존재인 너희가 지난날 과거의 역사를 뒤지며 그것을 알고자 하며,

23 거기에 연연하며 오늘의 네가 모래 한 알의 존재만도 못한 것을 잊어버리고 산다면 너희가 거기서 무엇을 얻으며 깨우침이 있겠는가?

24 너희는 가장 낮은 자며 아무런 능력이 없는 자이니라.

25 그러니 너희가 아무런 능력이 없는 것을 잘 알면서 지난 과거에 이루었던 역사의 기적을 너희 것으로 너를 위하여 있는 것처럼 착각하며 그 시대의 무엇을 이루겠다는 생각을 하지 말라.

26 오늘의 삶보다 내일의 삶이 더 아름다우며,

27 직장이요, 사업이요, 모든 사업장에서 남에게 부끄럽지 않고 최선의 아름다움이요, 최선을 다해서 사는 모습, 그리고 나 여호와가 같이한다는 생각을 하고 사는 것,

28 그리고 나로부터 모든 은혜요, 영광을 받았기에 나 여호와가 기뻐하지 아니하는 그와 같은 직장인이요, 직업인이

아니요, 너희가 종사하는 곳에서 최선
을 다하고 사는 그것이 구원을 받는
길이며 하늘에 오르는 길이니라.
29 오로지 너희가 오늘의 현실을 아름답
게 살며 사랑을 베풀며 나누며 사는
것이 너희가 갈 길이지,
30 과거에 연연하여 그 역사를 들추며 거
기에 대해 찬송을 부르며 영광이라 하
여 부르며,
31 그 기적에 현혹되어 그 기적이 이루어
지는 것이 믿음의 길이요, 믿음의 길
을 가는 자는 그와 같은 역사를 이루
는 것이며 나 여호와가 너희에게 그
와 같은 역사를 이룬다는, 그리고 과
거에 이루어졌던 그 역사에 연연하여
도취하는 그와 같은 믿음을 가지 말라.
32 과거는 과거일 뿐이며 흘러간 그 역사
는 역사이니라.
33 그 시대에 그것이 필요했으며 그 사람
들에게 필요한 것이기에 너희가 그를
참고로 한번 읽고 듣고 하는 것으로써
만족할 것이지,
34 그것에 연연하며 그것이 오늘에도 이
루어지는 것처럼, 그리고 역사 속에서
이루어졌기 때문에 너희가 과거의 역
사 속의 한 사람으로 착각하고 그리
살지 말라.
35 너희 자신이 가장 미미하며 능력이 없
으며 가장 낮은 자라 생각하라.
36 그리하여 백사장의 모래 하나가 세상
의 모래벌판을 다 알고 휘저으며, 과
거의 모래사장이 이루어진 역사까지
도 캐고 연구하며 그와 같이 생각해서
는 아무것도 깨달을 수가 없으며 진정
한 진리를 볼 수 없음이니라
37 가장 위대한 진리요, 하늘에 오르는
길은 오늘의 삶을 아름답게 사는 것이
니,
38 오늘보다 내일이 더 아름답게 사는 너
자신을 다스려 나가며,
39 가장 미미하고 존재 없는 너를 바로
설 수 있도록 그리하라.
40 너희는 그와 같은 생각을 하고 믿음
을 갈 때, 너희가 변하는 역사의 삶을
살 것이니라.
41 이제는 성서를 가지고 시시비비하지
말라.
42 신약에 있는 내용을 가지고 갑론을박
하며 그를 가지고 시시비비하지 말며,
그가 어찌 역사했다는 것을 가지고 시
시비비하지 말라.
43 그리고 거기에 쓰인 문구가 어떤 의
미인지를 가지고 시시비비하지 말라.
44 너희는 그 비유의 뜻을 알지 못하고
있음이니라.
45 구약의 시대가 어떠한 것이며 구약의
제사장이 발목에 방울을 달고 성막에
들어가 그가 죄를 지었을 때는 죽어서
나온다는 것을 가지고 시시비비하지
말며, 그를 가지고 이야기하지 말며,
무서운 나 여호와 하나님이라 그리 생
각하지 말라.
46 그와 같은 것을 가지고 너희가 지금
생각할 때가 아니니라.
47 오늘의 삶이 너희에게 소중함을 잊지
말라.
48 언약궤가 어떤 것이며 언약궤를 싣고
가는 마차가 넘어지며, 그것을 잘해서
어떻고 그것을 잘못해서 어떻고 그것
을 알려고 시시비비하지 말라.

49 너희는 그 진의를 모르며, 그 뜻을 안들 무엇하는가?
50 그것이 엎어진 이유요, 또 언약궤가 깨진 이유를 안다 해서 너희가 오늘의 믿음의 길을 가는 길이요, 나에게 오르는 삶에 깨달음이 되며 빛이 되며 그게 바로 어떤 것인지를 알게 되는가?
51 너희는 너무 그쪽에 연연하지 말며, 한 자도 틀리지 말고 한 획도 고치지 말라는 그와 같은 소리에 연연하지 말라.
52 너희는 그와 같은 것에 연연하며 거기에 매달려 너희가 나의 피조물 만백성을 다람쥐 쳇바퀴 돌듯이 그저 굴리고 굴리며, 재물이나 거둬들이다 죽을 때 지옥으로 가는 형국이 이루어지는 것이니,
53 너희는 이제 그와 같은 믿음을 가지지 말라.
54 너희는 오늘의 삶이 아름답게 변하는 것이 소임이며 책무이며 가장 중요한 일이라는 것을 잊지 말라.
55 백사장의 작은 모래가 오늘 네 자리에서 있는 것이 소중하며 그 공간을 메우는 것이 소중한 것이지,
56 백사장이 이루어진 그 역사를 가지고 갑론을박하지 말며 바다에 밀리는 백사장의 모래가 무엇을 이루고 역사할 것이라는 것을 가지고 너희는 그것을 알고자 시시비비하지 말라.
57 그저 자기 자리를 묵묵히 지키는 그 모래가 파도에 휩쓸려 가지 아니하며 제자리를 지킨다는 것을 잊지 말라.

5,844 번째 하나님 말씀

2003년 4월 6일 06시 48분

1 사랑하는 나의 아들아!
2 "네, 아버님! 말씀하옵소서."
3 얼마나 바르고 곧게 서서 너 자신이 가야 하는지 알겠는가?
4 아무리 네가 무슨 이유가 있다 해도 육에 흐트러짐이 있어서는 아니 되느니라.
5 인간 세속의 모든 백성은 육의 행동을 놓고 따지며, 육의 행동으로 모든 점수가 매겨지는 것이 인간 세상을 살아가는 것이니, 너희는 눈으로 보이는 것 외에는 알 수가 없기 때문이니라.
6 이 세상의 모든 사람이 서로 원수를 삼지 말며 적을 두지 않고 사는 것이 너희가 살아가는 길이라 하지 않던가?
7 그러나 이 세상에 가장 많은 적을 뒀으며, 이 세상에서 가장 많은 사람이 한 사람을 쓰러트리고자 한다면 과연 그는 얼마나 견디어 갈 수 있다고 생각하는가?
8 지금의 모든 종파가 저희가 가는 길이 하늘에 오르는 길이라 생각하며 옳다 생각하고 가는 자들이니라.
9 한 사람도 잘못되었다 생각하는 자가 없으며 틀렸다 생각하고 가는 자가 없으니,
10 그들이 가는 것이 잘못되었으니 바로 잡아야 한다는 나의 160권의 법전이 세상에 나갔을 때 너에게 가장 큰 적은 과연 어떤 사람들이겠는가?
11 그리고 너를 향하여 돌진하는 적들이 과연 얼마나 된다고 너는 생각하는가?

12 이 세상이 다 너의 적으로 덮여 있다는 것을 너는 알아야 할 것이니라.
13 모두 적으로 싸여 있는 속에서 혼자 서 있는 신세라는 것을 너는 어찌 그리 모르는가?
14 지금의 모든 종교 집단이요, 그 모두가 다 너를 적이라 생각하고 경멸할 것이며,
15 네가 나의 아들이요, 하늘의 뜻을 듣고 기록하는 자라 말함이니,
16 또한 믿지 않는 자까지도 너를 경원시하고자 하는 것이 인간의 마음이니라.
17 시기하고 질투하는 마음이 앞서 있음이니, 이 세상에 너보다 많은 적을 가진 자가 없으며, 적에게 갇혀 있는 것이 너라는 것을 어찌 모르고 행동과 말을 함부로 할 수 있단 말이던가?
18 모든 것에 입을 닫고 살라.
19 입을 봉하고 살도록 하라, 사랑하는 나의 아들아!
20 행동을 자제해야 할 것이니라.
21 세상에 너보다 많은 적을 가진 자 없으며, 앞뒤도 적이요, 좌우도 적이요, 오로지 네 주변에는 너를 해하고자 하는 적밖에 없는 그 속에 있는 네가 어찌하여 그걸 모르고 함부로 행동을 한다는 말이던가?
22 내가 너에게 일찍이 말하지 아니하였더냐?
23 토끼라는 약한 짐승이 사자들이 우글거리는 그 속에서 살아 나올 수 있는 것은 그저 틈새에 가만히 숨어 있는 것이니,
24 제가 소리 질러 '내가 여기 있다.'는 것을 표시하며 제가 움직였을 때 그는 어찌 된다 하였느냐?
25 그는 도저히 살 수 없다 하였느니라.
26 이 세상에서 네가 한 발짝을 떼는 것도 적들이 깔린 그 속에서 네가 떼고 있으며,
27 네가 걸어가는 것, 움직이는 것, 숨 쉬고 먹고 사는 것이 모두 이 세상에 적의 세력권에 있다는 것을 너는 잊어서는 아니 될 것이니라.
28 가장 무서운 적을 많이 가지고 있으며, 그리고 가장 무서운 적들이 네 주변에서 너를 호시탐탐 노리는 그 속에 있는 네가 어찌하여 그리 모르는가?
29 정녕 네가 나의 아들 예수처럼 돌팔매에 맞아 죽어 가는 그와 같은 형국이 되고자 하느냐?
30 이는 두 번 다시 있을 수 없음이니라.
31 모든 언행에서 얼마만큼 네가 자중하며 조심해서 살아가야 하는지를 알아야 할 것이니라.
32 적 속에 있는 자가 어찌하여 몸부림을 치려 하는가?
33 벗어날 수 없는 것이니라.
34 그들의 손바닥을 벗어날 수 없으며 그들이 쳐 놓은 그물을 벗어날 수 없는 것이 너이니라.
35 그물 속에 있는 자가 어찌하겠는가?
36 너는 조용히 기다릴 수밖에 없음이니라.
37 그리고 네가 있는지 없는지 존재하지 않듯이 가야 하며, 모든 입을 봉하고 행동을 조심하고 살아가야 하느니라, 사랑하는 나의 아들아!
38 그 길을 가야 하는 것이 너이니라.
39 네가 지금 서 있는 모든 주변은 다 적

이니라.
40 적들이 주위에 서 있다는 것을 잊지
말라.
41 너보다 무서운 적을 많이 가진 자 없
으며, 그 많은 적이 그냥 적이 아니요,
죽기 아니면 살기로 사생결단을 하고
자 하는 무서운 적이니라.
42 그와 같은 무서운 적 속에 네가 갇혀
있으면서 그 속에서 어찌 포효하려 하
는가?
43 조용히 있어야 함이니라.
44 그래서 적이 과연 네가 누구인지 모르
도록 그와 같이 살아가는 생활이 지금
필요함이니라.
45 지금 그 생활이 절대 너에게 필요한
것이니, 잊어서는 아니 되느니라, 사
랑하는 나의 아들아!
46 네 제자들도 그리 자중하며 가도록 그
리하라.
47 모두 그리 가지 아니하면 너희가 존
재할 수 없음이니라.
48 얼마나 많은 적이 얼마나 무서운 적
들이 지금 너희 주변을 도사리고 있
는지 아는가?
49 그들이 쳐 놓은 그물을 벗어날 수 없
음이니라.
50 그들이 그물을 조여 오기 시작한다면
거기서 벗어날 수 없으며 헤어날 수
없는 것이 너희의 힘이니라.
51 그리고 너희가 지금 처해 있는 위치이
니라.
52 그러니 너희 스스로 그를 지키도록 하
라.
53 나 여호와의 수고로움을 덜어 주는 것
은 그 길밖에 없음이니 그리 알라, 사
랑하는 나의 아들아!

5,845 번째 하나님 말씀

2003년 4월 6일 07시 01분

1 사랑하는 나의 아들아!
2 "네, 아버님! 말씀하옵소서."
3 구약 시대에 모세가 역사하는 그 모든
것을 다 같이 겪었던 백성이 과연 어
찌하였던가?
4 그들은 나름대로 우상을 만들어 그 모
두를 다 엎었으며, 그를 부정하는 그
와 같은 심성이 나의 백성이 가지는
대중의 심리이니라.
5 하나를 놓고 볼 때 너희는 순박하고
약한 것 같으나,
6 너희가 모여서 소리를 지를 때 그 힘
은 이루 말할 수 없으며, 그 모두를 건
잡을 수 없으며 통제할 수 없는 것이
인간의 마음가짐이니라.
7 옳고 그름을 구분하지 못하며 오로지
광분하는 것이 지금의 너희 백성이나
그때의 백성이나 무엇이 다르단 말이
던가?
8 너희는 예수의 시대를 또 한 번 돌이
켜 보라.
9 나의 아들 예수를 그들이 그리 죽게
할 때 그가 나의 아들이요, 만백성을
구하고자 역사하러 온 사람이라는 것
을 모르는 것이 아니니라.
10 그들은 다 알고 있었음이니라.
11 그러나 그들은 죽으면 죽었지 절대로
예수가 가르치는 그와 같은 저희의 기
득권을 포기할 수 없었으며,
12 지구가 깨지고 이 지구가 다 없어진다

해도 그들은 그 기득권을 포기할 수
없는 그와 같은 사악한 자의 마음이기
에, 그리하여 그와 같은 만행을 저지
른 것을 알아야 할 것이니라.
13 죽으면 같이 죽지 누구는 죽고 누구는
살 수 없다는 그와 같은 죽기 아니면
살기로 대드는 자요, 이 지구가 쪼개
진다 해도 그를 용서하지 아니하며 그
를 멸망케 하고자 하는 것이 그들의
마음이니,
14 그 후손들인 지금의 모든 백성은 과
연 어찌한다 생각하는가?
15 지금까지 살아온 모든 정해진 습관이
요, 관습에 따라서 아무리 나의 법전
160권이 주옥같은 이야기요, 내가 너
희를 심판하는 말이라 해도 그들은 그
것을 다 알고도 듣지 아니함이니라.
16 사람이 제가 어디가 아픈지 모르는 자
가 어디 있으며, 제 직분을 모르는 자
가 어디 있더냐?
17 거짓 하고 도적질하는 것, 그리고 남
을 속이는 그와 같은 모든 행동, 그리
고 질서를 파괴하는 행위를 해서는 안
된다는 것을 모르는 백성이 어디 있느
냐?
18 그들은 다 알고 있음이니라.
19 짐승도 그 정도는 다 아느니라.
20 그리하여 짐승도 배가 부르면 함부로
사냥을 하지 않는 것이 무엇인 줄 아
는가?
21 그 짐승도 그를 알기 때문이니라.
22 자연의 순리의 뜻을 알기 때문이니라.
23 함부로 남용하고 함부로 해서는 안 된
다는 것을 그들은 알고 있음이니라.
24 하물며 인간이 제가 하는 일이 잘못
된 것이며 죄를 짓는 행위라는 것을
모르겠느냐?
25 짐승도 모든 것을 다 알고 있거늘, 인
간이 지금 모르면서 억지를 쓰며 그와
같이 너희에게 말도 안 되는 소리로써
언성을 높이고 살아가는 자들이 있다
생각하는가?
26 아무리 악을 쓰고 아무리 뭐라 해도
그들은 다 알고 있느니라.
27 제가 잘못하며 남이 보아 부끄러운 짓
을 해서는 안 되는 것을 아느니라.
28 그래도 그들은 양보하지 아니하며 그
를 부끄럽게 생각하지 않는 것이 인간
너희이니라.
29 지금까지 수천 년 동안 흘러온 그 집
단이 방대한 조직이요, 힘이 하늘을
덮을 것처럼 그리 말하며 저희가 작은
신이 된 것처럼 착각하는 그들에게,
30 나의 법전이 아무리 주옥같은 말이요,
심판의 뜻이요, 그리고 아무리 옳은
말이라 하여도, 그들은 그를 수용하지
아니하며 들으려 하지 아니할 것이니
라.
31 그들이 지금 죽으면 다 같이 죽고 없
어지면 다 같이 없어진다 해도, 나의
법전이 세상에 내려와 심판하며 이를
거부하여 지구가 깨져 모든 동식물이
하나도 존재하지 못한다 해도 그들은
그 길을 선택하면 선택했지,
32 너에게 순종하고 순응하며 이게 정녕
새로운 시대에 새로운 성경이요, 창조
주 아버지께서 만백성을 구하기 위한
참진리라 말하는 자는 없을 것이며 그
리 따를 자가 없으며 그리 행할 자가
아니니라.

33 그들이 그와 같이 한다면 내가 무엇 때문에 뿌리를 다 뽑아 버리며 그들을 버린다 하겠는가?

34 그들이 변할 수 있고 돌아설 수 있다면 그중에서 내가 모두를 선택해서 그와 같이 내가 역사할 수 있을 것이니라.

35 그러나 절대 그들은 돌이킬 수 없으며 돌아오지 아니함이니라.

36 저희가 죽으면 같이 죽으며, 물속에 들어가면 같이 끌어안고 물속에 들어가 같이 죽지, 저 혼자는 죽을 수 없다는 그와 같이 사악한 마음이요, 독한 마음이요, 무서운 마음을 가진 자요, 죽기 아니면 살기로 대드는 자니,

37 지구가 깨진다 해도 그들은 관계가 없음이니라.

38 내일 지옥을 간다 해도 그들은 그것을 의식지 아니하는 것이니라.

39 오늘의 저희가 물질적인 힘이요, 방대한 조직의 역사 위에 군림하는 것이 그들은 지옥보다도 더 위대한 것이며, 나 여호와를 거역하는 것이요, 나를 능멸하는 것이라 해도,

40 그들은 그리하지 아니하며 그래도 그 길을 그대로 갈 것이니라.

41 그러니 이 시대에 존재하는 너희가 어찌 살아가야 하는가를 내가 일찍이 깨우쳐 주지 아니하였더냐?

42 사자들이 포효하는 속에 갇혀 있는 짐승이 어찌해야 한다는 것을 내가 말하여 주었음이니, 그게 지금 너희에게 당면한 과제이며 그런 줄 알겠는가?

43 절대 그들은 타협하지 아니하며 나의 법전을 이게 창조주의 말씀이요, 옳으니 이대로 가라고 그리 말하지 않느니라.

44 그들은 나의 법전을 읽고 또 읽으며 깨우치고 깨달음이 있음이니라.

45 그리하여 저희가 두려움을 아느니라.

46 그래도 그들은 인정하지 않으려 함이니라.

47 절대 인정하지 않느니라.

48 모세의 시대에 우상을 만들어 광란의 짓을 한 백성이 그를 모르는 줄 아는가?

49 몇몇 사람이 인간을 지도하며 인간을 끌고 가며 그 속에서 신과 같이 제왕적인 대우를 받고자 하여 그들이 만들어 낸 각본이며 다 아는 자들이 짜낸 연극이니라.

50 그것을 너희는 알아야 할 것이니라.

51 그 나머지 백성은 아무것도 모르고 몇 사람들이 써낸 각본에 따라 배우처럼 연출하는 행동이 그리 과격했으며 그리 무섭게 치달은 것이니라.

52 지금의 모든 종교 집단의 우두머리들이 절대로 저희 기득권을 포기하지 아니하며,

53 저희의 말 한마디가 나 여호와의 뜻보다도 무서우며 먹혀들어 가는 세상이요, 그저 저희가 말할 때, '아멘, 할렐루야!' 오로지 그것밖에는 아무것도 없으며,

54 손뼉 치며 '맞습니다, 믿습니다!'밖에 소리치지 않는 백성을 그들이 놓을 것 같으며 바른길로 인도할 것이라 생각하는가?

55 그보다 더 좋은 자리가 없어서 저희가 신이라 착각하는 자이기 때문에

절대로 하나가 될 수 없음이니,

56 그 속에서 서 있는 것이 너요, 너를 따르는 제자들이요, 나의 법전이 지금 거기에 있음이니라.

57 나의 법전이 세상에 내려가는 것이 살얼음판을 걸어가는 사람보다도 더 위험한 상태로 법전이 세상에 나감이니, 너희가 그 무서움과 두려움을 알아야 할 것이며,

58 그 어마어마한 환란이 닥칠 때 너희는 그를 대비하는 마음으로 살아야 할 것이니라.

59 상상을 초월하는 무서운 일이 닥칠 것이니라.

60 사람이 알면서 거짓 하며 알면서 속이며 알면서 남을 우롱하는 것처럼 무서운 것이 없느니라.

61 차라리 모르는 자는 깨우쳐 주면 되며 모르는 자는 그를 깨달았을 때 수긍함이니라.

62 그러나 알면서 억지를 쓰는 자는 말을 할 수 없으며 대화를 할 수가 없는 것이니라.

63 모두 다 적으로 돌리며 모든 것을 반대를 위한 반대를 하는 사람에게 무엇으로써 너희가 감당할 수가 있겠는가?

64 그 숫자가 적었을 때 그나마 정화될 수 있으나, 그 숫자가 압도적으로 많을 때 그것이 진리요, 그게 참뜻이요, 그게 정의로운 것이 되니,

65 그게 너희가 살아가는 세상의 형국이 아니더냐?

66 너는 얼마 전에 보지 아니하였던가?

67 불쌍한 여인이 아무리 정의로움을 소리 질러도 아무도 들어주는 자 없듯이, 그것은 무엇이더냐?

68 사탄이요, 사악한 자의 무리가 많기 때문이니, 그 무리의 목소리를 정의로운 목소리가 덮을 수 없으며 이길 수 없기에 정의롭고 아름다운 소리는 사탄의 소리가 되며,

69 사탄이요, 사악한 자들은 정의로운 것이며 승자가 되는 그와 같은 형국으로 지금 되어 있는 것이 이 세상 너희가 살아가는 구조이니라.

70 그리하여 다 썩었다 함이니라.

71 그리하여 이를 다 쓸어버리기 위한 나의 음성이 한마디라도 할 수가 없느니라.

72 내가 직접 법전이라 하여 책으로 내려 보내며 근거를 내보내 너희가 보고 읽고 쓸 수 있도록 그리 내보내도 그를 믿지 아니하며 따르려 하지 아니함이니,

73 내가 몇 마디의 강론으로써 아무리 세상을 다 지배한다 해도 그는 잊히는 것이며, 그들의 사악한 마음을 돌릴 수가 없으며 그 마음을 잡을 수가 없으니,

74 오로지 나의 법전이 조용히 물 흐르듯이 세상을 덮는 길밖에 없으니,

75 아직은 너희가 포효할 때가 아니며 소리 지를 때가 아니며 너희가 어디에 있다고 나타낼 때가 아님이니, 조용히 있으라.

76 그것이 너희가 역사하는 길이며, 서서히 물 흐르듯이 흘러가도록 나 여호와가 물꼬를 틀 것이니라.

77 내가 그 물이 흘러갈 수 있도록 길을 열고 있음이니, 너희는 조용히 있어야

할 것이니 그리 알라.
78 너의 행동과 네 말 한마디가 얼마나 무섭고 소중한 결과를 낳는가를 네가 알 때, 너는 입을 다물며 입을 봉하며 조용히 그저 법전만 기록하라.
79 네가 법전을 기록하는 것을 게을리하며 나의 성령을 받아 만드는 것을 태만히 할 때, 그보다 더 무서운 죄는 없으며, 그보다 더 무서운 결과를 가져오는 것은 없음이니라.
80 그저 너는 묵묵히 모든 것에 기도와 경배로써 하루의 생활을 지금보다 더 강한 마음으로 가도록 하라.
81 그리하여 빠른 시간 안에 160권의 법전을 정립하여 세상에 내보냈을 때, 그때가 너희가 승자의 길임을 알라, 사랑하는 나의 아들아!

5,846 번째 하나님 말씀

2003년 4월 6일 07시 15분

1 사랑하는 나의 아들아!
2 "네, 아버님! 말씀하옵소서."
3 내가 너에게 뭐라 말하였느냐?
4 육으로 행하여 짓는 죄보다도 어떤 죄가 무섭다 그리했더냐?
5 마음이요, 생각으로 짓는 죄가 더 무서운 것이라 내가 너에게 일찍이 그리 깨우쳐 주지 아니하였던가?
6 이는 곧 무엇이더냐?
7 생각과 마음의 지배를 받는 것이 육이라 하였음이니라.
8 그리하여 육으로써 이루어지는 모든 것은 육의 세상에서 너희가 눈으로 보며 만져 볼 수 있는 이 세상에서 이루어지는 것이니라.
9 그러나 마음이요, 정신의 세계는 하늘의 세상이요, 너희가 한 단계 너머에 있는 세상에서 이루어지는 영의 세계에서 역사하는 것이기에 그리 범하는 죄가 더 무섭다 내가 그리 말하였음이니라.
10 그러니 이를 읽고 깨우친 자 너희의 깨달음이 과연 그것밖에는 아니 되던가?
11 너희가 육으로 하는 것은 육의 세상에서 모두 이루어지는 것이니,
12 너희의 마음이요, 생각의 자세가 하나가 되는 것이 더 위대하고 소중함을 너희가 알아야 할 것이니라.
13 세상사 보이는 육의 행동으로써 모두가 하나가 되고자 한다면, 이는 너희가 이 세상에서 지탱할 수 없으며 그 역사를 할 수가 없음이니라.
14 너희는 육이 하나로써 이루어지는 것보다 정신이요, 마음이 하나가 되는 것이 더 소중하며,
15 그것을 더 소중하게 지킬 수 있는 마음 자세가 되었을 때 너희가 나의 백성이요, 나의 뜻을 아는 백성이며 너희가 구원의 길을 위하여 갈 수 있음이니라.
16 너희가 부모를 사랑하는 것은 육으로써 보이는 사랑이기에, 그 사랑을 실천함으로써 너희 정신세계에 나 여호와를 사랑하는 마음의 싹을 틔울 수 있다고 그리 너희에게 깨우쳐 주었듯이,
17 너희는 육으로써 모든 것을 역사하려 생각해서는 아니 되니라.

18 육으로 행하는 것보다도 마음이요, 생
각으로 하는 그 하나 됨이 더 소중함
이니라.
19 너희가 육으로써 부모를 사랑하되 보
이지 않는 나 여호와를 사랑하는 마음
이 그 육의 사랑에서 배우며 거기에서
깨닫는다 내가 그리 말하였음이니,
20 그 육의 사랑보다 영혼의 사랑이요,
생각의 사랑이 가장 위대한 것이니라.
21 너희는 이제 생각의 사랑이요, 마음의
사랑이요, 가슴의 사랑으로 모두가 하
나가 되어야 하며 하나로 역사해야
한다는 것을 어찌하여 그를 깨닫지 못
하는가?
22 너희는 정신의 세계요, 마음의 세계
요, 사랑하는 마음의 세계요, 그 모든
세계가 하나가 되는 것이 가장 위대한
것이니, 거기서 너희가 그리 하나가
될 수 있는 것이 무엇이던가?
23 물속에서 녹는 소금이 녹지 않는 그
굳은 결의보다도 더 단단한 마음으로
너희가 하나가 되어야 함을 알아야
할 것이니라.
24 육으로써는 너희가 보이는 것이니 아
팠을 때 육은 아픔을 느끼며, 육은 섭
섭했을 때 섭섭함을 느끼며, 육은 타
격을 받았을 때 타격을 받으며, 육의
상처는 상처로써 아픔을 느끼나,
25 영혼의 상처요, 마음의 상처요, 믿음
의 상처는 그 모든 것을 다 치유하고
넘을 수 있는 것이 너희가 마음으로
하나가 되며 마음으로 하나를 이루는
그 역사이니라.
26 내가 너의 제자들에게 일깨워 주기를
마음이 하나요, 사랑이 하나요, 정신
이 하나인 것을 내가 원하는 것이요,
27 항상 너희가 아픔을 느끼며 피 흘림
을 보며 가슴 아픔을 느끼며, 그리고
상처를 볼 수 있는 육의 마음으로써
하나가 된다면,
28 때로는 멀어질 수 있으며 때로는 적이
될 수 있으며 때로는 헤어질 수 있는
그와 같은 형국이 되니,
29 그리하여 너희가 세상에서 육으로 사
랑하고 육으로써 하나가 되었기에 무
너지고 적이 되고 오늘의 친구가 내일
의 적이요, 오늘의 적이 내일은 친구
가 되는 이해관계에 따라서 움직이고
동요하는 것이 너희가 가는 길이니라.
30 그를 초월하라는 것이 나 여호와의 뜻
이며 초월하는 것이 하나가 되라는 것
이니라.
31 그 모두를 초월하지 않으면 나의 아들
이 견딜 수 없으며 나의 아들이 지탱
할 수 없음이니라.
32 그 모두를 너희가 어찌 감당하며 이
끌어 갈 수 있다 생각하는가?
33 너희는 마음이니라.
34 그리고 영혼의 사랑이니라.
35 영혼의 하나가 됨은 육의 세상의 사랑
보다도, 육이 하나가 되는 것보다도
더 소중한 것을 너희는 알아야 할 것
이니라.
36 육으로써 너희가 어떤 친분 관계를
맺고자 그리 이끌어 가는 것은 아직도
너희 깨달음이 부족함이요, 역사함이
부족하기 때문에 그와 같은 일이 이루
어짐이니라.
37 너희가 진정한 사랑이요, 진정한 소중
함이요, 진정으로 나의 아들을 따르는

것은 모두 정신과 마음으로 그를 사랑하고 그와 더불어 같이 가는 마음 자세로써 살아가야 함을 알라.
38 내가 너의 제자들에게 하나가 되라고 말하는 것은 육으로써 하나가 되라 함이 아니니라.
39 형태가 다르며 생각이 다르며 피부에 닿는 감정이 다르니 그와 같은 것으로써는 하나가 될 수 없음이니라.
40 보이지 않는 마음의 사랑이요, 보이지 않는 정신의 사랑이요, 보이지 않는 생각의 세계요, 보이지 않는 영혼의 세계요,
41 그 영혼들이 하나가 되는 것이 너희가 모든 환란과 어려움과 고통 속에서 이기고 견디는 길이니,
42 내가 너희에게 명하는 것은, 마음이 하나이니라.
43 그리고 너희의 영혼이 하나라는 것을 잊지 말라, 사랑하는 나의 아들딸들아!
44 그보다 더 소중하고 위대한 것이 없음이니라.
45 육으로써 하나를 이루려 하지 말라.
46 그는 가지와 같이 모래알처럼 떨어지며 또 부서짐이니라.
47 바람이 불면 날려 가는 모래알처럼, 너희가 육으로써 하나가 되는 것은 항상 무너지며 떨어져 나가며 또 벌어졌다가 또다시 가까이 올 수 있는 것이 육으로써 이루어지는 것이나,
48 정신의 사랑이요, 마음의 사랑이요, 영혼의 사랑으로 하나가 되었을 때 그를 절대로 비바람이 날려 보낼 수가 없으며, 어떠한 풍화 작용도 그를 무너뜨릴 수 없는 것이니라.
49 육의 사랑은 보이는 것이니라.
50 잎이 떨어져 날려 간다면 그 낙엽이 제자리로 올 수 없듯이, 그저 흩어졌다 모여졌다 하는 것이 육으로써 연결된 인간관계이니라.
51 육으로써는 서로 이해관계가 있으며 서로 손익 계산이 있으며 타산이 있으며 계산이 따르기 때문에 아니 됨을 너희는 알라.
52 영혼의 사랑은 계산이 없으며, 영혼의 사랑은 주고받는 것이 없으며, 영혼의 사랑은 춥고 더운 것이 없으며, 영혼의 사랑은 피가 흐르는 것이 없으며, 상처 내는 것이 없으며, 영혼의 사랑은 맞는다 해서 아픔이 없으며, 가격을 당한다 해도 아플 수가 없으며, 무기를 가지고 찌른다 하여도 그 아픔이 없으니,
53 그 위대한 사랑으로써 하나가 되는 것이 나의 사랑하는 아들딸이요, 나의 아들을 따르는 제자들이요,
54 나의 법전을 읽고 깨우친 백성, 너희가 역사하는 길이 그것임을 이제 가슴에 심고 깨우치도록 그리하라, 사랑하는 나의 아들딸들아!
55 내가 그리하여 뭐라 말하였느냐?
56 너희가 나의 아들에게 무엇을 갖다 준다, 천만금을 갖다 준다, 어떤 귀한 것을 갖다 주는 그와 같은 행위를 하지 말라 하였음이니라.
57 그게 믿음이 아니요, 그게 나의 아들을 사랑하는 길이 아니라 내가 함을 이제야 알겠는가?
58 마음의 사랑이요, 영혼의 사랑이요, 믿음의 사랑이니라.

59 그 사랑으로 모두 감싸며 살아가도록
하라.
60 그리하여 그것이 하나가 되었을 때 그
를 무너트리지 못함이니라.
61 사탄도 무너트릴 수 없으며, 영의 세
계로 뭉쳐진 그 단단한 결속을 육의
세상에 있는 사람들의 생각이요, 육의
계산으로써 그를 무너트릴 수 있으며
그를 망가트릴 수 있다고 생각하는가?
62 너희의 육보다 영혼이 생각하는 것이
항상 위에 있으며, 다음 세상에서 움
직이는 것이라 했으니,
63 보이는 육의 세상이 영으로써 굳게 굳
어진 너희를 무너트릴 수 없음이니,
64 그게 죽음을 불사할 수 있는 사랑이
요, 그 믿음이요, 실천함이니 그리 알
라, 사랑하는 나의 아들딸들아!
65 너희의 육으로써는 모두가 이루어지
는 것이 없으며 결과가 없음이니라.
66 그는 항상 보이며 피부로 느끼기 때문
에 그저 흩어졌다가 모이는 백사장의
파도에 쓸려 가는 모래알처럼 흩어지
는 것이 육의 마음이요,
67 영혼이요, 정신으로 굳어졌을 때는 절
대 무너지지 아니함이니,
68 너희는 영혼의 사랑을 하라는 것이며,
영혼이 하나가 되라는 것을 이제 알
아야 할 것이니 그리 알라, 사랑하는
나의 아들딸들아!
69 그것이 너희가 나에게 보답하는 길이
며 내 일을 역사하는 것이며, 나의 전
사요, 나의 아들딸로서 바로 서 하늘
의 내 앞에 오는 길이니,
70 이제 그를 명심하여 행하도록 그리하
라, 사랑하는 나의 아들딸들아!

5,847 번째 하나님 말씀

2003년 4월 6일 07시 23분

1 사랑하는 나의 아들아!
2 "네, 아버님! 말씀하옵소서."
3 지금 모든 인간 세속에 살아가는 사람
들이 어찌 살아가느냐?
4 육으로 보이는 그 속에서 그 틀을 벗
어나지 못하지 않더냐?
5 육으로 계산을 하며 육의 모든 계산
법에 따라 살아가는 것이 너희의 삶이
니라.
6 그러나 너희는 그 육의 삶을 벗어나
영혼의 삶이요, 믿음의 삶으로써 그리
가야 함을 잊지 말라.
7 그리하여 너희가 물에 씻어도 씻어지
지 않는 믿음의 사랑이요, 불로 태워
도 태울 수 없는 영혼의 아름다운 사
랑으로써 너희가 하나가 되어야 함이
니라.
8 너의 제자들이 모두가 그리되어야 함
이니라.
9 그러나 여기서 너희는 깊게 깨우쳐야
할 것이니라.
10 믿음의 사랑이요, 영혼의 사랑으로써
하나가 되라 그리 말하였다 해서,
11 너희가 육이 살아가는 것을 무시하며,
육이 살아가는 것은 죄가 되는 짓, 그
리고 사악한 짓을 해도 된다고 그리
생각하는 모든 종교 집단은 죄의 온상
이요, 그들이 지금 지옥 불로 가고 있
다는 것을 너희는 알아야 할 것이니
라.
12 너희는 내가 영혼으로써 사랑하며 생
각으로써 사랑하며 그리하여 영혼이

하나가 되는 사랑을 하라 하여, 믿음
의 사랑을 하라 하여,
13 육이 하는 것은 아무렇게나 가도 그것
은 관계없다 그와 같이 깨달아서는
아니 되니라.
14 너희가 영혼의 사랑으로 하나로 가되,
육의 생활에서 한 점의 부끄러움이 없
는 그와 같은 삶이요, 그와 같은 행동
을 하라는 것이니라.
15 그리하여 그와 같은 모든 것을 다 초
월하는 것이 육의 사랑이요, 영혼의
사랑이니라.
16 그렇다 해서 육의 삶을 사악한 짓, 나
쁜 짓을 해도 죄가 사해지며 너희는
영혼의 사랑만 하면 되니까 육의 사랑
은 어떠한 짓을 해도 된다는 것이 아
니니라.
17 영혼의 사랑이라는 것은 육의 잘못된
것을 다스리며 그를 넘으라는 것이며,
18 너희가 그를 딛고 이기는 그와 같은
넓은 마음이요, 진정한 사랑으로 살아
가라는 것이 너희에게 내가 내리는 사
랑임을 알아야 할 것이니라.
19 너희가 도적질하고 싶은 마음이 무엇
이더냐?
20 물건을 욕심내며 그것을 더 갖고자 하
는 욕심에서 그렇지 않던가?
21 그러나 너희가 지금 영혼의 사랑만
하고 믿음만 가면 육이 도적질하는 것
은 죄가 아니 되니 관계없다고 잘못
가르치는 형국이 되었음이니라.
22 바로 너희가 육의 사랑을 벗어나 영
혼의 사랑을 하라는 것은 무엇이더냐?
23 영혼이 소중함이니, 육을 위해서 도적
질하는 마음을 억제하며, 간음하고자
하는 마음을 억제하며, 남을 시기하는
마음도 억제하며,
24 영을 사랑하는 마음이 있기에, 그 위
대한 사랑으로 뭉쳐졌기 때문에 잘못
된 것을 해서는 아니 된다는 깨달음이
있으며, 그와 같은 가르침이 거기 있
거늘,
25 그것을 모르고 지금 헤매고 있기에 이
세상 나의 피조물 만백성, 사랑하는
나의 아들딸들이 모두 지옥으로 흘러
가는 형국이니라.
26 이를 바라다보는 나 여호와의 마음이
얼마나 아프고 찢어지는가를 너는 알
겠느냐?
27 내가 가르치는 것은, 육의 사랑이 아
니요, 영혼의 사랑을 하라 함은,
28 너희가 육에서 욕심을 내며 시기하고
질투하며 남을 음해하는 그와 같은
마음을 육의 사랑 다음의 위대한 사랑
을 가야 하기 때문에 그런 것을 해서
는 안 되니,
29 육의 욕심을 버리는 마음을 갖고 살라
하는 것이 내가 너희에게 믿음의 사
랑이요, 영혼의 사랑을 위해 살라 하
는 것이지,
30 너희가 육의 잘못된 짓을 그저 그것은
영혼의 사랑이요, 영혼의 믿음만 되면
다 되기 때문에 육의 행동은 별것이
아니니 그저 대충 살다가 너희가 죄
를 짓고 용서를 빌면 된다는 그와 같
은 엄청난 가르침으로 수천 년 동안
흘러왔음이니, 이를 어찌하여야 하겠
는가?
31 사랑하는 나의 아들아, 나 여호와의
뜻이 여기에 있음이니라.

32 이를 법전에 기록하여 만백성에게 전
한들 그들이 과연 읽으며 그 뜻을 알
겠는가?
33 너의 제자들에게 이를 확실히 심어 주
도록 그리하라.
34 너희가 믿음의 사랑이요, 영혼의 사랑
으로 영혼이 하나가 됨이 육보다 위대
하다는 것은,
35 너희가 육에서 잘못 가고자 하는 마음
을 다스릴 수 있는 용기와 희망을 주
는 것이며,
36 영혼의 위대한 사랑이 있기에 육이 사
악한 짓, 나쁜 짓을 하지 말라는 것이
지,
37 육의 사랑을 베풀지 말라는 것이 아
님이니라.
38 다만, 육의 사랑이요, 육의 생각은 내
가 말하지 아니하였느냐?
39 너희가 상처를 입었을 때 떠날 수 있
으며 상처를 만들었을 때 적이 될 수
있기 때문에,
40 그와 같이 육의 사랑은 항상 무너질
수 있기 때문에, 하나의 큰 역사를 이
루는 것은 그 육의 사랑보다는 믿음의
사랑이요, 영혼의 사랑이 한 수 위며
위대한 것이며 소중한 것이라 하였지,
41 내가 육의 사랑을 하지 말며 함부로
육의 사랑을 헌신짝처럼 저버리는 그
와 같은 삶을 사는 것이 나에게 오르
는 길이요, 나에게 선택된 백성이라는
것이 아님이니라.
42 다만, 육의 세상은 너희가 흔들릴 수
있기에 너희가 굳건히 굳어질 수 없
으며 이해관계 때문에 하나가 될 수
없으나,
43 영혼의 세상의 영혼의 사랑은 너희가
씻어도 씻어질 수가 없으며 태워도 태
울 수 없으며 보이지 않는 그 세상의
사랑이기에,
44 그 사랑으로 굳건히 뭉쳐졌을 때는 거
기에는 서로 이해타산이 없으며 서로
손의 계산이 없기에 그저 순수하게 하
나가 될 수 있는 굳은 사랑을 이룰 수
있다는 것이니, 그 정신적 사랑이 위
대하다는 것이니라.
45 그와 같은 나의 가르침을 너희가 잘
못 가르침으로 인하여 그 믿음이 나
여호와요, 나의 아들을 찾으면 구원을
받으며 육의 행동은 아무리 선한 짓을
해도 내가 기억하지 아니하며 사랑하
지 아니한다고 그리 말함이나,
46 다만 육의 사랑은 변질될 수 있고 변
할 수 있으며 굳건히 갈 수 없다는 것
이니라.
47 영혼으로써 맺어진 사랑은 육의 사랑
보다 위대하다는 것이니라.
48 그러니 너희는 다 병행해서 살아가야
할 것이며,
49 영혼의 사랑이 위대하다는 것은,
50 육의 세상에서 실수하지 말며 사악한
짓을 하지 아니하며 남에게 죄가 되는
짓을 하지 아니하고 살아가라 너희에
게 가르치는 뜻이 거기 있음을 이제
너의 제자들과 만백성에게 전하도록
하라, 사랑하는 나의 아들딸들아!

5,848 번째 하나님 말씀

2003년 4월 6일 11시 57분

1 구약 시대에 그 역사를 지난 백성이

요, 그리고 신약 시대에 나의 아들 예
수가 만백성을 구하고자 했던 그 시대
에 나의 아들 예수가 가르치는 것이
정녕 진리요, 나 여호와에게서 명받아
세상에 나간 나의 아들이라는 것을
그들이 다 알고 있었으며 그와 같은
것을 알고 있었음이니라.
2 그러면서도 그들이 나의 아들을 그와
같이 고통스럽게 죽게 함은 바로 무엇
이었던가?
3 너희는 반대를 위한 반대를 하는 그와
같은 습성이요, 인간의 마음을 가지고
있기 때문이니, 그 마음의 자리를 알
아야 할 것이니라.
4 지금 나의 아들을 통하여 법전을 세상
에 내려보내니,
5 160권이라는 대장서의 법전은 인간으
로서 이를 쓸 수도 없으며, 그 내용을
너희가 들여다볼 때 이는 인간으로서
할 수 없다는 것을 잘 알고 있으며,
6 그리하여 나 여호와가 내린 것을 알고
있음이니라.
7 나 여호와가 내린 것임을 알면 알수록
더 그를 핍박하며 그가 세상에 견디지
못하게 하는 것이 지금의 믿음의 길을
가는 백성 너희의 마음 자세라는 것
을 알아야 할 것이니라.
8 곧 너희가 무엇인 줄 아는가?
9 반대를 위한 반대의 심성이 너희에게
작용하고 있기 때문이니라.
10 그 이유도 모르며 그 뜻도 모르며 그
진의도 모르면서 그저 무조건 반대의
소리를 지르면 승자가 되며,
11 그리고 승자가 되면 진리가 묻히든 진
리가 타서 없어지든 그것은 관계가 없
는 것이니라.
12 너희 목소리가 그저 존재하며, 목소리
로 이기면 그게 진리라 생각하는 것이
지금 모든 종교 집단에 있는 백성이
요, 신도라는 백성 너희이니라.
13 어떠한 것이 참진리며 나 여호와가 원
하는 것인지 분석하고 깨우쳐 너희 것
으로 만들어 놓는 것이 아니라,
14 그저 물리적인 힘으로 소리 지르고 악
써서 이기면 되는 것이라 생각하기 때
문에,
15 물리적으로 모든 것을 짓누르려는 그
와 같은 너희 심성이며, 그것보다 위
대한 것이 없다고 생각하는 것이 너희
니라.
16 그리하여 너희에게는 아무리 소중한
것을 준다 해도 너희는 알아들을 수
없으며 볼 수 없는 것이 지금의 너희
형국이니라.
17 너희가 말하느니라.
18 '돼지라는 짐승에게 진주를 준들 그가
아느냐?' 말하듯이,
19 지금 너희에게 나의 성령을 내려보내
며 나의 법전을 세상에 내려보내 너희
를 구원하고자 하나,
20 그저 목소리 큰 자가 이기는 것이며
반대를 위한 반대로 싸우는 자가 이기
는 것이라는 그와 같은 생각에 너희가
젖어 있음이니,
21 진리로 진정한 것으로 싸워서 이기려
는 것이 아니라,
22 말하다 말이 막히면 육두문자를 쓰며
힘으로 다루듯이 그저 힘으로써 이기
면 나 여호와의 뜻이요, 나에게 충성
하는 길이요, 나를 기쁘게 하는 길이

라 생각하는 그와 같은 백성이 있음
이니,
23 그들로 하여금 지금은 진실이 비치지
아니하며,
24 또한 그들을 조정하며 이용하는 자들
이 있기에 아무리 참된 진리라 해도
그것을 보는 자가 없으며 깨닫는 자가
없으며 세상의 빛이 될 수 없음이니
라.
25 그와 같은 역사를 할 수 있는 것은 오
로지 선택된 백성 너희뿐이니라.
26 너희는 나의 법전의 두려움을 알며
너희 스스로 나의 법전을 읽고 깨우치
면서 너희가 변하는 역사의 삶에서 그
것으로써도 만족하며 기쁜 마음으로
살아가는 선택된 너희가 아니면 이 법
전이 세상에 존재할 수 없음을 알아
야 할 것이니라.
27 모든 백성이 반대를 위한 반대를 하
는 그 습성을 버리지 못하고 있음이
니, 아무리 참진리가 간다 해도 그들
은 보고 깨우칠 수 없음이니라.
28 다만, 나 여호와가 때가 되었을 때 너
희에게 역사하는 힘을 줄 것이니, 그
때 가서 너희가 승자가 된다는 것을
잊지 말라.
29 너희는 나의 법전 속에서 나를 향하여
나의 아들이 십계명을 암송하지 아니
하고 기도를 받은 적이 있으며 성령을
기록한 적이 있으며,
30 나의 아들 예수를 사탄이라 했으며 구
약과 신약성서를 거부하며 그를 가지
고 공부하지 말라는 가르침이 있던가?
31 그것은 뿌리요, 근본이니, 잘못된 부
분을 너희가 수정하고 고치며 바로
보게 하고자 하여 그를 내가 기록하여
전함이니,
32 나의 아들을 통하여 내리는 강론 속에
너희가 살아가는 생활에 반대되며 이
해되는 부분이 없다 생각하더라도, 어
떤 것이 진리며 어떤 것이 정답인지
이제는 너희가 바라볼 수 있기에 내가
너희에게 그저 내려보냄이니,
33 스스로 깨우쳐 너희 것으로 만들어야
함을 잊지 말라.
34 지금 이 세상을 내가 뭐라 말하였느냐?
35 너희가 거꾸로 보는 세상이요, 거꾸로
살아가는 세상이 되어 있으니,
36 아무것도 정상적으로 보는 것이 없으
며 바로 보는 자가 없는 세상이 되었
음이니라.
37 그래도 너희가 바로 서 세상을 보고
옳고 그름을 가르쳐 줌이니,
38 정녕 너희가 가르치는 그 뜻을 알 때
가 있을 것이니, 사람이 항상 거꾸로
만 서 있을 수 없음이니라.
39 제가 바로 설 때가 있으며 정상적으로
서서 볼 때는 너희가 누군지 알며 나
의 법전이 무엇인지를 알 것이니,
40 그때까지 너희가 인내하고 기다리는
길밖에는 없음을 알아야 할 것이니 그
리 알라.
41 모든 영광은 너희에게 있음을 알라.

5,849 번째 하나님 말씀

2003년 4월 6일 19시 12분

1 사랑하는 나의 아들아!
2 "네, 아버님! 말씀하옵소서."
3 나의 성전에 정리된 그 꽃들이 너에

게 뭐라 말한다 하였느냐?
4그 꽃들이 너에게 말하며 모든 무생
물이 다 너에게 말한다 그리 말하였
음이니라.
5그 꽃들이 너에게 그 잎을 씻어 달라
고 말하는 것을 너는 듣고 알았으며,
그리하여 너는 그를 씻어 주며 또 그
를 다듬어 줌이니라.
6그리하여 그들을 너희가 선한 마음이
요, 기쁜 마음으로 만졌을 때는 그 꽃
에 운동을 시키는 것이요,
7너희가 나쁜 마음이요, 사악한 마음이
요, 화난 마음으로 꽃을 다루면 꽃에
매질하는 것이며 또한 너희 몸에 병
이 생기는 그와 같은 역할을 하는 것
이라 내가 너희에게 그리 말하지 아
니하였더냐?
8그는 무엇이던가?
9내가 모든 무생물이요, 동식물과 그들
이 원하는 것, 그들이 말하는 것, 속삭
이는 말을 들을 수 있다는 것은 무엇
인가?
10첫째는 이 세상에 존재하는 모든 것은
나를 경배하며, 나 여호와의 뜻에 따
라 모두 탄생하며 세상에 태어났다는
것이니라.
11그러니 이 세상의 모든 동물이요, 모
든 식물이요, 모든 미생물까지도 이
세상은 나의 주관으로 이루어졌으니,
12나의 아들이 그들의 음성을 들으며 그
들이 원하는 것을 들으며 그들이 속삭
이는 것을 듣는 것은 당연한 것이니라.
13그러니 나 여호와가 이 세상의 모든
동식물을 창조했으며 그들에게 생명
을 불어넣었다는 것을 너희가 알아야
할 것이며,
14그리하여 네가 그와 같이 대화를 하며
그들이 속삭이는 말을 들을 수 있음이
니라.
15그들이 너에게 얼마나 아름다운 말을
하였던가?
16너에게 그 꽃이 뭐라 말하였던가?
17네가 많은 제자 앞에서 강론할 때 거
짓말을 가끔 하며, 네가 실천하지 못
할 말을 하며, 네가 실제로 그와 같이
행하지 못하면서 행하는 것처럼 말을
한다고 꽃이 그러지 않던가?
18그리하여 그들은 모두 듣고 있으며 알
고 있으니, 그 꽃들이 너보고 저희를
정말 웃기지 말며 속이지 말라 말하지
아니하였던가?
19그들은 듣는 그대로 받아들이며 이야
기하는 것을 그대로 받아들인다고 그
리 말하였음이니,
20너보고 진실한 마음이요, 진실이 아닌
것을 말하지 말라 그리 말하였음이니
라.
21그가 뭐라 말하였더냐?
22네가 남에게 무엇이든지 받는 것은 아
니 된다 그리 말하면서,
23갖다 주는 자, 가져오는 자를 미워하
지 않는 마음이 네 마음속에 조금이라
도 자리 잡고 있으면 그 꽃들은 안다
고 했으니, 그 마음의 뿌리를 뽑으라
그리 말하지 않던가?
24그와 같이 그 모든 대화요, 그들의 소
리를 들을 수 있으며 그들이 속삭이는
것을 들을 수 있는 것은,
25첫째는 그들은 모두 나로부터 생명을
받아 간 것이기 때문에 그들은 나를

경배하며 나를 향하여 살아간다는 것
을 너희가 알아야 할 것이니라.
26 너희만이 기도하며 나를 경배하며 나
에게 부르짖는 것처럼 착각하지 말라.
27 그 모든 동식물은 진실로 나에게 기도
하며 진실로 나에게 경배하며,
28 그들은 권모술수가 없으며, 바람이 분
다 하여 흔들리며, 날씨가 덥다 하여
흔들리며, 날씨가 춥다 하여 흔들리
며, 화가 났다 하여 마음이 달라지며
그 생각이 달라지며,
29 오늘 함께 있던 사람을 내일 다른 사
람이 더 잘해 준다 해서 그 사람을 배
신하는 그와 같은 짓을 하지 아니하며,
30 그들은 묵묵히 진리요, 정도의 길에서
나를 따르며 나에게 경배한다는 것을
알아야 할 것이니라.
31 둘째는 네가 나의 아들로서 세상에 온
것을 증거함이니, 그 모든 것을 네가
듣기 시작한 것이니라.
32 그러니 그것이 일반 백성의 지도자와
다름이니라.
33 모든 종교 지도자요, 나의 뜻을 받아
세상에 나와 만백성을 구하는 지도자
들은 식물이 하는 말이요, 식물이 속
삭이며 꽃들이 하는 말이요, 그리고
동식물이요, 미물이 하는 말을 다 들
어야 하느니라.
34 그것이 다르다는 것을 알며, 차별된다
는 것을 알아야 할 것이니라.
35 그것을 다 듣지 못한다면 내가 보낸
자가 아니니라.
36 내가 보낸 자가 이 세상을 다스리고
통제한다면, 내가 만들고 내가 보낸
모든 동식물이요, 미물이 하는 말을
다 들을 것이며,
37 그를 알아야 하늘나라를 대신하여 통
제하는 자요, 지도하는 자요, 가르치
는 자요, 이끄는 자가 아니던가?
38 이 세상을 이끈다는 것은 인간의 한계
로써 그 기준을 하지 말라.
39 인간만을 통제하는 것이 내가 내린 백
성이 아니니라.
40 내가 내린 백성은 하늘의 뜻이요, 육
의 세상의 가르침이 아니니,
41 육의 세상의 가르침이요, 육의 뜻을
두고 세상을 통제하는 것은 인간만을
통제한다고 그리 생각하나,
42 인간은 인간일 뿐이요, 동물은 동물이
기 때문에 그들이 다 지도자가 있으며
지도자를 다스리는 집단의 우두머리
가 있는 것이니라.
43 그러나 이 세상 모두를 다스리고 통제
하며, 나를 대신하는 지도자는 이 세
상을 나 대신 통제함이니,
44 그들이 하는 소리를 다 알아야 할 것
이며, 그들의 음성을 들어야 할 것이
며, 그들이 속삭이는 것을 들어야 이
세상을 통제하는, 나로부터 선택된 지
도자요, 나로부터 선택된 나의 아들이
라는 그 증거며 증표이니라.
45 그것을 보지 못하고 듣지 못하고 그를
알지 못하는 자는 육의 세상에서 육의
방법으로써 그저 저희 나름대로 노력
하여,
46 제가 이룬 것을 가지고 지도자요, 하
늘에 오르는 길이요, 종교 지도자요,
만백성을 구하는 길이라 함이니,
47 그것은 세상 모든 것을 통제하는 나로
부터 선택된 지도자가 아니라는 것을

알아야 할 것이니라.
48 나로부터 선택된 지도자요, 내가 선택 한 자는 모든 동식물이요, 그들이 하는 대화요, 그들이 속삭이는 말을 다 알아들으며, 그들이 원하는 것이 무엇인지 아는 그와 같은 귀가 열려야 하며 눈이 열려야 하며 마음의 눈이 열려야 함을 알아야 할 것이니라.
49 그것이 차별됨을 알라.

5,850 번째 하나님 말씀

2003년 4월 6일 20시 11분

1 사랑하는 나의 아들아!
2 "네, 아버님! 말씀하옵소서."
3 안식일이라 하는 것은 너희를 위해서 존재하는 것이며, 안식일을 위해서 나의 사랑하는 백성 너희가 존재하는 것이 아니라 하지 아니하였더냐?
4 그러니 너희가 인생을 살아가는 삶도 그러하니라.
5 모든 세월은 너희를 위해서 존재하는 것이며, 그 세월을 위하여 너희가 존재하는 것이 아님을 알아야 할 것이니라.
6 그러나 그 세월 속에서 세월의 지배를 받으며 세월에 얽매어 몸부림치며 살아가는 것이 나의 백성 너희니,
7 어찌하여 그리도 너희가 어리석고 슬픈 인생을 살아가는가?
8 세월을 지배하며 살아가는 사람은 마음을 비운 자요, 욕심이 없는 자이니라.
9 욕심을 비우지 못하며 마음을 비우지 못한 자는 세월에 쪼들려 세월의 지배를 받으며 사느니라.
10 오늘은 무엇을 역사하며 무엇을 이루어야 할 것인지 그 시간 속에서 무엇인가 하고자 온갖 궁리요, 생각을 다 하다 보니,
11 시간 속에서 시간의 지배를 받으며 살아가는 그와 같은 형국이 되니,
12 시간을 지배하는 사람과 시간의 지배를 받고 사는 사람의 그 차이는 하늘과 땅임을 알아야 할 것이니라.
13 시간을 지배하고 사는 사람은 세상의 근심 걱정이 없으며 욕심이 없으니 그 얼굴이 평온하며 그 얼굴이 온유하며 아름다운 모습으로 살 수 있으나,
14 시간의 지배를 받으며 시간에 쫓겨 사는 그와 같은 백성은 아무리 아름다운 모습으로 살고자 해도 내면의 마음이 달라지니 외형의 모습도 또한 달라지는 것이 너희 인간 세상의 사는 모습이니라.
15 세월이 너희를 증명해 주며 살아온 세월만큼 모든 책임을 지며 너희 얼굴이요, 외형의 형태도 책임을 져야 한다 하지 않더냐?
16 주름살 하나요, 이마에 생긴 상처 하나까지 그 모든 것은 너희가 어찌 살았느냐 하는 그 증거며 너희가 살아온 과거라는 말이 있지 않던가?
17 그것은 바로 너희가 시간을 통제하고 사느냐, 시간의 지배를 받고 사느냐 거기서 너희가 그와 같은 차이가 생긴다는 것을 알아야 할 것이니라.
18 사랑하는 백성 너희 모두는 이제 시간을 지배하는 사람이 되라고 전하라.
19 너희가 마음대로 쓸 수 있는 시간의

지배를 받고 살며 거기에 쫓겨 산다면
고달픈 인생이요, 육신과 정신이 지쳐
너희가 바로 설 수 없는 그와 같은 삶
임을 알아야 할 것이니라.
20 이제 내가 나의 아들을 통하여 하나하
나 너희에게 깨우쳐 주고 감이니, 이
것이 참진리요, 나 여호와의 뜻이니라.
21 너를 따르는 제자요, 나의 법전을 읽
는 백성, 너희는 모든 종교 집단의 물
리적인 힘이요, 그들의 방대한 조직
앞에 과연 나의 아들이 지금 전하는
법전이 나 여호와의 뜻이며 너희를 구
원하는 길인가 아닌가를 불안하게 생
각할 것이며 초조한 마음을 갖는 백성
이 있을 것이니라.
22 내가 너희에게 뭐라 말하였느냐?
23 노아의 방주요, 모세 시대의 역사요,
그리고 나의 아들 예수의 시대요, 그
모든 성서의 구절이요, 이것을 갑론을
박하지 말라 하지 않았더냐?
24 그를 다 지워 버리고 살라 내가 너희
에게 말하였음이니라.
25 다만, 오늘의 삶보다 내일이 더 아름
다운 마음으로 스스로 변해 가는 그와
같은 삶을 사는 것으로 변한다면, 바
로 이것이 나의 진리요, 나 여호와의
뜻이라는 것을 알아야 할 것이니라.
26 너희가 지나가는 길거리에 떨어진 종
이 한 장을 주워 그 장소에 갖다 버리
는 그와 같은 마음이요, 행동을 할 수
있는 것,
27 너희가 평소에 하지 않던 일을 스스로
행하며 역사하는 그와 같은 모습으로
변하는 것,
28 그것이 참진리요, 나 여호와의 뜻임을
알아야 할 것이니라.
29 악한 자는 그리하지 못함이니라.
30 사탄의 자식이요, 악한의 자식은 그와
같은 것을 하지 아니하며 그와 같은
행동으로 변하지 아니하느니라.
31 모든 종교 집단이요, 만백성이 지금
얼마나 잘못 가고 있는지 알겠는가?
32 오죽하면 내가 백성 너희가 바로 청개
구리라 그리 말하겠느냐?
33 선하고 아름다운 행동을 하는 백성 그
들을 보고 칭찬하고 격려해 주는 것이
아니요,
34 그들은 사탄의 자식이기 때문에 잠깐
좋은 일을 하는 것이며 순간에 가서는
사악한 자로 변한다고 그리 말함이니,
35 그리하여 너희가 악하고 선한 것을
구분하지 못하며 선하고 아름답게 살
아가는 백성마저도 지우려 함이니, 내
가 너희에게 전함이니라.
36 너희가 이다음에 사탄이든 악마로 변
하든, 너희가 한번 그와 같이 떨어진
오물을 주워 버릴 곳에 버리는 그와
같은 행동을 하라.
37 이다음에 가서 사탄이 되든 악마가 되
든 그것은 나중에 볼 일이며, 어찌 됐
든 악마가 되든 사탄이 되든, 좋은 일
이요, 착한 일을 하지 않는 자들 너희
는 그러면 어찌하려는 것이냐?
38 착한 일을 하고 아름다운 일을 하며,
떨어진 오물 하나라도 주워서 쓰레기
통에 넣는 자를 격려하고 칭찬하는 것
이 아니요,
39 그와 같은 행위를 하는 것도 잠깐 사
탄의 장난이요, 만백성의 눈을 어둡게
하며 현혹하기 위해서 하는 짓이라 그

리 말하며 너희는 그를 행하지도 아
니함이니 이를 어찌해야 한단 말이던
가?
40 이것이 지금의 사악한 종교 집단이요,
신도라는 백성이 살아가는 형국이니,
41 남들이 뭐라 하든 너희가 그저 줍는
마음이 생기며 남을 위해 봉사하는 마
음이 자연히 생기는 것은 그게 참진리
요, 나 여호와의 아들딸로 변해 가는
증거며 하늘의 계단을 하나씩 오른다
는 증거이니,
42 너희는 여기서 나를 믿으며 나의 법전
을 믿으며 너희 스스로 주저하지 말며
두려워하지 말라, 사랑하는 나의 아들
딸들아!
43 옳고 착한 일을 하는 것이 무엇이 잘
못이란 말인가?
44 그것이 무엇이 죄악이더냐?
45 내가 5달란트의 역사를 하라 하여 너
의 제자에게 어떠한 사업장을 만들어
주는 것도 모든 종교 집단들은 하지도
못하면서 뭐라 말하더냐?
46 사탄이요, 악마가 이다음에 그 재산의
뿌리까지 다 현혹하여 긁어 가고 빼앗
기 위해 지금 그리 베푼다 하니,
47 너희는 나중에 뺏어 가더라도 한번
그와 같이 차려 주고 어려운 백성의
삶의 길을 열어 주는 노력이라도 해
보라 하라.
48 그와 같은 것도 하지도 못하는 자들이
어찌하여 사악한 방법으로 비방하며
욕하는가?
49 그것이 지금 잘못된 것이며, 그리하여
그 뿌리가 여기서 없어져야 하며,
50 그들을 다 뽑아 태워 버리지 아니하면
천 년에 걸쳐서도 내 백성이요, 천사
와 같은 백성이 이 세상에 존재하지
못함이니, 그리하여 그들을 내가 단죄
한다 함이니 그리 알라.

5,851 번째 하나님 말씀

2003년 4월 6일 20시 28분

1 사랑하는 나의 아들아!
2 "네, 아버님! 말씀하옵소서."
3 너희가 하늘의 진리요, 나의 진리요,
나의 뜻을 가르치는 것은 항상 같은
것으로 재탕하고 또 재탕하며 가르치
는 것이 아니니라.
4 '흐르는 물은 썩지 아니하며 고인 물
은 썩는다'는 말이 있듯이, 수천 년 동
안 흘러오면서 가르친 그 역사가 무엇
이던가?
5 구약과 신약의 내용을 가르친다며 그
를 가르치고 또 가르쳐 그 조상이 배
우다 죽어 가며, 그 자식이 또 배우며
그 자식이 죽어 가니 그 자식이 그와
같이 똑같은 종교 지도자의 그 후손에
게 또 그와 같이 가르침을 받다 감이
니 이것이 바로 무엇이더냐?
6 변화가 없는 것이 아니던가?
7 너희는 이것이 잘못되었음을 알아야
할 것이니라.
8 나의 아들 예수가 세상에 나와 그 모
든 백성을 일깨우고 가르칠 때 그가
가르친 것을 또 가르쳤으며 그가 전한
것을 가지고 또 전하는 그와 같은 방
법으로 만백성을 깨우쳤는가?
9 너희는 여기서 그를 한번 생각해 봐야
할 것이니라.

10 너희처럼 예수가 나로부터 받아 나간
틀에 박힌 성경이요, 구약이요, 신약
이라는 그와 같은 책자로 나의 아들
예수가 너희를 가르치고 깨우쳤던가?
11 그는 그것을 기준으로 하여 가르친 것
이 아니니라.
12 그때 상황에 따라 내리는 나의 메시지
요, 나의 뜻으로 그가 가르쳤음이니,
13 그는 반복해서 가르치는 것이 아니요,
똑같은 방법으로 가르치는 것이 아니
요,
14 오늘 배우는 사람과 내일 배우는 사
람, 그 장소와 때에 따라서 그때 내가
내리는 성령이요, 나의 뜻으로 그대로
가르쳤음이니라.
15 오늘 가르친 그 진리라는 것을 내일
다른 장소에 가서 가르치며 다음날
다른 장소에 가서 똑같은 내용으로써
나의 아들 예수가 가르친 것이 아니니
라.
16 오늘의 장소에 따라서 강론하는 것이
다르며 내일의 장소에 따라 다르게 그
와 같이 수시로 항상 내려 주었음이니
그것이 무엇이더냐?
17 하늘을 두루마리 삼아 써도 써도 끝이
없다는 나의 진리니라.
18 그러면 수천 년 동안 흘러오면서 지금
종교 지도자들이 가르치는 방법과 나
의 아들 예수가 가르치고 깨우쳤던 그
교육의 방법과 지금 나의 아들을 통하
여 너희에게 내리는 방법이 어떤 것
이 맞는가?
19 너희는 한번 생각해 보라.
20 나의 아들 예수가 정녕 나의 아들이라
말하며 구세주라 말하며, 너희가 그
이름으로 기도하는 것이 구원을 받으
며, 그 피의 보혈로써 구원을 받았으
며 새 생명으로 태어났다고 말하는
너희는 나의 아들 예수가 가르치던 그
와 같은 방법으로써 그를 가르치지 못
함이니.
21 너희는 정해진 것이며 인간의 틀을 벗
어나지 못하며, 성경이라는 그 정해진
틀을 벗어나지 못하고 가르치며 그를
넘지 못함이니,
22 그 성서에 하늘을 두루마리 삼고 바다
를 먹물 삼아 써도 써도 부족하다는
진리가 과연 얼마나 들어 있다 생각하
느냐?
23 나 여호와가 하늘에서 내리는 진리가
하늘을 두루마리 삼고 바다를 먹물 삼
아 만백성이 써도 써도 끝이 없다는
진리가 과연 성경이요, 구약과 신약
속에 몇 분의 몇이 기록되었으며, 과
연 얼마만큼 거기에 기록되었다고 생
각하는가?
24 그 몇 분의 일이라는 것은 너희가 예
상할 수 없으며 책정할 수 없는 가장
적은 부분이라는 것을 너희는 알아야
할 것이니라.
25 수만 권의 책이 나와도 아니 되는 것
을, 그 적은 내용을 가지고 그것이 세
상의 나의 이치며 나의 진리를 다 기
록했으며 내가 전하고자 한 것을 다
기록한 것처럼 그걸로 재탕, 재탕, 돌
리고 또 돌리는 그와 같은 가르침으로
가는 너희와,
26 지금 나의 아들이 오늘과 내일이 다르
며 끝이 없이 수많은 나의 성령을 받
아 기록하는 그와 같은 방법과,

27 나의 아들 예수는 그때그때 상황에 따
라서, 그 환경에 따라서 가르치고 설
교했으니,
28 과연 너희는 어떠한 방법이 나의 아
들 예수가 시행했던 방법과 근사치며,
같은 방법으로써 지금 만백성을 깨우
치며 그들을 가르치고 가는가?
29 너희는 그를 한번 들여다보도록 그리
하라.
30 그리하면 답이 나올 것이니라.
31 첫째는 구약이요, 신약이 전부인 것처
럼, 그게 하늘에 오르는 길이요, 그것
은 한 자도 빼서도 안 되며 더해도 안
되며 다른 것을 첨부해서도 안 되며
거기에 더 역사해도 안 된다 너희가
그리 말함이니, 그것이 얼마나 어리석
은 것이더냐?
32 너희에게 내가 다시 한 번 말함이니라.
33 하늘을 두루마리 삼아 써도 안 되는
그 많은 진리 중에 과연 구약과 신약
은 몇 퍼센트나 차지하는지 보라 하였
음이니라.
34 과연 그 내용이 있으면 얼마나 있겠는
가?
35 정해진 내용은 한계가 있음이니 그 한
계를 넘지 못하는 것이니라.
36 그러니 너희가 그를 가르치고 가르쳐
다람쥐 쳇바퀴 돌듯이 계속 가르치는
그와 같은 지금의 가르침의 방법으로
진리를 깨우쳐 하늘에 오르는 길을 가
르쳐 주는 그것과, 나의 아들 예수가
행했던 그 방법이 과연 너희가 하는
것과 같은가?
37 그렇지 않으면 끝도 없이 나로부터 새
로운 성령이요, 새로운 뜻을 받아 기
록하고 또 기록하여 전하는 나의 아들
이 가르치는 방법이 예수가 가르쳤던
그 방법과 같은가?
38 어떤 것이 같은가?
39 너희의 두 번째 과제임을 알라.
40 그리하여 너희가 볼 때 그를 느끼지
않겠는가?
41 나의 아들 예수가 만백성을 그때 환경
에 따라서 즉흥적으로 강론을 하며,
42 깨우침을 두 번, 세 번 반복해서 이곳
저곳에 가서 써먹지 않으며 어제 한
것을 다음에 써먹지 않으며,
43 기록해서 다니면서 너희처럼 보고 가
르치는 그와 같은 방법으로 성령을 전
한 것이 아니며 만백성을 깨우친 것이
아님이니,
44 지금의 나의 아들이 가는 방법이 그러
하니라.
45 한도 끝도 없이 내가 내리는 나의 성
령이요, 진리를 하나하나 기록하여 그
를 전함이니,
46 때와 장소에 따라서 변하며 오늘 것을
내일 다시 하지 아니하며 모레 것을
반복하지 아니하고 가르쳐 가는 나의
아들의 그 깨우침을 너희가 보라.
47 내가 160권에 기록된 내용을 너희처
럼 반복하고 또 반복한다면 160권 속
에 있는 것밖에 너희가 하늘의 뜻을
알지 못하며 나의 진리요, 나의 뜻을
가르치지 못함이니라.
48 그러니 너희가 160권 밖에 있는 것을
과연 어찌 가르칠 수 있는가?
49 그것은 내가 계속 내려보내 주며 너희
에게 역사해야만 그를 듣고 배우고 깨
우칠 것이 아니던가?

50 성경은 그와 같이 제한된 것이니라.

51 그리하여 성경은 하늘에 오르는 길을 안내하는, 그리고 내가 세상에 내렸던 진리의 뜻을 너희가 행하지 못하기 때문에 그를 지키도록 강요하는 것이며 가지의 역할이라는 뜻이 여기 있음이니,

52 성서에 하늘을 두루마리 삼아 써도 모자란다는 나의 진리를 얼마만큼 그 안에 가지고 있으며 그 역사의 뜻이 얼마나 있는지 보라.

53 내가 160권을 내려보낸 이것으로 나의 아들이 천년만년을 가르쳐도 다 가르치지 못할 만큼의 내용이 160권 안에 들어감이니,

54 그보다 더 많은 장서요, 그보다 더 많은 것이 나의 아들이 죽을 때까지 계속 새로운 역사요, 새로운 가르침이 세상에 내려감이니,

55 그게 나의 아들 예수가 가르쳤던 방법과 흡사한가, 지금 너희가 하는 방법이 흡사한가 이것을 한번 견주어 보면,

56 너희는 내가 나의 아들을 통하여 내가 내리는 나의 법전이 새로운 성경이요, 너희를 심판하는 것이요, 너희를 마지막 시대에 구원하는 나의 성령이라는 것을 알게 될 것이니,

57 이 어리석은 백성들아! 그것 하나도 보지 못하며 깨우치지 못하는가?

58 십자가가 너희의 구원의 상징이 아니요, 나 여호와를 고문하는 것이며 나를 고통스럽게 하며,

59 너희가 죽은 나의 아들의 죽음의 슬픔을 내가 항상 가슴에 안고 살아가도록 나에게 그리 사악한 짓을 하고 있다는 것을 모르니,

60 지금 내가 나의 법전이 세상에 내려가는 것이 얼마나 위대한 것이며, 그리고 지금 나의 아들이 가르치는 것이 예수를 대행하여 가르치는 방법과 같다는 것을 너희가 그를 모름이니,

61 이제 너희가 그를 한번 들여다보고 깨우쳐 보면 알 것이니라.

62 예수가 만백성을 깨우치고자 세상에 와서 가르쳤던 방법과 과연 어떤 것이 같은가?

63 지금의 종교 집단이요, 지도자가 교회에서 가르치는 방법이 같은가?

64 지금 나의 아들이 수없이 받아쓰고 또 받아써 내리고 내리는 나의 성령을 직접 전하고 깨우쳐 주는 것, 매일매일 책에 기록하여 다른 내용으로써 너희를 깨우치는 것이 예수가 가르쳤던 방법이요, 너희에게 깨우쳤던 형태인지 그를 이제 너희가 깨우쳐야 할 것이니라.

65 나의 법전을 읽고도 너희가 고개를 흔든다면 너희가 지옥 불로 가기를 자청한 것이니 나를 원망하지 말라.

66 나 여호와는 너희에게 모든 기회를 주었으며 모든 것을 깨우쳐 주었으며, 너희에게 바로 하늘에 오를 수 있는 길의 역사를 해 주었음이니, 그것은 너희 몫이니라.

5,852 번째 하나님 말씀

2003년 4월 6일 21시 05분

1 사랑하는 나의 아들아!

2 "네, 아버님! 말씀하옵소서."

3 나의 사랑하는 백성 너희는 스스로
당하지 아니하며 부닥치지 아니하면
그를 실감하지 못하며 느끼지 못하는
것이 너희이니라.
4 그리고 항상 닥쳐오는 모든 일이 저와
는 관계없는 것처럼, 제 앞에는 그와
같은 일이 역사하지 않을 것처럼 생
각하고 살다, 어느 날 갑자기 당하는
그와 같은 삶을 사는 것이 너희이거늘,
5 내가 너희에게 무어라 말하였느냐?
6 항상 나에게 올 수 있는 준비된 마음
으로 사는 것이 가장 현명한 백성이라
그리 말하였음이니라.
7 그리하여 너희가 나에게 불려왔을 때
바로 올 수 있는 그와 같은 준비는 무
엇이던가?
8 너희가 완벽하게 사는 삶이니라.
9 감히 너희가 사악한 생각이요, 남들에
게 죄를 지으며 남들에게 거짓 하는
그와 같은 삶을 살다가 좀 더 세월이
지나면 나로부터 용서를 받으며 용서
받을 기회를 얻겠다 생각하는 자,
10 좀 더 생활이 윤택해지며 생활이 나아
졌을 때 나를 찾으며 진정한 믿음의
길을 가겠다고 생각하고 사는 백성,
11 그와 같은 마음을 가진 자가 부지기
수이니라.
12 그러니 너희가 어느 때 나에게 불려
올지 그것은 정해진 것이 없음이니라.
13 너희가 인재로, 또는 자연 발생으로,
또는 스스로 병마로 서서히 쓰러져 가
며, 너희가 수천수만 가지 방법으로써
나에게 와 심판을 받는 그 부름을 받
는 것은 언제 어떻게 올지 모르는 것
이니,
14 내가 너희에게 그 준비를 하고 사는
것이 가장 현명한 백성이라 그리 말하
였음이니라.
15 그러나 너희는 그를 믿지 아니하며 그
를 들으려 하지 아니하며, 너희와는
아무런 관계도 없으며 불행이라는 것,
죽음이라는 것은 너희와는 관계없다
는 그와 같은 착각 속에서 살아가는
것이니라.
16 지금 내가 나의 아들을 통하여 대장정
의 160권의 법전을 세상에 내려보내
며,
17 이것을 읽는 자만이 심판대에 설 수
있으며 구원의 길을 볼 수 있으며, 이
를 읽는 자만이 내 뜻을 알며 내가 원
하는 것을 알며 진정한 하늘에 오르는
길을 본다고 내가 너희에게 수없이 가
르치고 전하고 또 전하건만,
18 너희는 이를 믿으려 하지 아니하며 듣
지 아니하려 함이니,
19 너희가 언제 나에게 불려와 심판을 받
을지 모르고 살아가는 백성이 저와는
관계없다고 하다가 갑자기 일을 당하
는 그와 같은 것처럼,
20 너희가 나의 법전을 읽고 읽어 깨우침
을 얻으라 해도 그와 같이 관계없는
것처럼 내팽개치며 찢어 버리고 태워
버리며 보지 않는 그와 같은 백성이
너희니, 과연 이를 어찌하겠는가?
21 이것이 지금 한 치 앞을 못 보고 살아
가는 너희와 같은 그 어리석은 생각
때문이니라.
22 그러니 너희가 미래를 준비하고 사는
백성이라면 어떠한 것이든 또 이 세상
에 존재하는 모든 것은 나의 뜻이요,

내가 역사한다는 것을 정녕 믿는다면,
23 지금 믿음의 길을 가는 백성이 나를 향하는 길이 아니요, 지옥으로 가는 길이라는 것이 무슨 뜻인 줄 알겠는가?
24 너희는 한 자도 고쳐서는 안 되며 성서대로 믿고 사는 것이 구원의 길이라 그리 말하느니라.
25 그러나 너희가 과연 성서에 기록되어 있는 그대로 지키고 사는 것이 얼마나 있는가?
26 너희는 그리 말하느니라.
27 하늘을 두루마리 삼아 써도 써도 다 못 쓰는 것이 나의 진리라 그리 말하며,
28 성서에는 그 모든 것이 다 들었으며 하나님께서 전하고자 하는 뜻이요, 하나님이 역사하는 것이 거기에 다 기록되어 있다 하니,
29 과연 몇 페이지나 거기에 기록되어 있는가?
30 너희는 그저 성서를 정독하고 깨우치면 그 속에 진리가 있으며 하늘의 뜻이 다 있으며 하늘을 두루마리 삼아 써도 써도 다 못 쓰는 내용이 다 거기 들었다 그와 같이 억지를 부릴 것이니라.
31 그러니 그것이 얼마나 어리석은 백성이며 너희가 얼마나 잘못 가는 깨우침으로 가고 있는가?
32 그것이 너희의 지금의 삶이니라.
33 그리하여 내가 아무리 나의 법전이 소중한 것이며 이것이 아니면 안 된다 말해도, 너희가 보지 아니하며 깨달으려 하지 아니하며 열지 아니하려 하는 것이니, 이를 어찌 깨우쳐야 하겠는가?
34 너희가 그 욕심에 눈이 어두우며 아집이요, 고집에 눈이 어두우며,
35 제가 최고라는 것, 저만이 최고라는 그와 같은 저를 위주로 사는 마음을 비우지 않는 한 너희는 이를 볼 수 없음이니라.
36 그러나 너희는 반드시 나의 법전을 읽는 자와 읽지 않는 자, 그리고 이를 보고 살고자 노력한 자와 노력하지 아니한 자,
37 너희는 심판대에 섰을 때 얼마나 무서운 결과가 이루어지는 것인지 그때 가서 알게 될 것이니라.
38 그러니 너희는 읽으라.
39 나의 법전을 정독하고 또 읽고 또 읽어보도록 그리하는 것만이 구원을 받는 길이라는 것을 알라.
40 법전을 무시하는 자, 법전을 태워 버리고자 하는 자, 그와 같은 자같이 어리석은 백성이 없다는 것을 알 날이 머지않았음을 너희는 알아야 할 것이니라.

5,853 번째 하나님 말씀

2003년 4월 6일 21시 15분

1 사랑하는 나의 아들아!
2 "네, 아버님! 말씀하옵소서."
3 너희가 나를 찾으며 나에게 오는 길은 어떠한 길이라 그리 말하였느냐?
4 내가 나의 법전에 기록하여 너에게 깨우쳐 주기를 가장 즐거운 마음, 가장 행복한 마음, 그리고 가장 편안한 마음이요, 너희 마음에 부담되지 않는 그와 같은 마음으로써 나에게 오르는

길이며 나를 찾는 것이 그와 같은 길이라 내가 그리 말하였느니라.

5 자연의 아름다움을 더불어 느끼며 가장 행복한 마음으로 나에게 오는 길이라 하였음이니,

6 과연 지금 수천 년 동안 믿어오는 종교 집단이 가는 그 형태와 나의 아들네가 나약하며 가진 것 없으며 물질적인 힘이 없으며 능력이 없다 해도 네 제자들이 너에게 와서 공부하는 그 마음이 과연 그 제자들에게 네가 물어보았을 때, 뭐라 말을 하던가?

7 어느 방법이 더 편안하며 어느 방법의 마음이 가벼운가, 그리 그들에게 물어봤을 때 뭐라 말하던가?

8 "네, 아버님! 그들은 그리 말하였사옵나이다.

9 지금 법전을 가지고 공부하며 아버님의 그 길을 가는 것은 그들은 너무나 쉬우며 힘들지 아니하다 그리 말하였사옵나이다.

10 저희가 깨우치던 종교 집단은 수없이 재물을 바쳐야 하며 감사 헌금을 내야 하며 십일조를 내야 하며 거기서 모든 봉사를 하며,

11 절대적으로 틀에 박힌 그 생활에서, 힘들고 어려워도 아무런 말 한마디 하지 못하며 지금까지 그들은 묵묵히 왔으나, 그 고통은 이루 말할 수 없다 그리 말하였사옵나이다.

12 그러니 지금 이 법전을 가지고 성전에서 공부하는 그들은 저희가 필요한 그 시간을 갖도록 말하고 있으며,

13 성전에 와 공부하는 것보다도 1년에 한 번밖에 없는 부모님의 생신을 찾아보는 것이나 집안의 행사는 성전에 공부하는 것보다는 반드시 참여해야 하며,

14 같이 즐기고 슬픔을 같이하는 그와 같은 것이 아버님에게 사랑받는 길이며 아버님께서 기억하는 길이며,

15 주일이라 하여 또 공부하는 날이라 하여 그들이 하루 빠졌다 하여 아버님이 기억하지 않는 것이 아니라, 다른 일 때문에 하루를 빠진 그 백성을 아버님께서 더 기억하고 사랑한다 그리 가르치고 전함이니,

16 그들의 마음이 편안하며 그들이 행동하기가 편안하며 그들이 믿음의 길을 가는 길이 그리 편안하다 그리하였사옵나이다.

17 틀에 박힌 지금의 종교 집단이 가는 그 형태로써는 재물이 힘들며 시간이 힘들며 모든 것이 가기가 너무나 어렵다 그리하였으며,

18 주일을 빠질 수 없으니 부모·형제의 슬프고 기쁜 희로애락을 같이 동참할 수 없는 그와 같은 무서움 속에서 그들은 그 믿음의 길을 왔다 하였사옵나이다.

19 그것이 구원의 길이요, 그렇게 아니하면 절대 구원의 길이 아니라는 그와 같은 속에서 그들이 살아왔다 하였사옵나이다.

20 그러나 지금은 이 성전에 와 아버님이 내리시는 강론을 들으며 법전을 읽는 백성은 자유롭게 스스로 하고 싶은 대로 할 수 있는 그와 같은 마음이 편안한 시간을 줌으로 인하여 그들은 편안하다 하였으며 정녕 믿음이 이것인

가, 그와 같은 깨달음을 느꼈다 하였사옵나이다."
21 그러니 나의 백성이요, 너를 따르는 제자들에게 물어보라.
22 그러면 어느 길이 그들이 편안한 길이며 부드럽고 기쁜 마음으로 믿음을 갈 수 있으며 자유롭게 믿음을 갈 수 있는가?
23 즉 나에게 오는 길은 가장 행복하며 기쁨이요, 자유로운 시간이라 내가 그리하였으니,
24 그곳에서 너희가 평가하여 어느 길이 맞는가, 어느 방법이 맞는가를 보면,
25 나의 뜻에 따라 움직이는 나의 아들인지, 나의 뜻에 움직이는 목자인지, 나로부터 선택된 지도자인지 아닌지, 인간이 만든 지도자인지 그 한계를 알 수 있음이니,
26 그때 스스로 깨우치도록 그리 전하라, 사랑하는 나의 아들아!

5,854 번째 하나님 말씀

2003년4월 7일 0시 28분

1 사랑하는 나의 아들아!
2 "네, 아버님! 말씀하옵소서."
3 나의 아들 예수가 2천 년 전에 만백성을 구하는 가르침이요, 복음을 전파한 것은 책으로 만들어 또 기록해서 그것을 가르친 것이 아니며, 내가 직접 내리는 성령을 받아서 그가 가르쳤다 했음이니라.
4 내가 너희에게 일깨워 말하기를, 준비된 것으로써 가르친 것이 아니요, 옮겨 다니면서 때와 장소를 가리지 아니하고 광야를 달리며 사람들이 모이면 그때 내가 내리는 성령을 그대로 복음을 전하였고,
5 그는 기록으로 남기지 아니하였으며 기록으로써 준비해서 한 것이 없다 그리하였음이니라.
6 그리고 같은 내용을 가지고 또 반복하고 반복하는 그와 같은 가르침을 하지 아니하였다 내가 그리 말하였느니라.
7 그러니 나의 아들 예수가 만백성을 구하고자 했던 그 방법과 종교 집단들이 지금까지 하는 그 방법이 무엇이 다른가 내가 너희에게 물었음이니라.
8 그러니 지금 내가 나의 아들을 통하여 하늘의 뜻을 내려 계속 법전에 다 기록하여 끝이 없이 너희에게 전하는 것이요, 새로운 나의 가르침을 전하는 것이요, 나의 뜻을 전하는 그것이 과연 나의 아들 예수를 통하여 내가 역사했던 그 시대의 방법과 같지 않다 생각하는가?
9 그러나 지금의 종교 집단이 가는 방법은 어떤 방법이더냐?
10 성서에 기록된 그 내용을 가지고 가르치고 또 가르치니 그들은 전진함이 없다 하였음이니라.
11 그리고 너희가 말하지 아니하였느냐?
12 하늘의 진리는 끝이 없으며 내려도 내려도 끝이 없다 하였거늘,
13 과연 성서에 기록된 내용이 하늘의 뜻이 몇 분의 일이나 기록되어 있는가?
14 그를 너희가 보고 깨우쳐 지금 나의 아들이 너희에게 전하는 그 뜻이 무엇인가를 알라 하였음이니라.
15 그리하여 예수가 만백성에게 전해 깨

우치고자 복음을 전했던 그 방법과,
지금의 종교 집단이 가는 방법과 나의
아들이 지금 행하는 방법이 어디가 비
슷한가, 그리고 어디가 그와 닮았는가
를 보고,
16 참진리요, 믿음의 길이 무엇이며 나
여호와가 역사하는 것이 어느 쪽인지
확실히 구분하여 너희가 그 길을 선택
하라 그리 가르쳤음이니라.
17 그리하여 내가 다시 한 번 기록하여
너희에게 깨우쳐 줌이니,
18 너희는 지금 어떠한 일에 역사해 동참
하고 있는가, 그리고 참여했는가를 알
아야 할 것이니라.
19 내가 너희에게 다시 한 번 기록하여
전하는 그 의미를 알라.
20 너희가 정녕 나의 아들 예수를 통하여
만백성을 구하고자 했던, 나 여호와가
직접 명하며 지시했던 예수가 복음을
전하는 그 방법과 나의 아들이 지금
전하는 그 방법이 같다면 이는 무엇이
던가?
21 시간과 공간을 초월하여 예수를 통하
여 이루려 했던 그 역사의 방법을 지
금 그대로 내가 재현하며 그것을 내
가 깨우치고자 하며 그 방법으로써 만
백성을 가르치고자 한다면,
22 지금 이 대명을 수행하는 너희는 바
로 어떠한 자인가?
23 너희야말로 나에게 선택된 백성이요,
나의 뜻에 따라 역사하는 나의 아들
딸이니,
24 그리하여 너희가 얼마나 소중하며 귀
한가를 알라 하였으며,
25 법전을 만들어 세상에 전하는 그 역사
에 동참하는 것이 얼마나 위대한 역사
인가 하는 것을 알라 하였음이니라.
26 지금 신도라 하여 믿음의 길을 가는
수많은 백성이요, 그 많은 종교 집단
은 너희와 감히 견주어 볼 수도 없으
며, 세를 대 볼 수도 없으며, 숫자를
세어서 견주어 볼 수 없는 그 방대한
조직과, 아주 미약한 너희를 놓고 지
금 서로 겨루고 싸우는 전쟁이 일어날
것이니,
27 과연 너희는 어떠한 길에 서 있느냐는
것이 가장 중요한 것이니라.
28 그 많은 집단이요, 그 많은 수가 나 여
호와의 뜻이 아니요, 잘못된 길에 서
서 힘을 과시하고 싸운다면, 그들은
결국 어찌 되겠는가?
29 그들은 패망이요, 멸망이요, 감히 나
여호와에게 대적하는 병사요, 군대가
어디 있단 말이던가?
30 그들이 아무리 사탄이라 하여 나를 공
격하며 나에게 대적한다 해도 나 여호
와에게 대적하는 것은 있을 수도 없으
며 그들은 승자가 될 수 없음이니라.
31 그러니 그 많은 인구의 백성에 비해,
몇 명 안 되는 너희지만 이길 수 있는
자들이며,
32 너희가 승자의 길에 서서 나의 아들을
따르며 나에게 오고자 살아간다면, 그
것이 얼마나 너희에게 영광된 것이며,
33 세상 것을 다 줘도 너희가 얻지 못하
는 그 영광이 아니겠는가?
34 수십억 인구의 그 많은 백성이 지금
잘못 가는 중에 그들이 아무리 부귀영
화를 누리며 호의호식하고 산다 하며
권력이 있다 해도 영원히 사는 나의

나라에 오는 길이 아니요, 잘못 가는 길을 살고 있다 하면,
35 그 많은 인구와 너희를 비교할 때 과연 너희의 그 존재가치는 백사장의 모래알만큼도 못한 미미한 존재이나,
36 너희가 정녕 얼마나 위대한가를 알아야 할 것이니라.
37 그러니 백사장에 모래알의 존재만큼도 못한 적은 숫자로서 나에게 선택된 너희라면,
38 그 많은 숫자 중에서 적은 숫자의 너희가 선택된 그 위대함이 얼마나 자랑스러운 것이며, 소중한 것이며, 아름다운 삶을 사는가, 그것을 너희가 먼저 깨닫고 감사하는 마음을 가져야 할 것이니라.
39 수십억의 수많은 인구 중에서 너희가 선택되었으며,
40 오로지 너희만이 참진리의 길이요, 나의 명에 따라 새로운 역사를 이루는 기틀을 시작하는 자라면, 너희가 얼마나 나의 뜻에 따라야 하며,
41 세상사 살아가면서 어렵고 힘들다는 그와 같은 말이 나와서도 아니 될 것이며,
42 너희가 십계명대로 지키고 사는 것이 힘들다는 말을 해서도 아니 될 것이며,
43 나의 법전대로 지키고 살기가 어렵고 힘들다는 그와 같은 말이 나와서는 아니 됨을 알아야 할 것이니라.
44 그 많은 인구 중에서 그 많은 나의 백성 중에서 너희가 유독 선택되었다는 그 영광이 얼마나 소중한가?
45 내가 그리하여 너희에게 뭐라 말하였더냐?
46 하늘에서 소낙비가 쏟아질 때 내가 하나의 황금 물방울을 내려보내니 그 황금 물방울을 너희가 손으로 받은 것보다도 더 위대한 영광이요, 축복이라 했거늘, 어찌하여 너희는 그 뜻을 알지 못하는가?
47 여기서 너희가 나 여호와요, 나의 아들을 통하여 내리는 그 말에 두려워하고 겁먹지 말며 의심치 말라.
48 나의 아들 예수가 만백성을 구하고자 2천 년 전에 가르쳤던 방법과 지금 나의 아들을 통하여 새로운 나의 성령이요, 새로운 뜻을 내려보낸다는 이것이 예수의 그 2천 년 전과 근사하며, 그와 같은 방법으로써 만백성을 깨우쳐 가고 있는가 그것을 보면 너희가 알 것이니, 참진리의 길이 무엇인지 알 것이니라.
49 그리고 성서에 기록된 내용이 얼마나 되는가?
50 너희가 말하는 하늘을 두루마리 삼고 바닷물을 먹물 삼아서 만백성이 쓰고 또 써도 모자란다는 그 뜻이 지금 세상에 내려오기 시작함이니,
51 그 성서의 비유가 과연 그 비중이 얼마나 되며 거기에 비교할 수 있는 역사가 얼마나 기록되어 있는가?
52 일부분이며 얼마 되지 않은 내용이니라.
53 그것으로 너희가 지금 구원의 길을 역사한다 그리 가고 있음이니, 그 어리석음을 보며 그와 같은 내용의 하늘의 뜻을 전함이니,
54 그를 듣고도 너희가 바로 가지 못하면 아니 됨이니라.

55 오늘 나의 아들의 기도 소리를 들으며
내가 내리는 성령의 소리를 직접 듣는
너희는 그 위대한 영광을 알아야 할
것이며,
56 마음의 동요가 있어서도 아니 되며,
너희가 하나가 되어야 한다는 것, 믿
음으로써 하나가 되어야 한다는 그
자체도 힘들고 어렵다는 소리를 하지
말라.
57 너희가 수백억 인구 중에서 선택된
그 영광과 비교한다면 이 세상 무엇과
도 바꿀 수 없음이니라.
58 내가 수십억 백성하고 너희를 바꾸지
않는 소중함이 여기 있으니 너희가
얼마나 위대하고 소중한지 알라.
59 너희는 반드시 내 뜻대로 살아가는
것으로써 나에게 그 은혜를 보답하는
길이라는 것을 너의 제자들 가슴에 깊
이 심어 주도록 그리하라.

5,855 번째 하나님 말씀

2003년 4월 7일 0시 32분

1 사랑하는 나의 아들아!
2 "네, 아버님! 말씀하옵소서."
3 인간 세속에서 너희가 살아가는 그
생활의 터전은 과거를 생각하며 현재
를 생각하며 또 미래에 대해 설계를
하고 너희가 살아가느니라.
4 그러나 이제 나의 아들을 따르는 선택
된 백성이요, 그리고 나의 법전을 읽
고 깨우치는 백성은, 그 믿음이라는
것이요, 하늘에 오르는 그 세상의 삶
은 새로운 육의 세상의 삶이 아니니요,
5 사후의 세상인 영의 세상이요, 하늘에
오르는 그와 같은 길을 가는 백성은
과거와 현재와 미래에서 과거에 연연
해도 아니 됨이니라.
6 과거의 역사요, 과거의 흐름에 대해
연연해서는 아니 될 것이며,
7 또한 미래에 어찌 이루어질 것이라는
것을 예측하고 생각하는 것이 얼마나
오만이고 자만이며 잘못된 생각인지
너희는 알겠는가?
8 이제 너의 제자들에게 깨우쳐 주도록
하라.
9 너희는 과거에 연연하며 과거에 얽매
어 앞으로 나가지 못하며 그리고 과거
만을 생각하며 과거에 역사했던 것이
오늘에 이루어지기를 바라는 그와 같
은 마음으로써는 안 됨이니라.
10 그 모든 것을 다 지워 버리고, 과거에
있었던 모든 역사를 다 너희 기억 속
에서 지워 버리라.
11 그리고 너희는 미래에 대해서 제가
어찌 될 것이며 어떠한 역사를 할 것
이며 어떠한 미래의 목표에 대해 연연
하지 말라.
12 미래를 생각하며 미래를 믿음의 세계
에서 계획하는 것은 나 여호와의 뜻이
요, 주관하는 자의 뜻에 의함이니,
13 너희가 계획하고 생각하며 그 모두를
이루겠다는 계획을 하고 사는 것이 얼
마나 잘못된 믿음인지 알아야 할 것이
니라.
14 다만, 하늘에 오르는 믿음은 오늘의
삶이 가장 중요함이니라.
15 오늘 너희가 살아가는 형태요, 오늘의
너희 믿음이요, 오늘을 살아가는 현재
가 가장 중요함이니,

16 너희는 오로지 현재에 변하는 삶을 위
해 살도록 그리해야 할 것이니라.
17 과거의 그 역사를 보며 그 시대의 배
경을 모르며 그 시대에 역사하고자
했던 것을 모르는 너희가 과거의 대기
적이요, 거기에 연연하지 말라.
18 그것을 거울삼아 연연하다 보면 오늘
의 미래가 없음이니라.
19 그러니 오로지 하늘에 오르는 백성이
요, 나에게 선택된 백성, 그리고 나의
법전을 읽고 깨우친 백성, 너희는 현
재의 삶이 중요함을 알며 현재의 삶에
충실하도록 그리하라.
20 현재의 삶 외에는 아무것도 생각하지
말라.
21 그리하여 너희가 오늘의 삶이 아름답
게 변해 가는 그와 같은 삶을 살다 보
면 너희가 그리던 미래가 이루어질
것이며,
22 그 미래에 너희가 목표요, 목적을 세
워 놓고 구원받았다, 구원을 받겠다는
그와 같은 생각을 하고 믿음을 간다면
그게 오만이며 자만이니라.
23 그러니 너의 제자들은 그와 같은 것을
생각하지 말며, 오늘의 삶을 충실히
살아가는 그와 같은 현명한 삶을 살라
그리 전하라.
24 그것이 하늘에 오르는 길이니라.
25 그 외에는 하늘에 오르는 길에 너희에
게 힘이 됨이 없으며 그를 인도함이
없으며 하늘에 오르는 길이 아님이니
라.
26 과거와 미래의 꿈을 그리며 산다면 너
희에게 이루어지는 것은 하나도 없음
이니, 너희가 나에게 와 심판받을 때
남음이 없으며 상을 받을 것이 없다
함을 알라.

5,856 번째 하나님 말씀

2003년 4월 7일 0시 42분

1 사랑하는 나의 아들아!
2 "네, 아버님! 말씀하옵소서."
3 너를 따르는 제자들이요, 또한 노력하
는 자들이요, 법전을 만들고 법전을
전하며 오늘의 성전이 존재하도록 하
며 나의 강론을 전하는 이 역사를 지
탱하는 너의 제자들에게 축복과 영광
이 있음이니라.
4 감히 그 상을 받을 때 그 감사함이요,
그 위대함은 너희가 그때 가서 알게
될 것이니라.
5 내가 나의 아들을 따르는 백성이요,
나의 법전을 가지고 공부하는 백성,
너희가 나의 아들딸이며,
6 너희가 얼마나 소중하며 왜 역사하여
야 하며 존재하는 것이 위대한 것인가
를 내가 나의 아들을 통하여 나의 법
전에 기록하여 전함이니, 너희는 후회
하지 말며 괴로워하지 말라.
7 너희는 지금 믿음의 길을 가는 종교
집단을 내가 잘못되었다 하니, 그들은
그를 듣고 나에게 치받는 소리를 할
것이니라.
8 그러나 여기서 들어 보도록 하라.
9 너희는 깨우치도록 그리하라.
10 믿음이라는 것을 가는 백성이요, 지도
자는 어찌해야 하는가?
11 교회라는 곳이요, 성전이라는 곳을 늘
리고 더 확장하며 그를 더 아름답게

꾸미는 데 최선을 다하는 그와 같은
믿음으로 가니, 그게 잘못되었다 함이
니라.
12 너희는 어찌 가겠는가?
13 너희는 지금 하나의 성전에서 나의 법
전을 가지고 공부하느니라.
14 여기에 사람들이 미어지고 또 사람들
이 많이 모여든다 하여 큰 성전을 짓
고자 하는가?
15 너희는 그리 가서는 아니 되니라.
16 너희는 큰 성전을 지으려고 지금 믿
음의 길을 가는 것이요,
17 만백성을 구하는 길이요, 믿음을 위해
서 가는 것이 아니니, 이게 얼마나 잘
못되었느냐?
18 이제 너의 제자들은 들어야 할 것이
니라.
19 교회요, 성전이라는 곳에 사람이 많이
모여들거든, 그 성전을 더 크게 지으
며 만백성을 모으는 것이 아니라,
20 '이 교회요, 이 성전에서 더는 비좁아
서 받아들일 수가 없으니, 옆에 있는
교회로 가시고 옆에 있는 성전으로 가
서 공부하십시오.
21 모두 성경을 갖고 가르치는 것이며 하
나님의 뜻을 가지고 가르치는 것은
그곳이나 이곳이나 똑같으니, 그리 가
십시오.' 하며 다른 교회요, 다른 성전
으로 인도하고 안내하는 그와 같은 종
교 지도자요, 집단이 이 세상에 나왔
을 때,
22 그것이 바로 나의 진정한 뜻으로써 믿
음을 향해서 가는 것이 아니더냐?
23 너희가 정녕 믿음을 위해서 가는 길이
며 만백성을 구하고자 한다면,
24 너희가 많은 사람을 가르치고 많은 사
람을 끌어안고 있을 이유가 무엇이
있으며,
25 인원이 많다 하여 때려 부수고 또 짓
고 성전을 더 넓히고 넓힐 이유가 무
엇이 있던가?
26 그저 백 명이 모일 수 있는 곳에 2백
명이 오면, 백 명은 다른 곳으로 보내
는, 그리고 인접 교회로 보내는 그와
같은 믿음으로 가는 것이 진정한 종교
지도자이니,
27 그는 거기에 계획함이 없으며 사악한
마음이 없으며 재물을 긁어모으고자
하는 것이 없으며 욕심이 없음이니라.
28 너는 그리 알아야 할 것이니라.
29 네가 지금 있는 이 성전에 백 명이요,
2백 명이 와서 더는 수용할 수 없을
때는 너의 제자들이 이끄는 곳에 가서
그들에게 강론을 들으며 나의 법전을
가지고 공부하도록 하면 될 것이니라.
30 그리하는 것이 바로 무엇이더냐?
31 욕심이 없으며, 사악한 생각이 없으
며, 제가 제왕처럼 군림하고자 하는
마음이 없음이니,
32 그게 바로 순수한 마음이요, 아름다운
마음이요, 참진리의 길을 가는 것이니
라.
33 너희가 큰 성전을 짓기 위해 믿음의
길을 가는 것이 아니요, 만백성을 구
하기 위해 너희가 믿음을 간다면,
34 그 성전이 크고 작은 것을 따질 필요
가 없으며, 그 성전에 많은 사람이 올
필요가 없으며,
35 헌금이라는 것을 수없이 거둬들이고
많이 거둬들이는 것으로 성공했다 실

패했다는 말을 할 필요도 없는 것이니
라.
36 그저 너희 성전에서 종교 지도자가
세끼 밥을 먹으면서 남에게 손 벌리지
않고 가는 그와 같은 현상이 유지된다
면,
37 그것으로써 너희가 믿음을 가르치며,
만백성을 깨우치고 가르치는 거기에
최선을 다하면 될 것이거늘,
38 어찌하여 너희는 재물이요, 떡에만 관
심이 있는가?
39 그러하니 너희는 때려 부수고 또 짓고
또 늘리려고만 하니,
40 신도가 늘면 느는 대로 인접 교회요,
어려운 데로 보내서 '성경은 똑같으며
하나님의 말씀은 똑같으니 그곳에 가
서 공부하시고 그곳을 이용하면 될 것
이오.
41 여기는 만원사례니 들어오지 마시오.'
그와 같이 써 놓을 수 있고 그와 같이
안내하는 교회요, 종교 집단이 있다
면, 그곳이 진정한 나의 뜻이요, 나의
진리를 가르치는 곳이 아니더냐?
42 진정한 진리요, 만백성을 구한다는 너
희가 어찌하여 더 큰 성전이요, 안 오
는 자 그저 끌어들여서 재물을 거둬들
이는 데만 연연하고 있는가?
43 그와 같은 곳을 폐쇄하며 그 문을 닫
으며 그와 같은 자들의 뿌리를 뽑아야
함이니,
44 그리하여 너희는 그리 가지는 아니할
것이니라.
45 그러니 이게 바로 나 여호와가 잘못됐
다는 것이며, 그를 바로잡기 위해 너
희가 필요하다 함이니,
46 너희가 하는 일이 과연 틀린 것인가,
잘못된 것인가?
47 지금 너희는 들어야 할 것이니라.
48 몇백 리 떨어져 있는 곳에서 너희 강
론을 들으러 너희가 있는 곳에 온다
면, 그들의 고통과 시련은 관계없이
그저 그를 계속 오라 하며, 자주 오고
빠지지 않으며 매일 오는 것이 잘하는
것이며 믿음의 구원을 받는다 그리 칭
송하며 그리 오도록 할 것이니라.
49 그러나 사랑하는 나의 아들 선지자 너
는, 너의 제자가 몇백 리 밖에 있다면,
너에게 오는 그 백성을 거기서 공부
할 수 있도록 그리 가르치고 전해 주
는 것이 너의 제자들이 그리 할 길이
니라.
50 너의 제자들이 동서남북에 가서 있으
니, 그들이 공부하러 올 때 멀고도 먼
곳을 찾아오도록 그리 유도하지 말며,
51 너희 동료요, 형제가 가르치는 곳이
가까운 곳에 있으면 그곳에 소개장을
써서 보내 주며,
52 그곳을 안내하며 그곳에 추천해서 공
부할 수 있도록 하는 그것이 마음을
비운 자요, 참진리를 가르치는 자요,
나의 뜻을 위하여 만백성을 구하는 역
사를 하는 것인데,
53 지금 어찌 가고 있는가, 과연 그러한
곳이 있더냐?
54 그러니 그것이 내 뜻과는 관계없으며,
내가 역사하는 것과 관계없으니,
55 이를 바로잡기 위해 이를 가르치는
너희가 얼마나 소중하며 필요하던가?
56 나 여호와의 아픈 마음을 너희가 알겠
는가?

57 나의 사랑하는 아들딸들이 나의 이름
이요, 우리 부자의 이름을 팔면서 사
랑하는 나의 아들딸을 하늘로 인도한
다면서 그들이 그와 같은 작태를 벌이
고 있음이니,
58 '만원사례요, 여기는 더 올 자리가 없
으니 인접 교회로 가십시오.
59 그리고 인접 성전으로 가서 배우십시
오.
60 그리 가셔도 똑같은 것을 듣습니다.'
그리 '만원사례'라 써 붙이는 교회가
있는가?
61 '만원사례'라는 것을 써 붙이기 전에,
너희는 더 큰 성전을 지으려고 재물을
거둬서 큰 역사를 할 것만 생각함이니,
62 너희는 큰 교회를 짓기 위해 믿음의
길을 가는 것이요,
63 진정한 믿음이요, 만백성을 구하는 그
믿음을 가지 아니하고 있으니, 그를
어찌해야만 되겠는가?
64 너희라도 그리 가 주기를 바라는 것이
나 여호와의 애절한 마음이라면, 너희
는 어찌 받아들이겠느냐?
65 나 여호와의 찢어지는 아픔이요, 나의
아픈 가슴을 너희는 받아들이며 실천
하여 나에게 기쁨을 전하도록 그리하
라, 사랑하는 나의 아들딸들아!

5,857 번째 하나님 말씀

2003년 4월 7일 0시 53분

1 사랑하는 나의 아들아!
2 "네, 아버님! 말씀하옵소서."
3 내가 너를 통하여 160권의 이 법전이
요, 하늘의 진리를 써서 내려보내며,
또 전하도록 내가 기록하여 너에게 내
려보내 만백성을 구하고자 시작함이
니,
4 이게 얼마나 위대하고 소중한 것인지
알아야 할 것이니라.
5 내가 너의 제자들이 어찌하여 소중하
며 나로부터 선택되어 나의 법전을 읽
고 공부하며 이를 만들어 전하는 너희
가 왜 소중한 것인가를 내가 누차 기
록하였음이니라.
6 이제 머지않아 지도자가 될 것이며,
정녕 나의 전사로서 만백성을 이끄는
너희야말로 진정한 목자요, 안내자가
될 것이니라.
7 그러니 너희 자세가 어찌 가야 하는지
알아야 할 것이니라.
8 종교 지도자라는 그들이 지금 가는 형
태가 어찌 되고 있는지 너희는 알겠
는가?
9 그들이 하는 작태가 과연 옳으며, 너
희가 할 수 있는 그 비유가 있는가?
10 그리고 그들의 얼굴 가죽이 얼마나
두꺼우면 그들이 그와 같은 행동을
할 수 있는가?
11 지금의 열여섯 권을 가지고 공부하는
나의 아들을 따르는 제자들이요, 나의
성령을 듣고 공부하는 백성은 이와
같이 얼굴이 두껍지 아니할 것이니라.
12 얼마나 얼굴 가죽이 두꺼운 자들이 지
금의 종교 지도자들인가, 너희는 한번
깨우쳐야 할 것이니라.
13 종교 지도자라는 자들이 강론하고 가
르치며 나 여호와의 뜻을 전하는 봉사
자라는 자들이 너희가 말하는 '억'이
라는 재물을 갖다가 1년에 '억'이 넘

는 몇억이 되는 재물을 봉급이라 해서
타 가는 자들이 있다 하였음이니라.
14 그러니 그들이 그리 가지고 가는 것이
있으며, 신도들에게서 1년에 '억'이라
는 것을 더 갖다 쓰는 종교 지도자가
잘못되었다 말함이니,
15 그 종교 지도자가 그것을 뭐라 말하느
냐?
16 저 자신의 부끄러움을 알며 가장 가
난한 자의 삶에 맞춰서 살아가는 것이
아니요,
17 신도들이 저에게 준 것은 그 '억'이라
는 것에서 이것 떼고 저것 떼고 실제
로 가져가는 수고비는 얼마 안 된다
그리 변명을 늘어놓는 종교 지도자가
있다면, 과연 그것이 종교 지도자로서
그리 말할 수 있으며,
18 지금 나의 법전을 읽고 깨우친 너를
따르는 제자들이요, 나의 아들이 사랑
하는 제자들, 그리고 내가 사랑하는
너희는 과연 너희가 지도자일 때, 그
리 변명할 자가 나오겠는가?
19 너희는 그와 같이 이야기할 수 있도
록 얼굴이 두껍지 않을 것이며 너희
의 양심이 거기까지 가지 아니하였을
것이니라.
20 그것이 세상에 여론화되며 그것으로
시시비비하는 사람들이 있는 것을 부
끄러운 줄 모르며, 이것 떼고 저것 떼
고, 차 떼고 포 떼고 나머지 그저 졸병
만 가지고 산다 그리 말하는 자, 그것
이 종교 지도자들의 입에서 나올 수
있으며 항변할 수 있는 말이며 대답할
수 있는 말이더냐?
21 그러니 그것이 종교 지도자며,
22 인간 세상에서 가르치는 선생도 아니
요, 인간 모든 학문을 가르치는 것도
아니요, 인간에게 시 한 수를 가르치
는 것도 아니요, 인간에게 기능을 가
르치는 선생도 아니요,
23 나 여호와요, 하늘의 창조주인 이 세
상을 다 관장하는 나의 뜻을 이루며
나의 성령을 가지고 가르치며 만백성
의 귀중한 생명을 구원하여 새로 태어
나는 역사를 이룬다는 그 종교 지도자
들이 '억'이라는 그 재물이 적다는 것
이 아니더냐?
24 그러니 차 떼고 포 떼고 이것 떼고 다
떼고 졸병만 가지고 나는 먹고산다,
그것만 제 것이다 그리 말하는 그들이
얼마나 얼굴이 두꺼운 자인가?
25 피를 바른 얼굴보다 더 붉은 흉악한
형태로 살아가는 자들이요, 그건 적다
는 말이 아니던가?
26 저희에게 천 원, 2천 원이라는 지폐를
갖다 바치는 그 신도들의 가난한 돈이
요, 가난한 재물을 거둬들인 것을,
27 '억'하는 것을 갖다가 이리 떼고 저리
떼니 적다고 변명을 하니,
28 그것이 어디 초등학교라는 그 학문을
배우지도 입학하지도 않은 아이들이
소꿉장난하는 욕심이요, 그것만도 못
한 자들이 무슨 지도자라 할 수 있느
냐?
29 그리 말하면 저희가 이는 사탄이 하
는 짓이요, 창조주 여호와 하나님께서
는 감히 선택된 목자요, 저희를 그리
말하지 아니할 것이라 그리 말할 것이
니라.
30 그러나 또한 여기서 얼마나 그들이

간악한지 아는가?
31 그들은 그리 말하느니라.
32 '우리가 더 적게 받으라는 법이 어디
있으며, 종교 지도자는 가난하게 살라
는 법이 있느냐?
33 종교 지도자도 공부하고 깨우치고 수
고해서 당당히 받을 것은 받으며 남부
럽지 않게 사는 삶을 사는 것이 종교
지도자가 가는 길이니,
34 우리의 그것을 투쟁하여 나는 내 직분
을 찾아야 할 것이며,
35 아무리 신도들이 나한테 '억'이라는
것이 많다 해도, 나는 '억'을 계속 유
지하겠다'고 대드는 그와 같은 종교
지도자가 있는 실정이라면,
36 그러고도 저희가 진정한 종교 지도자
인가?
37 나는 그들을 탓하여 말하고 싶지 않으
니라.
38 다만, 나의 아들을 따르는 제자들이
요, 나의 법전을 읽고 나의 성전에서
강론을 듣고 깨우치는 백성 너희는
그와 같은 짓을 하지 말라.
39 그와 같은 자가 있었을 때는 이 법전
이 세상에 나갈 수 없으며, 새로운 역
사를 이룰 수 없기에, 내가 너희에게
그를 듣고 깨우치게 하며,
40 그리고 너희가 들어서 행동을 하라 하
여 내가 지금 가고 있는 자들을 여기
에 기록하여 전함이니,
41 이 세상에 종교 지도자들이 그와 같은
자들이 있느니라.
42 신도들은 걸어 다니는 사람들이 수없
이 많거늘, 고급스러운 차를 타고 다
니며,
43 또 더 좋은 것을 '억'하고 붙여 대고
돈을 가져다 사서 타고 다니며,
44 그를 가지고 활용하면서도 부족하다
하며 항상 적다고 이야기하는 것,
45 그리고 그걸로 저희 종교 지도자가 고
생하며 저희는 세끼 끼니도 어려운 자
가 하는 소리가, 그 종교 지도자가 너
무 힘들고 고통스럽다 그리 말함이니,
46 나의 아들 예수가 과연 그리 살아갔으
며 그리했던가?
47 너희가 나의 아들 예수의 보혈로써 구
원받으며 그가 영광의 구세주라 그리
말한다면,
48 그가 간 길을 그대로 가도록 그리하라.
49 단벌 옷으로 사막을 걸어 다니며 온갖
산길, 들길을 다 걸어 다니면서 오로
지 내가 내리는 성령을 전했으며,
50 잠자리를 걱정하지 아니하였으며, 잠
자리가 없을 때 그를 염려하지 아니하
였으며, 끼니가 없다 하여 두려워하지
아니하였느니라.
51 나의 아들 예수의 그 길을 가는 것이
정녕 하늘에 오르는 길이라면,
52 '억'하는 기계를 타고 다니며 그저 마
음대로 활용하며 '억'이라는 봉급이
적어서 급료가 적다 하여 그를 사수하
겠다고 대드는 그와 같은 종교 지도자
가 있다면, 과연 그것이 진정한 종교
지도자더냐?
53 그건 초등학교에 들어가지도 못한 자
들이 하는 행위라면 너희는 그 말을
알겠느냐?
54 그러니 너희는 그리하지 말라 함이니
라.
55 너희가 그리 가서는 안 된다는 것을

거울삼아 바로 서도록 그리하라, 사랑
하는 나의 아들딸들아!

5,858 번째 하나님 말씀

2003년 4월 7일 01시 06분

1 사랑하는 나의 아들아!
2 "네, 아버님! 말씀하옵소서."
3 너희는 인간 세상에 살아가면서 어렵
고 힘들어 도저히 할 수 없는 상황에
부닥쳤을 때 이와 같은 말을 하느니라.
4 '고양이 목에 누가 방울을 달겠느냐?'
그리 말함이니,
5 고양이 목에 쥐가 가서 방울을 달 수
있겠는가?
6 쥐는 고양이의 밥이니라.
7 그러니 그 고양이의 밥인 쥐가 고양이
목에 방울을 달아야 하는 그와 같은
긴박한 상황이며 그를 역사해야 할
때, 어찌하겠는가?
8 그리하여 너희가 어렵고 힘들며 넘기
어려울 때, 또 부담되는 일을 할 때 그
와 같은 말을 하느니라.
9 지금 나로부터 성령을 받아 기록하여
나의 법전을 만드는 나의 아들이 바로
무엇인 줄 알겠는가?
10 고양이에게 방울을 달라 명을 받은 쥐
가 방울을 달고자 대드는 그와 같은
무지한 나의 아들이요, 그 성격이기에,
11 그가 나로부터 지금의 이 역사를 하
며, 나의 아들임을 알아야 할 것이니
라.
12 나의 아들이 아니요, 나의 명을 따라
가는 내가 선택한 나의 자식이 아니
며, 내가 말하는 지도자가 아니라면,
절대로 고양이 목에 방울을 달려고 대
드는 쥐는 없을 것이니,
13 그 쥐보다도 더 용감하게 방울을 달고
자 하는 것이 나의 아들이며,
14 그가 달 수 있도록 그에게 힘을 북돋
아 주며 그에게 용기를 주는 것이 너
희임을 알아야 할 것이니라.
15 나의 법전을 읽고 깨우친 모든 백성이
요, 나의 아들을 따르는 제자들은 지
금 바로 무엇인 줄 아는가?
16 고양이 목에 방울을 달겠다고 지금 방
울을 들고 대드는 그와 같은 사람들이
니라.
17 그러니 그보다도 더 무서운 역사를 할
수 있는 것이 너희니, 얼마나 소중하
고 위대한 나의 백성이라 말하는가?
18 지금의 종교 집단의 그 수요, 그 물질
적인 힘이요, 그 방대한 조직이요, 그
들이 깔고 앉아 있는 이 지상의 터가
얼마나 무서운가?
19 너희가 하나의 땅덩어리로 만났다면
그들에게 다 먹혔으며 그들의 소유가
되었음이니, 거기에 네 것이 없는 그
상태에서 너희가 그저 발붙이고 두 발
만 서 있을 만큼 가진 것이 너희 소유
의 땅이니,
20 그 땅을 지금 다 차지한 그것을 이기
겠다 대드는 것이며, 그를 다 너희 소
유로 만든다 함이니,
21 인간의 힘으로는 할 수 없음이니라.
22 나 여호와만이 그 역사를 할 수 있으
며 그를 내가 변화시킬 수 있음이니
그리 알라.
23 지금 너희가 바로 그러하니라.
24 내가 사랑하는 백성이라 함이 무엇인

줄 알겠는가?
25 그리고 너희가 왜 소중한 백성인지 알겠는가?
26 쥐라는 동물이 고양이 목에 방울을 달겠다고 대드는 그 일을 하는 것이 너희이기 때문이니, 너희는 곧 무엇이더냐?
27 쥐가 고양이 목에 방울을 달겠다고 대들 때는 제 목숨을 내놓고 가야 함이니,
28 그 목숨을 내놓고 만백성을 구원하고자 나의 법전을 들고 전하며 법전을 만드는 데 최선을 다하고 있으며,
29 이를 이끌어 가는 나의 아들에게 모든 것을 다하며, 그가 바로 설 수 있도록 그를 받쳐 주며 그를 인도하는 버팀목이 되고 있음이니,
30 너희가 아니면 160권의 법전이 나올 수 없지 아니하더냐?
31 지금 무엇보다도 160권의 법전이 세상에 빛을 보는 것이 가장 위대함이니라.
32 160권이 세상에 빛을 봤을 때 차후에 이루어지고 엎어지고 환란이 닥치는 것은 너희 몫이 아니니라.
33 그 모든 것은 나 여호와의 몫이니라.
34 그러나 나의 아들을 통하여 법전을 만들어야 할 것이며 인간을 통하여 나의 법전을 세상에 전해져야 할 것이니,
35 지금 나의 아들을 통하여 이 법전을 만드는 그 역사를 하는 너희는 무엇이더냐?
36 너희는 목숨을 내놓고 지금 하는 것이니라.
37 너희는 모든 것을 다 버리고 지금 하고 있음이니라.
38 어렵고 힘든 그 시련 속에 물질이요, 생명이요, 그 모든 것을 다 바치고 가는 그 훈련을 지금 하고 있음이니,
39 너희는 지금 말없이 그 역사의 훈련 속에 잘 지키고 잘 가고 있음이니라.
40 그러니 바로 너희는 생명을 나에게 바친 백성이니 그리 소중하지 아니하던가?
41 나의 뜻이요, 내가 만백성을 구원하며 내 아들딸들을 구원하고자 하는 그곳에 너희가 목숨을 내걸고 선봉장이 되어서 그 역사를 이루는 것은 나 여호와의 뜻을 따라 나를 위해서 목숨을 바친 것이며,
42 그러하니 내가 너희를 바라보기에 얼마나 소중하며 값진 너희라 내가 말하는 그 이유를 알겠는가?
43 그 누가, 어떤 쥐가 고양이 목에 방울을 달겠다고 방울을 들고 쫓아 들어가겠는가?
44 그러나 너희는 지금 그리했음이니라.
45 그리고 그리하고 있음이니라.
46 그러니 내가 세상을 다 주고도 너희와 바꾸지 않는다는 나 여호와의 뜻을 알겠는가?
47 하나밖에 없는 그 소중한 생명이요, 모든 물질이요, 모든 것을 다 바치며 너희에게 있는 그 역량을 다 발휘하여 달려가고 있으니, 너희가 그리 소중한 나의 아들딸이며,
48 너희가 선택된 것은 그리 갈 수 있기에 선택된 것임을 알라, 사랑하는 나의 아들딸들아!

5,859 번째 하나님 말씀

2003년 4월 7일 01시 28분

1 사랑하는 나의 아들아!
2 "네, 아버님! 말씀하옵소서."
3 내가 너에게 뭐라 가르쳤더냐?
4 똑같은 인간이요, 똑같은 백성이라 해
도 깨우치는 점수의 한계가 다 다르다
그리하였음이니라.
5 90이라는 것을 깨우쳐서 나에게 선택
을 받을 수 있으며, 80이라는 것을 깨
우치고, 또한 70이라는 것을 깨우치
고, 인간의 그 능력에 따라서 깨우치
는 점수의 수준이 다르다 내가 그리
말하였음이니,
6 너희는 나의 법전을 읽고 깨우쳐 살과
뼈를 붙여 그 깨달음을 진정 이해하며
너희 것으로 만드는 그와 같은 지혜를
가지라 내가 너희에게 일찍이 가르쳤
거늘,
7 지금 남을 놓고 시시비비하며 남의 장
점과 단점을 놓고 그를 심판하며 남의
말을 해서는 아니 된다는 그 뜻이 어
디 있는 줄 알겠는가?
8 사람인 너희가 깨달음을 가지고 하늘
에 와 구원을 받는 것도 그 점수가 있
다 했으며 한계가 있다 했음이니라.
9 그러니 사람이 다 똑같지가 아니함이
니라.
10 살아온 날의 점수가 있으며 자신의 한
계가 있는 것이거늘, 그것을 각자의
수준에 맞추려고 갑론을박하며 시시
비비를 한다는 것은 너희의 오만이니
라.
11 깨달음이 높은 자가 어리석은 자를 비
판하는 것도 오만이요, 자만임을 알아
야 할 것이니라.
12 또 깨달음이 낮은 자가 높은 자를 평
하는 것은 제 분수를 모르며 저 자신
을 모르는 그와 같은 어리석은 삶을
사는 것이 아니던가?
13 하늘에 오르는 그 깨달음의 점수가 다
다르듯이 인간이 살고 갖춘 그 능력이
또한 다 다름이니라.
14 그리고 생각하는 것, 처신하는 것이
모두 다름이니, 그 점수에 맞게 그가
행동한다는 것을 알라.
15 그러니 그들을 탓하지 말며 그들을 나
무라지 말며 남의 말을 해서는 아니
되는 그 이유가 거기 있음을 알아야
할 것이니라.
16 이제 만백성을 깨우치며 만백성의 지
도자로 선택된 너희는 인간 세상에
있는 지도자로서 가르치는 것이 아니
요,
17 하늘의 뜻이요, 창조주인 나 여호와의
하늘의 그림을 갖고 그려서 보여 주
며, 그 그림을 가지고 설명하는 것이
너희니라.
18 그러니 너희가 얼마나 소중하며 중요
한 자인지를 안다면,
19 너희는 감히 인간 세상에서 인간의 육
을 가지고 남을 평가하며 시시비비하
는 것에, 그들과 더불어 같이 시시비
비하며 옥석을 가리고자 그들과 갑론
을박한다면 너희는 깨달음의 경지에
오른 백성이 아니라는 것을 알아야 할
것이니라.
20 인간 세상에서 바라보는 그 마음의 한
계를 벗어나지 못하며, 하늘의 뜻을

알고 깨달음을 얻고도 행하지 아니한
다면,
21 너희가 정녕 나의 피조물 만백성의 선
택된 지도자로서 그들과 차별화됨을
찾지 못할 때, 그들이 너희에게 고개
숙여 따르며 경배하는 마음이 없어질
것이니,
22 너희를 경배하지 아니하며 존경하지
아니한다면 종교 지도자로서 어찌 임
무를 수행할 것이며 내 뜻을 역사해
이룬다 생각하는가?
23 너희는 나의 피조물 만백성에게서 신
뢰를 받으며 존경을 받으며 너희가
변하는 모습을 보고 그들이 너희를
따라 그리 살아가고자 하는 마음 자세
를 가졌을 때,
24 그것이 만백성을 구하는 길이며 너
자신이 구원의 길에 들어서 있는 백성
으로서 살아가는 기본이며 자세라는
것을 절대로 잊어서는 아니 됨을 알아
야 할 것이니라.
25 내가 너희에게 일찍이 말했듯이, 지금
의 모든 백성은 믿음이요, 진정한 깨
우침을 위해서 그들이 가르치며 그리
가는 것이 아니라,
26 그 방향도 모르며 그저 남들이 가니까
따라가는 백성이 부지기수며 진정한
뜻을 모르고 가는 백성이니라.
27 그들에게 나의 법전을 전해 줘 그들이
바로 보고 바로 깨우칠 수 있는 구원
의 근본인 나의 법전을 전하는 백성
너희의 행동이요, 행하는 것을 보고
그들이 구원을 받고 못 받는 것이 중
요하다 하였음이니,
28 그게 바로 너희가 복음을 전하는 가
장 으뜸이라 내가 말하였음이니라.
29 인간 세상에서 받은 자격증이요, 임명
장을 가지고 너희가 복음을 전하는
종교 지도자의 자격 기준을 논하지 말
라.
30 너희가 행동으로써 만백성에게 본보
기가 되며 너희가 살아가는 모습을
보며 그들이 변화되고자 하는 그와
같은 마음을 가질 수 있는 자세로 살
아간다면, 그것이 가장 위대한 복음을
전하는 나의 전사로서 책무를 다하는
백성이라는 것을 알아야 할 것이니 그
리 알라.

5,860 번째 하나님 말씀

2003년 4월 7일 08시 14분

1 사랑하는 나의 아들아!
2 "네, 아버님! 말씀하옵소서."
3 인간 세상에 살아가면서 열 명 중에
다섯 명이 좋다는 사람이 있고 다섯
명이 잘못됐다는 사람이 있고,
4 또 열 명 중에 여섯이 좋다고 하는 사
람이 있고 네 명이 나쁘다고 그렇게
평가하는 것이 있다면 그것은 어떠하
던가?
5 여섯 명이 좋다면 그것은 좋은 것이
아니던가?
6 그러나 좋다는 사람이 네 명밖에 없으
며 여섯 명이 나쁘다 생각하면 너희
가 하는 일이요, 하는 행동이요, 그는
잘못된 것이 아니던가?
7 그와 같이 너희는 서로 평가할 때 과
연 좋은 쪽과 나쁜 쪽을 어느 사람이
손을 많이 들어 주느냐에 따라서 옳고

그름을 평가하는 것이 너희가 살아가
는 세속의 흐름이 그렇지 않던가?
8 한 사람을 놓고도 그가 좋은 사람인지
그가 나쁜 사람인지 평가하는 것 또한
그를 기준으로 삼지 아니하던가?
9 그러니 지금 너희 모든 종교 집단이
요, 하늘에 오르는 길을 가는 그 신도
라는 자들, 그리고 두꺼운 성경책이라
는 것을 끼고 주일마다 모이는 그와
같은 사람들을 볼 때,
10 만백성이 과연 그들은 위대한 자며 그
들은 훌륭한 자며 존경할 자라 하여
그들 앞에 고개를 숙이는가?
11 그렇지 않으면 많은 백성이 정녕 저
들은 가증스러운 자요, 하나님의 이름
을 부르며 성경책을 옆구리에 끼고 가
장 근엄한 체하나, 믿지 않는 일반 인
간과 아무것도 다른 점이 없는 똑같은
백성이라 그리 말하는 숫자가 많다면,
그것은 무언가 잘못된 것이 아니던가,
사랑하는 나의 아들아!
12 그렇다면 그들 자신이 무언가를 바꿔
야 하며 행동을 바꿔야 하며 자세를
바꿔야 하는 것이 아니던가?
13 그렇다면 그들을 바로잡아야 하며 바
로 깨우쳐야 하며 바로 세우는 그 길
을 가야 함이니,
14 바로 깨우치는 방법이 나와야 할 것
이니라.
15 종교 지도자라 하면 성역을 만든 자
요, 감히 저희가 잘하고 잘못하는 것
도 시시비비를 하지 못하게 하며 저
희에 대해 말을 하지 못하게 하며,
16 그저 신보다도, 나 여호와보다도 더한
대우를 받고자 하는 그 종교 지도자
그들을 만백성이 과연 어찌 보는가?
17 그는 완벽한 삶을 사는 자요, 천사와
같은 삶을 사는 자라 그리 말하며, 진
정 나 여호와의 뜻에 살아가며 가르치
는 종교 지도자라 말할 때,
18 100명 중에 60명이 '아니요.' 하고 고
개를 흔든다면 어찌하겠는가?
19 그 신도들 또한 냉정히 평가할 때, 아
니라는 말이 있을까 봐, 그리하여 오
죽하면 궁색한 변명을 하고 살아가게
하였는가?
20 정말 너희는 간악하고 간악한 자들이
니라.
21 너희는 종교 지도자를 보고 믿음의 길
을 가는 것이 아니요, 성서를 보고 가
는 믿음이라 하여 그와 같이 얼버무리
고 넘어감이니,
22 그게 얼마나 간악한 방법이요, 사악한
짓이던가?
23 그리고 신도 자신도 저희를 가르치는
종교 지도자가 정녕 인간으로서, 지도
자로서 한 점의 부끄럼이 없느냐 물었
을 때,
24 많은 숫자가 '아니오.' 하고 흔드는 자
가 많을 것이니, 밖에 있는 백성은 오
죽하겠는가?
25 그러니 그들을 바로잡아야 하며, 그들
을 바로 깨우쳐 줘야 하며, 그리고 그
들을 바로 세우는 그와 같은 변화의
역사가 있지 아니하면 아니 되지 않던
가?
26 그러면 모든 것이 총체적으로 지금의
믿음의 길을 가는 길이 그들로 하여금
이 세상이 정화되어 아름다우며 그리
고 그들로 하여금 천국과 같은 역사가

하늘에서 이루어진 것처럼 이 지상에
서 이루는 지금의 믿음의 집단이라 말
할 때,
27 많은 사람이 '아니오.'하고 흔드는 자
가 있어 그들이 60퍼센트가 넘을 것
이니,
28 그들이 '아니오.'라고 흔든다면 그것
은 과연 잘못된 것이 아니던가?
29 그리고 믿는 신도들의 자세가 잘못되
었으며, 가르치는 지도자들의 자세가
잘못되었으며 행동이 잘못되었으며,
모든 종교 집단이 하는 것이 잘못되었
다면,
30 그건 바로잡아야 하며 그를 바로 세
우는 역사의 변화가 있어야 하는 것
은 당연하지 않겠느냐?
31 너희 제자들이 그를 생각한다면, 나의
법전이 얼마나 소중한 것이며 이 법전
이 세상에 나오는 것은 당연하며, 그
역사는 이루어져야 하며,
32 이는 순리적이요, 나 여호와의 뜻에
이루어진다는 것을 알아야 할 것이니,
33 이는 내가 너희에게 불안해하지 말며
겁먹지 말며 너희가 그저 법전을 만드
는 데 최선을 다하라는 것이니라.
34 너희가 두려워하고 겁을 먹고 법전을
만드는 데 소홀히 하며 기도하는 데
소홀히 하며 너희가 변하는 데 소홀히
한다면,
35 너희는 정녕 구원의 길을 갈 수 없기
때문이니, 최선을 다하라.
36 지금의 잘못됐다는 것을 놓고 나의 백
성에게 손을 들라 하면 '아니오, 잘못
되었소.' 할 사람들이 80퍼센트도 넘
을 것이니,
37 그러니 얼마나 잘못된 것이냐?
38 맹신자요, 맹종하는 자들이 제가 어디
에 서 있는지, 지금 무슨 짓을 하는지
도 모르며 그저 '아멘, 할렐루야!' 소
리 지르는 그와 같은 백성 말고는 모
두 잘못되었다고 고개를 흔들 것이며,
39 믿지 않는 일반 백성만도 못한 그들이
니,
40 그와 같이 형편없는 믿음의 길을 가는
백성이요, 가르치는 지도자요, 집단으
로 전락했음이니,
41 이를 바로잡는 것은 반드시 있어야 하
며, 그걸 바로잡기 위한 것이 무엇이
더냐?
42 깨우침의 길이 있으며 교본이 있어야
하며 그리고 근거하는 것이 있어야 하
니, 그리하여 법전이 세상에 나오게
되었음이니,
43 너희는 두려워하지 말며 겁먹지 말라.
44 오로지 이 길이 정도요, 하늘에 오르
는 길이라는 것을 잊지 말라.

5,861 번째 하나님 말씀

2003년 4월 7일 09시 11분

1 사랑하는 나의 아들아!
2 "네, 아버님! 말씀하옵소서."
3 믿음의 길이란 끝이 없으며, 그 끝이
없는 것이 하늘에 오르는 길이라 내가
그리 너에게 전하였음이니라.
4 그러니 중단해서도 안 되며 네가 물러
서도 안 되는 것이 믿음의 길을 가는
길이라는 것을 잊어서는 아니 될 것이
니라.
5 지금 내가 너에게 밤과 낮을 가리지

아니하며 160권의 대장정의 법전을
세상에 내보내, 네가 죽을 때까지 하
늘의 진리를 받아 기록하여 책으로 만
백성에게 전하고 나에게 오는 그 길은
얼마나 어렵고 힘든 길인지 알게 될
것이니라.
6 그러나 너는 그를 역사해야 할 것이며,
7 하늘의 참진리요, 나 여호와가 만백성
을 구하는 글을 기록하여 만백성이
읽어야 할 것이며, 그들이 보고 깨우
쳐야만 하늘에 오르는 길이 아니던가?
8 그를 보고 깨우치고 역사하지 아니하
면 그들은 오를 수 없음이니라.
9 이제 내가 처음으로 시작하는 것이 너
희니라.
10 너희가 지금부터 시작하여 변화되는
그것이 이 세상에 하늘에서 이루어진
것같이 지상에서 이루어지는 기본이
요, 기초가 됨을 알아야 할 것이니라.
11 내가 근 3년이라는 그 긴 세월동안 너
희 옆에서 회초리를 들고 깨우쳤으며
또 가르쳤음이니,
12 오늘에 배운 만큼 그 자세가 되어 있
는가?
13 너희는 그래도 거짓 하지 않으려 하
며, 십계명대로 살려 하며, 내가 원하
는 그 성서의 내용대로 살아가고자 지
금 변해 가고 있지 않은가?
14 그것은 3년이라는 그 세월을 내가 옆
에서 하나, 둘, 셋, 넷부터 가르치기
시작하여 지금의 역사를 이루었음이
니라.
15 나의 아들 또한 그 변화가 어떠하던가?
16 내가 그리 말하였느니라.
17 지금 그는 느끼고 있음이니라.
18 그는 절대로 성인군자는 될 수 없으
며, 나 여호와의 아들로서 그가 나의
성령을 들으며 나의 법전이요, 내가
내리는 나의 가슴의 뜻을 듣지 아니하
면, 성인군자도 될 수 없는 그와 같은
나의 아들이니라.
19 그러나 나의 아들이 성인군자의 그 도
를 넘어 누구도 갈 수 없는 그 길을 갈
수 있는 것은,
20 나 여호와에게 그가 매일같이 3년 동
안 매질을 당하며 공부를 했으며 회초
리를 맞으며 공부를 한 것을 너희는
알아야 할 것이니,
21 그것 또한 죽을 때까지 내가 그를 가
르칠 것이며,
22 그를 가르치는 것이 곧 나의 뜻이요,
하늘의 뜻이기에 그를 기록하여 만백
성에게 전하는 대역사의 변화가 지금
이루어지고 있음이니라.
23 내가 나의 아들을 통하여 가르치는 방
법과 너희가 깨닫는 방법이요, 너희가
변해 가는 방법에 무슨 물질이 필요하
며 물량이 거기에 필요하더냐?
24 너희는 그저 와서 나의 아들을 통하여
내리는 강론을 들으며, 내가 책으로
만든 나의 성령이요, 나의 뜻을 읽고
깨우쳐서 이 세상의 어떤 백성도 갈
수 없는 그 길을 너희가 가고 있지 않
더냐?
25 그와 같이 너희가 깨우치는 것은 나
여호와가 너희에게 무상으로 내리며
무상으로 가르치는 것임을 잊어서는
아니 될 것이니라.
26 그러나 모든 종교 집단이요, 지도자
요, 그 신도요, 하는 자들은 물질이요,

물량으로써 모든 것을 다 계산하며 그
를 앞에 두고 믿음의 길을 가는 것이
니라.
27 물량을 확보하는 데 역점을 두고 가는
것이 지금의 모든 종파가 가는 길이니,
28 그리하여 그것이 진실한 믿음의 길이
아니요, 나의 뜻을 역행하는 것이며
나의 뜻을 거역하며 가는 것이라 내가
너희에게 말하는 것이니라.
29 너희는 진정한 믿음이 아니라 물량을
위주로 하는 그와 같은 믿음의 길을
가고 있음이니, 나를 거역하며 나에게
순종치 않는 백성으로 전락 되어 있
으니 이를 어찌하는가?
30 그리하여 내가 너희에게 그를 깨우쳐
주고자 함이니라.
31 하늘에서 내리는 나의 진리를 공부하
는 것이며 나의 뜻을 배우는 것은 무
상으로써 배우며, 내가 내린 성령의
책을 보고 배우며, 나의 법전을 보고
깨우치며,
32 나의 아들을 통하여 내리는 그 강론에
너희가 물량으로 계산할 것이 없으며,
금화와 은화를 바침으로써 보답하는
길이 아니요,
33 내가 내리는 참진리를 그대로 깨우치
고 지키는 것이 너희가 나에게 보답
하는 길이요, 그것이면 된다는 나의
가르침이 과연 무엇이 잘못되었던가?
34 내가 무상으로 나의 아들을 통하여 내
려보내니, 나의 아들도 또한 무상으로
써 그를 전하고 깨우침이니,
35 여기는 물량이 필요 없으며, 물질이
필요 없으며, 금화와 은화가 거래될
필요가 없으며, 십일조라는 것이 필요
없으며, 너희가 바치는 감사 헌금이라
는 것이 필요 없음이니라.
36 너희는 그저 물질을 거둬들이는 데 연
연하며, 모든 걸 물량으로써 계산하여
물량이 많고 적음으로 성공이요, 실패
라는 기준을 두고 가니, 그것이 잘못
되었으며,
37 그것은 하늘의 뜻이 아니요, 하늘을
거역하는 뜻이라 그를 바로 깨우쳐 주
고자 하며, 그와 같은 방법으로 가면
아니 된다는 것을 지금 나의 법전을
통하여 너희에게 깨우쳐 주는 것이니
라.
38 그러나 너희가 그걸 깨닫지 못하며 이
해하지 못하기에, 내가 법전이라 하여
책으로 만들어 너희 손에 쥐여 주는
이 어렵고 힘든 길을 가고 있음이니라.
39 너희는 모두가 나를 역행하는 종교 집
단이요, 나를 거역하는 종교 집단이
요, 순종하는 종교 집단이 아니며, 내
뜻대로 가는 집단이 아니니라.
40 너희는 물량과 물질을 위주로 하여 모
든 것을 다 거기에 맞춰 가는 그 믿음
이 변화되지 아니하며 거기에서 탈피
하지 못한다면 진정 나의 백성이 아님
을 알라.
41 너희는 어떠한 일이든 금화와 은화를
거둬들이는 행위를 해서는 아니 되느
니라.
42 감사 헌금에서 감사는 하나 헌금이라
는 말을 빼야 하며,
43 십일조라는 말을 너희 사전에서 없애
야 할 것이며,
44 헌금이라는 것을 너희 사전에서 없애
야 함을 알아야 할 것이니라.

45 내가 너희에게 뭐라 말하였느냐?
46 성전을 지을 필요가 없다 하였음이니
라.
47 너희가 공부하는 곳이 넘치면 이웃의
지도자에게 보내면 되며 이웃의 교회
로 이적시켜 주면 되는 것이라 내가
그리 말하였음이니,
48 이게 바로 내가 너희에게 가르치고자
하는 뜻이니라.
49 너희가 다락방에서 열 명이 공부하다
그 열 명이 넘칠 때, 인접 지역으로 또
나가서 열 명이요, 스무 명이요, 가르
치면 되니,
50 그게 나의 뜻이 전해지는 길이니라.
51 바로 나의 법전이 그와 같은 방법으로
써 세상을 덮으며 만백성을 깨우쳐 가
는 역사라는 것을 알아야 할 것이니
그리 알라.

5,862 번째 하나님 말씀

2003년 4월 7일 19시 36분

1 사랑하는 나의 아들아!
2 "네, 아버님! 말씀하옵소서."
3 너희에게 '돼지라는 동물에게 진주를
주면 무엇하느냐?' 하는 말이 있느니
라.
4 나의 이 법전이 구원의 길이요, 생명
의 길이요, 하늘에 오르는 길이라 하
였음이니, 이를 너희가 인간에게 전하
는 것이 도리임을 알아야 할 것이니
라.
5 보석보다도 더 귀하고 소중한 나의 법
전을 너희가 인간에게 전함이요, 동물
에게 전하는 그와 같은 행위를 해서는
아니 될 것이니라.
6 그러니 너희가 나의 법전을 읽고 감사
하며 깨우치고자 하는 백성,
7 그리고 그를 받을 때 감사하는 마음을
갖고 보답할 수 있는 마음,
8 말 한마디에 그 정성이 모두 들어 있
다 말했듯이, 감사하는 마음과 고마운
마음을 갖고자 하는 자에게 나의 법전
을 전하도록 그리하라.
9 그렇지 아니하고 오만한 자, 경망한
자, 그리고 자만하는 그와 같은 자들
은 나의 법전을 볼 자격이 없으며, 그
들은 받을 자격이 없음이니라.
10 그러니 그와 같은 자들에게 나의 법전
을 전하는 것은 짐승에게 보석을 던져
주는 것과 마찬가지 행위라는 것을 잊
지 말라.
11 그러니 나의 법전을 접하지 않는 자,
원하지 않는 자, 그와 같은 백성에게
함부로 집어 주는 그와 같은 일을 하
지 말라.
12 이제는 저희들이 필요하여 원하는 자,
그리고 그것을 보기 원하는 백성에게
나의 법전을 전하도록 그리해야 할 것
이니 그리 알라.
13 이제 너희가 새로운 법전이요, 새 형
태로써 지금 갖춰지기 시작하며,
14 모든 것은 처음부터 시작하는 그와 같
은 마음으로써 너희가 지금부터 법전
160권을 만들어 낼 것이니,
15 그 법전은 너희가 필요로 하는 사람,
원하는 사람에게만 전해야 할 것이며,
16 원하지 않는 자에게 나의 법전을 전하
는 그와 같은 일이 없도록 그리하라.
17 원하지 않는 자는 그를 보지 아니하며

그 소중함을 모르며 그를 찢어 버리며
태울 것이며 묻을 것이니,
18 그 죄만이 가중됨을 알아야 할 것이
니라.
19 진주와 보석을 줘도 그를 관리할 줄
모르고 쓸 줄 모르며 보석인 줄 모르
는 사람에게 주면 무엇하는가?
20 그러니 이제는 나의 법전을 원하는
사람에게 한 권 한 권 전하도록 그리
하라.
21 원하지 않는 자에게 만 권을 전한들
무엇하겠는가?
22 이제 원하는 자에게 한 권의 법전을
전함으로써 그가 한 사람을 깨우쳐 그
와 같은 역사를 하도록 그리하라.
23 내가 너희에게 나의 성전에 열 명이라
는 제자를 육성하라 하였으니 뭐라 말
하였더냐?
24 단 한 사람의 제자를 육성하는 것이
열 명이라는 제자를 두는 것이며,
25 열 명의 제자를 둬서 또다시 이와 같
이 작은 성전을 너희 주변에서 이루어
만백성을 깨우쳐 나가는 그와 같은 훈
련에 너희는 이제는 돌입해야 하며,
그와 같은 역사를 시작해야 함을 알
아야 할 것이니라.
26 나의 법전을 읽고 깨우친 백성이요,
지금까지 강론을 들은 백성 너희가
세상에 나간다 해도, 너희같이 아름다
운 마음이요, 하늘에 오르는 길이 무
엇이며, 나 여호와가 원하는 것이 무
엇이며 하늘에 오르고자 하는 것은 행
함이 중요하다는 것을 너희처럼 아는
백성이 드물며,
27 너희처럼 행함을 중요시하며 행함으
로써 모든 것을 표현하고자 하는 나로
부터 선택된 백성도 세상에 드무니라.
28 이제는 너희를 지도자로서 나가게 하
고자 내가 너희에게 스스로 열 명이
라는 제자를 육성토록 하라 하였음이
니,
29 너희가 열 명의 제자를 두어 나의 아
들을 통하여 내리는 강론을 들어 하나
의 집단을 형성하고 이끌어 갈 때, 그
것이 하나의 거점이 되는 것임을 너
희는 잊어서는 아니 될 것이니라.
30 그리하여 그 제자들이 나가 또 거점을
만들며 나의 법전을 필요로 하는 사람
에게 전하는 그와 같은 역사가 이루어
지기 시작할 때가 이제 되었음을 알아
야 할 것이니라.
31 머지않아 70권이라는 법전이 세상에
나갈 것이며, 그것이 역사한 다음에
다음 법전은 1년 후쯤에 또 나가게 될
것이니, 그와 같은 준비를 내가 역사
해 줄 것이니 그리 알라.
32 그러나 너희가 지금 열 명씩의 제자
요, 단 한 명이라도 너희를 따라갈 수
있는 각자의 제자를 육성하지 못한다
면, 너희는 거점에 나갈 자격이 없음
이니라.
33 너희는 지금 각 지역에 나의 성전을
만들어 하나씩 줬을 때 운영하고 이끌
어 갈 자들이니,
34 오늘의 너희 삶을 다스리는 방법이요,
제자로 삼는 그 훈련이요, 그 방법을
모르면 객지에 먼 타향에 나가서는 너
희가 하나의 그 성공의 거점을 거둘
수가 없기 때문이니라.
35 열 명이라는 제자를 육성하는 그와 같

은 훈련을 마친 사람에게 내가 큰 지
역의 책임자로서, 나의 전사로서 먼저
내보낼 것이니, 이를 명심하여 행하도
록 그리 전해 주며 그들에게 깨우쳐
주라.
36 너희가 여기서 백성을 구하지 못하며
인도하지 못한다면, 낯선 지역에 나가
나의 법전을 만들고 만백성을 깨우치
고 인도하기에는 역부족이며, 그들에
게 너희가 쓰러짐을 당함이니,
37 그리하여 너희를 완벽하게 훈련하는
것임을 알아야 할 것이니라.
38 너희가 믿음 하나만 가지고는 버틸 수
없으며, 믿음 하나만 가지고 다른 지
역에 나가, 단어가 다르며 언어가 다
르며 또 생활 풍습이 다른 지역에 가
서 그 백성을 깨우치기가 쉽지 아니함
이니,
39 동양의 작은 나라에서 같은 언어요,
같은 문자를 쓰는 지역이라도 고향이
아닌 타향에 가서 나의 법전을 가지고
거기서 깨우치고 이루는 것은 너희가
오늘 이 성전에서 훈련을 쌓지 아니하
면 그 역사를 이룰 수 없음이니라.
40 너희가 깨우침이 높으며 그리하여 나
가서 지도자가 될 자격은 있으나, 사
람을 다스리는 방법이요, 백성을 인도
하는 기술이 아직 없음이니, 그를 너
희가 연마하라는 것이니,
41 한 사람을 구원하면 그때부터 열 사람
을 구원하는 것은 그 방법이 같으므로
너희가 훈련을 제대로 받아야 역사할
수 있기 때문이니라.
42 내가 너희에게 제자를 만들라 하는 것
은, 지금 전사로서 거점을 맡은 책임
자로 명하여 내려보내고자 하는 것이
니,
43 이를 먼저 행하는 자에게 그 역사를
맡길 것이니 그리 알라.
44 그렇지 아니한 자는 내가 내보내도 성
공하지 못하며, 열정이 없으며, 나의
법전을 가지고 생명을 바쳐 그 모든
역사를 이루는 능력을 발휘할 수 없음
이니,
45 오늘에 내가 명한 작은 것부터 행하는
자를 내보낼 것이니 그리 알라.

5,863 번째 하나님 말씀

2003년 4월 7일 19시 44분

1 사랑하는 나의 아들아!
2 "네, 아버님! 말씀하옵소서."
3 너희는 교회라는 곳이요, 너희 손으로
지은 성전이라는 곳에 나의 피조물 만
백성을 끌어모으며 뭐라 하는가?
4 너희가 손으로 지은 교회요, 그 성전
에 오게 되면 그곳에는 나 여호와가
항상 그 안에 같이하고 있으며 너희와
내가 같이하고 있으며,
5 너희가 지은 교회요, 성전에 나 여호
와가 존재하며 상주한다 그리 말함이
니,
6 너희가 그와 같은 방법으로써 나의 피
조물 만백성을 우롱함이니라.
7 그러니 너희가 얼마나 어리석은 자들
인가?
8 나는 형체가 없다 하였으며, 나의 사
랑이라는 것은, 나 여호와의 성령은
이 세상에 너희 머릿속까지, 수풀 속
까지 안 스치는 데가 없으며,

9 바람보다도 더 세밀하게, 바람보다도
더 정확하게, 바람이 통과할 수 없는
곳을 나의 성령이요, 나의 사랑은 통
과함이니, 나 여호와가 통과함이니라.
10 그런데 어찌하여 너희는 손으로 지은
교회요, 성전 안에만 나 여호와가 존
재한다 말하는가?
11 이 세상을 나 여호와가 만들었으며 이
세상의 모든 동식물이 숨을 쉬고 존재
하고 살아갈 수 있는 것은 나의 성령
이요, 나의 은혜가 없으면 이루어지지
아니함이니,
12 나의 성령은 공기보다도 더 정확하고
세밀하게 나의 사랑이 세상을 다 덮고
있거늘,
13 어찌하여 너희는 손으로 지은 교회 안
에만 내가 상주하며 거기만 내가 역사
한다고 그리 가르치는가?
14 그 말을 또 믿는 백성, 그 말에 '아멘,
할렐루야!' 찾으며 제가 나 여호와가
와 있는 그 성전에 들어온 특별한 백
성인 것처럼 착각 속에 헤매는 것이
지금 너희가 가는 형국이니라.
15 나 여호와가 거하는 곳이 너희가 지
은 교회요, 손으로 만든 성전이라 하
여 그곳에 오기만 하면 각종 은혜를
받으며 영광을 받으며 병을 고치며 축
복을 받으며 은혜의 역사를 이룬다 너
희가 그리 말하며 나의 백성을 우롱
하고 있음이니,
16 너희는 여기서 그 실체를 한번 돌아다
보도록 그리해야 할 것이니라.
17 너희가 그와 같은 큰 교회요, 성전이
라는 것을 지은 것은 과연 어떠한 방
법으로 지었는가?
18 물질과 물량을 그저 거둬들이는 방법
을 다하여 거둬들여 나의 사랑하는 백
성의 피를 빨아 그리 만든 것이 아니
던가?
19 너희가 벌어서 만든 자가 어디 있는가?
20 모두 세 치 혓바닥으로 우리 부자의
이름을 팔아 그와 같이 만들지 아니하
였던가?
21 그리하여 그곳에 내가 위치하고 있다
그리 말함이니,
22 거기에 존재하는 것은 잘못 가르치는
종교 지도자 너희가 위치하고 거기에
제왕과 같은 자로서 군림하는 것이
너희가 존재하는 그 짓이 아니던가?
23 너희는 그를 지으려고 재물을 거둬들
였음이니라.
24 그리고 수단과 방법을 가리지 않고 거
둬들였음이니라.
25 성서에 기록되어 있기를 뭐라 말하였
는가?
26 재물을 거둬들이는 세리를 가장 천한
직업이라 하였으며, 그들을 상대하고
자 아니 하였음이니라.
27 또 창녀라는 직업을 가진 여성들을
상대하지 않으려 하였으며, 그와 같은
것을 천한 직업이라 여기지 아니하였
던가?
28 그러나 지금 너희는 과연 어떠한 짓
을 하던가?
29 너희가 세리라는 그 직업 자체도 가장
천박한 직업이요, 일반 백성이 상대할
수 없는 그와 같은 직업이라 그리 말
하면서,
30 지금 종교 집단이요, 그 교회라는 곳
에서 재물을 거둬들이는 방법은 과연

어떠하던가?
31 너희는 영수증이요, 근거도 없이 세
치 혓바닥으로써 나의 피조물 만백성
에게 평생 재물을 거둬들임이니,
32 너희는 영수증을 써 주면서 명에 의해
거둬들이는 그 세리보다 사악한 자며,
세리보다도 악랄한 자며, 그 이름보다
도 더 추하고 더러운 자라는 걸 생각
해 보았는가?
33 그리하여 내가 재물을 받지 말라 하였
느니라.
34 세리라 하여 재물을 받는 것은, 세리
는 천한 직업이요, 잘못된 사람이요,
35 너희가 세 치 혓바닥으로 우리 부자의
이름을 팔면서 그저 밑도 끝도 없이,
한도 끝도 없이, 영수증 하나 없이, 근
거도 없이, 갚을 계획도 없이 보답도
없이 그저 재물을 거둬들이니,
36 세리보다도 더한 세리가 되어 있는 것
이 너희니,
37 그 속에 무슨 구원이 있으며 무슨 하
늘에 오르는 길이 있으며 나 여호와의
뜻이라 그리 말하는가?
38 나 여호와는 이 우주의 모든 백성을
하나로 이루고자 하며 하나로 역사하
고자 하는 것이 나의 뜻이니라.
39 내가 너희에게 이루는 것은 특별한 백
성만을 이끌어 하늘에 오르는 길이 아
니요,
40 모든 백성은 똑같은 나의 아들딸이니,
그들이 기도하고 경배하는 장소와 기
도하고 경배하는 그만큼 그 대가를 지
급하며 금화와 은화를 바치는 그와 같
은 형국으로써 너희를 오게 함이 아
니니라.
41 나 여호와의 아들딸들이 어버이를 만
나러 왔거늘 그들에게 어찌하여 재물
과 금화와 은화를 거둬들여 고통스럽
게 그리하는가?
42 그게 나의 아들이던가?
43 인간 세속의 너희도 너희 자식이 너
희를 찾아올 때 재물을 가지고 오라
하며, 재물을 바치면 만나주는 부모는
없을 것이니라.
44 그 아들이 오는 것, 그 아들의 얼굴을
보는 것, 그 자식을 볼 수 있는 것만으
로도 영광이거늘,
45 오는 자식에게 재물을 짊어지고 오지
아니하면 네 아비로서 만나지 아니하
며 네 어미로서 너를 만나지 않는다
며 광고하는 부모가 세상에 어디 있단
말이던가?
46 나 여호와는 창조주요, 하늘에는 재물
이 필요 없으며 아무것도 필요 없는
나 여호와에게, 나를 만나려면 모두를
바쳐야 한다며 악을 쓰는 중간 역할
의 그 사악한 자들, 너희가 얼마나 간
악한 자들인가?
47 너희가 어찌하여 우리 부자지간에 만
나는 것이요, 부녀지간에 만나는 것을
그리 막으며, 그리 못 하도록 하는가?
48 그와 같은 자가 얼마나 악랄한 자며
사악한 짓을 하는 것인지 너희가 알겠
는가?
49 어찌하여 내가 나의 아들딸을 만나는
것을 너희가 중간에서 재물을 거둬들
이며 그 재물을 바치지 아니하면 만날
수 없다고 말하는가?
50 그 죄가 얼마나 무서운 것이며 얼마나
사악한 짓을 하고 있는가?

51 나는 모든 만백성을 다 사랑하며 그들이 하나가 되기를 바라며, 하나로써 아름답게 살다 나에게 오르게 하고자 하는 것이 나 여호와의 뜻이거늘,
52 어찌하여 너희가 그와 같은 잔인무도한 짓을 하고 있는가?
53 이를 너희가 먼저 깨우쳐야 할 것이니라.
54 그리하여 너희가 세리라는 직업보다도 더 사악한 세리 짓을 하고 있다는 것을 잊지 말라.
55 그러니 너희가 나의 사랑하는 피조물 백성을 하늘로 인도한다는 말을 하지 말며 진리를 깨우친다는 말을 하지 말라.
56 너희로 하여금 나의 피조물 만백성이 지옥으로 죽어 가는 그와 같은 형국의 삶을 지금 살고 있다는 것을 깨우쳐야 할 것이니 그리 알라.

5,864 번째 하나님 말씀

2003년 4월 7일 19시 58분

1 사랑하는 나의 아들아!
2 "네, 아버님! 말씀하옵소서."
3 너희가 나 여호와의 참진리를 깨우쳤으며 바른 가르침을 가르쳤다면, 오늘에 이와 같이 험악한 세상은 되지 아니하였을 것이니라.
4 너희가 내가 불로 써 내린 그 십계명을 지키고 살아야 하며, 그를 지키고 사는 것이 하늘에 오르는 길이라 그리 가르치며,
5 재물이요, 물질을 거둬들이는 것에만 혈안이 되지 아니하고, 최소한 십계명은 지키고 사는 것이 구원의 길이라 했다면,
6 오늘에 이와 같이 험악한 세상이요, 백성은 되지 아니하였을 것이니라.
7 너희는 십계명을 지킴으로써 세상이 어떻게 아름답게 변할 것이냐 그리 말하나,
8 지금 나의 아들을 따르는 내가 선택한 사랑하는 나의 아들딸들이 나의 법전을 접하면서 그들이 처음에 배운 것이 무엇인 줄 알겠는가?
9 거짓말을 하지 않고 살자는 그 생각이었으며, 십계명대로 사는 것이 하늘에 오르는 길이라 하여 그들은 그 길을 향하여 지금까지 짧은 기간 훈련했고 그 마음을 다스려 왔으며 변해 왔느니라.
10 그리하여 십계명을 지키고자 하는 그 마음 하나를 가지고 공부하며 깨우쳐 온 그들이 이 세상의 그 누구와도 바꿀 수 없는 아름다운 마음이요, 용서하는 마음이요, 사랑이 무엇이며 나눔이 무엇인가를 알고 그 백성이 그리 변해 있으니,
11 그들이 반 천사가 되어 있음을 너희는 알게 될 것이며 볼 것이니라.
12 너희가 보지 아니한다 해도 그 제자들은 서로 알 것이며, 나의 아들을 따르는 제자들, 나의 법전을 읽은 백성은 서로 변하는 것을 알며,
13 상대방의 마음 아픈 짓을 하지 아니하고 살아가는 그와 같은 아름다운 쪽으로 변화됨이니,
14 그들과 같은 백성이 세상에 존재한다면 이 세상은 아름다운 세상이요, 지

상의 천국이 되었음을 너희는 알아야
할 것이니라.
15 인간이기 때문에 계명을 지킬 수 없다
는 말이 얼마나 무서운 죄를 짓는 것
인지를 깨닫고 너희가 그리 가르쳤다
면, 오늘과 같은 세상은 되지 아니하
였을 것이니라.
16 그리하여 잘못 가르치는 종교 집단이
요, 지도자 그들로 인하여 지금 하늘
에 오르는 길이 아니요, 나의 사랑하
는 백성이 다 지옥으로 흘러가는 그
와 같은 길에 살며, 이 혼란하고 혼탁
한 세상이 되어 있음을 알아야 할 것
이니라.
17 내가 좋은 씨앗을 내려 세상에 심으라
하였으나,
18 그 씨앗을 너희는 그저 길거리에 뿌
렸으며 돌밭에 뿌렸으며 가시나무 덤
불에 그 씨앗을 뿌리는 짓을 지금 하
고 있음을 알아야 할 것이니라.
19 내가 내리는 그 좋고 아름답고 건전한
씨앗을 너희가 옥토에 뿌렸더라면, 지
금쯤 잘 자라 열매를 맺었을 것이며,
20 만백성은 그 열매 속에서 하늘에 오르
는 길의 축복이요, 그 영광 속에서 살
아갔을 것이거늘,
21 길거리에 뿌렸으며 가시덤불에 뿌렸
으며 백사장에 뿌렸으며 자갈 더미에
그 좋은 씨앗을 뿌리는 것이 지금의
종교 지도자며 그 집단들이 지금까지
해 온 행위이니라.
22 그래서 그 흐트러져 뿌려진 씨앗이 제
대로 자라지 못하며 뿌리를 내리지 못
하며 살아나지 못했기에 지금과 같이
황폐한 땅이 되었으며,
23 인간이 인간을 의심하며 인간이 인간
을 가장 두려워하며 너희가 사랑이
메마른 세상이 되었음이니,
24 그 모든 것은 다 너희의 원죄라는 것
을 알아야 할 것이니라.
25 내가 그리 아름답고 좋은 씨앗을 내렸
거늘, 어찌하여 너희가 그 씨앗을 좋
은 밭이요, 옥토에서 가꾸지 아니하
고, 그리 삭막하게 그저 마구잡이로
뿌려 버렸는지 그 죄를 너희가 알 것
이니라.
26 나 여호와가 너희에게 계명대로 살지
아니하면 너희는 나에게 오를 수 없
다 하였음이니라.
27 너희가 이제 알아야 할 것이니라.
28 인간이기 때문에 여호와가 내린 십계
명대로 율법대로 살 수 없다고 말하는
자는 나를 거부하고 죄를 짓는 것이
아니요,
29 그와 같은 말을 하는 자는 바로 그 순
간에 너희 머릿속에는 우상을 섬기며
다른 신을 섬기고 살아가는 그와 같은
자로서 전락한다는 것을 잊어서는 아
니 될 것이니라.
30 너희가 백 마디, 천 마디로 변명을 한
다 해도, 내가 직접 불로 써 내린 그
십계명을 인간이기에 지킬 수 없으며,
거짓 하지 아니하며 죄를 짓지 아니하
고는 인간은 살 수 없다고 말하는 그
순간에 너희는 나의 뜻을 거역하며 나
의 아들딸로서 떨어지는 것이 아니요,
31 영원히 나에게 돌아올 수 없는 다른
신이요, 다른 우상을 섬기는 그와 같
은 것으로 전락하며 그곳으로 떨어지
니, 지옥 불로 간다는 것을 너희는 잊

지 말아야 할 것이니라.
32 그리하니 그와 같이 말하는 자들이 다
다른 우상을 섬기고 있다는 것을 너희
는 알라.
33 지금 내가 나의 아들을 통하여 법전에
기록하여 전하기를,
34 너희가 지금까지 그 수많은 종교 집단
이요, 그 지도자들이요, 그리고 수천
년 동안 흘러온 너희가 지금 뭐라 말
하는가?
35 인간이기 때문에 죄를 안 짓고 산다는
것은 거짓말이며 허황된 자며, 십계명
대로 살 수 있다는 것은 거짓 하는 자
며 위선자라 그리 말하는 그 순간에
너희는 다른 우상을 섬기는 자라는
것을 알라.
36 그러니 그와 같이 말한 모든 종교 집
단은 다 우상을 섬기는 것이며, 제1계
명을 거역하고 있으며,
37 다른 신 앞에 고개 숙이고 맹종하며
나 여호와에게 경배하고 기도하지 않
는다는 이 무서운 사실을 알라.
38 너희는 이 이야기를 들으면서 너희 자
신이 반성하지 아니할 것이니라.
39 이는 사탄이요, 사악한 자가 헛소리를
한다 그리할 것이니라.
40 그 십계명은 내가 바위에 직접 불로
써 내린 것이며,
41 그를 지키고 살라 명하였음이니, 그를
지키고 사는 것이 나에게 오르는 길이
라 목숨을 내걸고 그를 지키고자 하는
백성이 있으며,
42 인간이기 때문에 지키지 못하겠다 말
하는 그들은 우상을 섬기며 다른 신을
섬기는, 나에게 돌아올 수 없는 자식
이요,
43 너희가 지킬 수 있다는 자는 하늘에
올 수 있는 나의 자식이요, 내 자식이
라는 것이 여기서 구분됨을 알아야 할
것이니라.
44 바로 그와 같은 자들이 우상을 섬김이
니, 이 세상에 얼마나 많은 종교 집단
이요, 지도자들이 우상을 섬기며,
45 그 밑에 가서 구원을 받겠다 울부짖는
그 신도들 또한 저희가 우상을 섬기는
그와 같은 행위를 하고 있음을 알 것
이며,
46 우상을 섬기는 가짜 지도자에게 듣고
또 들으니 가짜로서 성장하며 너희 자
신이 지옥으로 간다는 것을 어찌 그리
도 모르고 있단 말이던가?
47 너희는 나의 아들 예수의 이름으로 하
나가 되고 하나의 역사를 이루는 그
종교 집단이라 그리 말하느니라.
48 나의 아들 예수 이름 앞에, 구세주 예
수의 이름 앞에 너희는 하나로 뭉쳐
져 있으며, 하나로 통일되어 있으며,
모두 하나로 역사의 같은 길을 간다
그리 말하느니라.
49 그리하여 너희가 믿는 교회요, 집단이
요, 그 모두는 다 구원의 길이요, 영광
의 선택된 길이라 그리 말하지 않는가?
50 너희 집단의 속을 들여다볼 때, 과연
하나가 되었으며 하나로 뭉쳐져 있으
며 오로지 한 길을 가는 각종 종파라
그리 말하는가?
51 같은 이름이 있는 그 종파도 다 각자
속사정이 다르며, 뭉쳐져 있지 아니하
며, 통일되지 아니하였으며,
52 한 교회 안에도 돈으로 산 이름을 가

지고 거들먹거리고 앉아 있는 그와 같
은 자들이 서로 권력 다툼이요, 시기
하고 시시비비하며 재물을 놓고 언성
을 높이며,
53 서로 치고받고 인간의 법정에 가 재판
을 받는 그와 같은 추한 행위를 하는
자들이 어떻게 하나가 되었으며, 하나
로 뭉쳤으며, 그와 같은 자들이 나의
아들 이름 아래 통일되었으며, 예수의
보혈 아래 하나로 뭉쳐졌다고 그리
말하고 사는가?
54 이 간악한 자들이요, 위선자들이요,
너희가 얼마나 무서운 지옥 불에 가서
그 대가를 치를 것인가는 알아야 할
것이니라.
55 그러니 너희가 어떻게 하나로 뭉쳐졌
으며 하나로 통일되었으며,
56 나의 아들 예수의 이름이요, 구세주
예수 이름 아래 너희가 다 하나라, 한
형제라 그리 말하는 그 자체가 얼마나
말도 안 되는 소리를 하고 있으며 엉
터리 짓을 하는지,
57 모든 동식물이 하늘을 보고 하루에 수
십 번씩 너희의 그 모습을 보고 웃고
있으며 모든 식물도 너희의 그 추한
행동을 보고 웃고 있음이니라.
58 그 웃는 것을 너희는 보지 못하나, 나
의 아들은 그를 보고 알고 있음이니라.
59 그리하여 지금 나의 아들이 분개하며
통탄하며 그가 밤과 낮을 가리지 아니
하고 나의 성령을 받아 너희를 깨우
치고자 하여 오늘의 이 길을 가는 것
을 아는가?
60 나의 아들이 가슴속으로 우는 그 눈
물을 너희는 모를 것이며 알지 못할
것이니라.
61 동물이 비웃는 모습을 모르며 식물이
너희를 비웃는 모습을 모르는 종교 집
단이요, 지도자요, 백성이 무엇을 알
겠는가?
62 이제 너희는 나의 법전을 깨우쳐 전
하는 것을 알라.
63 모든 동물도 하늘을 보고 비웃으며 식
물도 웃고 있다는 것을 알라.
64 이제 너희는 바로 서야 할 것이니라.
65 그러니 너희가 지금이라도 십계명은
목숨을 바쳐서 지켜야 하며, 절대적으
로 이는 지켜야 하며, 그리고 지키고
자 살아야 한다고 가르치는 종교 지도
자만 우상을 섬기지 않는 자요, 다른
신을 섬기지 않는 자라는 것을 알아
야 할 것이니라.
66 너희는 나 여호와가 선택한 백성이라
말하니, 과연 너희가 나에게 선택된
백성인가 너희의 속을 한번 들여다보
도록 그리하라.
67 너희보다 추하고 더러운 짓을 하는 자
가 없을 것이니,
68 너희가 얼마나 간악한 자며 가증스럽
고 어리석은 자들인가를 보라.
69 그리고 나의 법전을 읽고 깨우친 백성
이 살아가는 모습을 너희가 직접 와
서 들여다보고 그들을 점검하며, 그들
과 대화하며 갑론을박해 보라.
70 그러면 너희 스스로 부끄러움을 알게
될 것이니라.

5,865 번째 하나님 말씀

2003년 4월 7일 21시 16분

1 사랑하는 나의 아들아!
2 "네, 아버님! 말씀하옵소서."
3 너희가 십계명대로 지키고 살 수 없다
면 나의 뜻을 거역함이 아니요, 그 순
간에 너희는 다른 신을 두며 다른 우
상을 섬기는 자가 된다 하였음이니,
4 그 무서운 뜻을 알아야 할 것이며 그
를 기억하고 살아야 할 것을 잊지 말
라. 그러니 너희가 지금 나의 계명대
로 살지 못한다 말하는 그 백성이 얼
마나 많이 있으며 그 종교 집단이 얼
마나 있는가?
5 그들이 이 세상을 지배하고 있으며 이
세상이 다 저희 것인 양 지금 그들이
다 관리하고 있지 않은가?
6 그보다 물리적인 집단이 더 없으며,
그보다 더 큰 조직이 없으며, 그보다
더 큰 물량을 가지고 세상을 좌지우지
하는 집단이 없음이니라.
7 그러니 그들이 과연 어떠한 자이던가?
8 나의 계명대로 살 수 없다는 것은 그
들이 다른 우상이요, 다른 신을 섬긴
다 했으니 그들이 사탄이 아니고 무엇
이던가?
9 그러니 이와 같이 방대한 조직이요,
많은 물량이 있는 나의 백성이 잘못
가는 길을 가고 있다는 것을 안다면,
과연 나 여호와가 그를 바로잡는 역사
를 이루어야 하지 않겠는가?
10 그리하여 내가 지금 나의 아들을 통하
여 160권의 법전을 세상에 내려보내
며 그 역사하는 것에 내가 너희를 선
택하였음이니라.
11 그러니 너희가 얼마나 소중한 자인지
알라 함을 내가 수없이 너희에게 전하
였음이니,
12 지금 160권의 법전이 세상에 나오는
것은 너희만 필요한 것임을 알면 될
것이니라.
13 열여섯 권의 법전이 세상에 나온 것은
한 여인의 손발이 저린 고달픈 노력
속에서 세상에 나왔음이니, 마음 졸이
며 그가 간 그 고통의 세월을 누가 아
는가?
14 말없이 묵묵히 가는 그 여인의 마음
을 너희는 알지 못하며 그를 모를 것
이니라.
15 너희도 160권의 법전을 만드는 그 고
통의 역사를 했을 때, 너희가 얼마나
힘들고 어려운 길을 왔는가 할 때,
16 열여섯 권을 혼자 만든 그 여인의 손
발이 저린 아픔을 너희가 알 것이거
늘,
17 어찌하여 감사함과 고마움을 모르고
살아가는가?
18 그러면서 너희가 어디에 사랑이 있으
며 나를 경배하며 나눈다 그리 말하는
가?
19 너희가 나의 법전 열여섯 권을 접하여
그것으로써 공부하며 그것으로써 깨
우치며, 그리하여 연구하고 깨달아 하
늘에 오르는 길을 알며 참진리를 안다
면,
20 이를 세상에 내려보낸 것은 나 여호와
요, 그를 받아서 전한 것은 나의 아들
이요, 그 법전을 세상에 나오게 한 것
은 나약한 한 여인의 눈물 어린 정성

이 거기에 있었음이니,
21 그의 감사함을 모르면서 너희가 어찌
하여 하늘의 은혜를 알며 사랑을 알며
믿음을 안다 그리 말하는가?
22 부모의 사랑을 모르는 자는 나 여호와
의 사랑을 모르듯이,
23 160권의 법전이 세상에 나오기 전에
기본인 열여섯 권의 법전이 나와 너희
가 그를 보고 깨우쳤으며, 그 제자요,
너희가 그를 보고 나서부터 구원을
받은 자요, 너희 생명을 구한 인간의
그 노고가 있으며 그 공이 있거늘,
24 어찌하여 그를 원수로 갚으며 그를 짓
밟으며 그를 탓하며 그를 비방하는 그
와 같은 행위를 하면서 너희가 사랑을
알며 정이 무엇이라 말하는가?
25 내 법전을 기록하여 세상에 나가니 너
희는 그 공을 알아야 할 것이며 그 수
고로움을 먼저 알라.
26 그리했을 때 너희가 모두를 알게 될
것이니라.
27 어찌하여 너희 손에 들고 볼 수 있으
며 생각하면 알 수 있는 것을 그리도
모르는가?
28 그와 같이 너희가 어리석은 마음이요,
욕심이요, 시기하고 질투하는 마음을
갖고 있기에 만백성이 하늘에 오르는
길을 모르며 진리를 모른다 내가 그
리 말하였으니,
29 이제 나의 법전을 접한 백성 너희는
어려운 길을 고생한 그 여인의 아픈
마음이요, 그 공로를 입이 닳도록 칭
찬해도 모자랄 것이거늘,
30 어찌하여 그를 헐뜯고 그를 욕하며,
그가 어렵고 힘들 때 그를 돌아다보
지 않는 그와 같은 지금의 자세로써
너희가 어찌 사랑이 있으며 눈물이 있
으며 인정이 있는 백성이라 그리 말하
는가?
31 그것부터 먼저 행하도록 그리하라.
32 그 감사함부터 먼저 알도록 하라.
33 그를 모르는 자는 인간이 아니며, 나
의 백성이 아니며, 나의 아들딸로서
자격이 없음을 알라.
34 나 여호와가 오늘 법전에 기록하여 나
의 아들을 통하여 이 이야기를 전해야
만 너희가 그 뜻을 알겠는가?
35 이제 그 여인의 마음을 울리는 자는
내가 용서치 아니할 것이며,
36 그 감사함을 모르는 자는 나의 성전에
와 공부할 자격이 없으며, 160권의 법
전의 고귀한 이야기를 들을 수 있는
자격이 없으니,
37 나 여호와의 분노한 마음을 이제 듣도
록 그리하라.

5,866 번째 하나님 말씀

2003년 4월 7일 21시 42분

1 사랑하는 나의 아들아!
2 "네, 아버님! 말씀하옵소서."
3 모세의 시대에 많은 백성이 그 기적의
역사를 봤으며 그들이 볼 수 없는 그
와 같은 내 역사함을 보았음이니라.
4 그러나 그 백성이 과연 어떠했던가?
5 그들도 모세에게서 등을 돌렸으니, 오
죽하면 모세가 나로부터 받은 십계명
을 그들에게 던졌으며 그들을 탓하고
원망했겠는가?
6 그것이 인간 너희의 마음이요, 너희의

생각이니라.
7 또한, 신약 시대에 나의 아들 예수가 세상에 나가 만백성을 깨우치고자 했을 때, 과연 그때의 역사는 어떠하였던가?
8 그를 따르던 그 많은 군중이 나의 아들 예수로부터 등을 돌렸으며,
9 또 많은 군중 속에서 선택된 그 제자들 또한 어떠했던가?
10 어렵고 힘든 그 결정적인 시기에 예수에게서 등을 돌리는 그와 같은 행위를 한 것이 그 제자들이니,
11 너희 인간의 마음이 그러하니라.
12 그러니 지금 2천 년의 역사가 흘러 그 때보다 더 방대한 조직이요, 더 방대한 물질과 물량 공세를 할 수 있는 그와 같은 종교 집단, 그리고 그 길에서 지금 구원을 받겠다며 광분해 있는 그들,
13 그리고 찬송 부르며 경배하는 그것이 구원의 길이며,
14 예수의 이름으로써, 보혈로써 구원을 받으니, 저희가 아무리 사악한 죄를 지었다 해도 저희가 지은 성전이요, 교회라는 곳에 와서 기도하고 눈물 흘리고 회개하면 그를 다 용서받는다 말하며, 그리 쉬운 길을 가라 함이니,
15 거기에서 그를 싫다 할 자 어디 있으며, 거부할 자가 과연 어디에 있는가?
16 나의 법전으로써 너희가 깨우친다는 것이 그게 쉽게 받아들이는 길이라 생각하는가?
17 피나는 노력이요, 눈물의 고행길이 아니면 그 모든 역사가 이루어질 수 없음을 너희는 알아야 할 것이니라.
18 그 법전에 기록되어 있는 내용이 오늘의 삶이 고달프고 힘들며 모든 인간이 살았던 삶을 다 반대로 돌리며 반대쪽에서 보고 살아가는 길이 하늘에 오르는 길이라 그리 가르침이니,
19 향락에 젖어 있으며 즐거움에 젖어 있으며 육의 즐거움에 만연된 너희가 과연 그 어렵고 힘든 길을 가려 하는 자가 누가 있으며, 그리 갈 수 있다고 생각하는가?
20 이제 너는 들어야 할 것이니라.
21 모세의 시대요, 모든 신약의 시대요, 그와 같은 역사를 지나 지금은 내가 마지막으로 만백성을 심판하는 제3의 시대요, 새로운 법전이요, 그리고 새로운 성경을 지금 내려보내니,
22 오늘을 위해서 지난날의 역사가 존재했다는 것을 너는 알아야 할 것이니라.
23 그러니 너희는 모세의 시대요, 또는 그 시대에 역사했던 것은 모두 다 지금을 위해 준비했던 것이며,
24 노아의 방주 또한 그 모두가 무엇이던가?
25 오늘의 너희를 준비하기 위해 그와 같은 노아의 방주가 있었으니,
26 마지막으로 내가 심판하는 제3의 시대가 열려 너희를 심판하기 위하여, 너희를 깨우쳐 바로 서도록 하여 내가 오늘에 법전을 읽는 그것을 보고 너희가 깨우칠 때 그리 어렵고 힘들다는 말이 나오지 아니할 수 있도록 너희에게 역사하며 가르친 것이니라.
27 너희가 노아의 방주가 무서운 것을 알아 바로 살았다면 오늘의 나의 법전을 받아들이기에 쉬웠을 것이며,

28 모세의 그 시대에 그와 같이 우상을
만드는 사악한 짓을 하지 아니하였더
라면 너희는 지금처럼 나의 법전을
받아들이는 데 거부하며 힘들다는 말
이 나오지 아니하였을 것이니라.
29 그리고 십계명 또한 너희가 지키지
못한다고 말할 수 없음이니라.
30 노아의 방주의 그 역사함도 제3의 시
대에 내가 마지막 시대를 열기 위한
그 준비 단계요,
31 그리고 욥의 그 시련과 고통 또한 무
엇이던가?
32 오늘의 제3의 시대요, 마지막 시대를
역사하기 위해 그 모두는 준비된 과정
이요, 준비된 단계에서 이루어졌던 모
든 역사이니라.
33 그리고 나의 아들이 죽음으로써 모든
사랑을 보였으며 그 길을 간 것도 또
한 무엇이더냐?
34 나 여호와가 직접 통제하고 관장하며
그리고 심판하는 시대인 제3의 시대
요, 나의 새로운 성경인 법전이 세상
에 나오는 그 역사를 준비하는 준비
단계였음이니,
35 지금의 제3의 시대를 가는 나의 아들
을 따르는 제자들과 나의 법전을 읽은
백성은 그 모든 고통은 다 너희가 넘
어야 하며, 그보다 더 어렵고 힘든 오
늘의 역사가 이루어져야만 이 세상에
새로운 역사가 탄생한다는 걸 알아야
할 것이니라.
36 노아의 방주를 만들었던 그보다도 더
어렵고 힘든 결단이요, 욥이 살이 썩
는 그 고통을 겪은 것보다 더 어렵고
힘든 오늘의 고비를 너희가 넘겨야
할 것이며,
37 예수가 죽어 감으로써 모든 사랑을 표
시했던 그보다도 더 고통스럽고 힘든
길이 마지막 너희가 역사하는 나의
백성임을 알라.
38 그 모두는 오늘의 나의 법전이요, 새
로운 성경이 세상에 나와 만백성을 구
하는 그 역사의 준비 단계이니,
39 그 준비 단계 후에 결과요, 마지막 이
루는 이때 선택된 백성이 그보다도
더 어렵고 힘든 고난의 길을 가야 하
며,
40 그 역사요, 그 환란을 이겨야만 하는
것이 너희니, 너희는 오늘부터 각오를
다시 해야 할 것이니라.
41 너희가 계주라는 것에 있어서 그 마지
막 주자가 얼마나 최선의 힘을 다했을
때 영광의 테이프를 끊을 수 있는가?
42 마지막 주자가 잠시만 소홀히 해도 잠
시만 늦춘다 해도 그 영광을 차지할
수 없음이니라.
43 그러니 첫 번째 달리는 자, 두 번째 달
리는 자, 다 힘들고 어려우나 마지막
달리는 주자의 책임이 더 무거우니,
44 너희의 책임이 가장 무거운 것이며 너
희가 역사의 가장 힘든 시점에 있는
것이니라.
45 그러니 구약과 신약의 시대에 역사했
던 그 모든 기적과 역사,
46 아브라함이 이삭을 죽이고자 했던 그
시험의 단계, 그 모두는 다 오늘을 위
하여 있었음이니,
47 그보다 더 애절한 마음이요, 더 강한
환란과 고통을 이겨야만 너희가 역사
한다는 걸 잊어서는 아니 될 것이니,

48 그 모든 고통보다 더 어렵고 힘든 길
을 넘어야만 결과가 이루어질 것이며
하늘에서 이루어진 것같이 이 지상의
낙원이 이루어진다는 것을 잊지 말라.
49 그것이 너희가 가야 할 길이며 마지
막 가야 할 길이기에,
50 있는 자, 권력 있는 자는 그 고통을 넘
지 못하며 그를 인내하지 못함이니라.
51 어렵고 힘든 삶을 살아온 너희야말로
그 길을 갈 수 있으며 그 고개를 넘을
수 있으며 그 환란을 나의 아들과 더
불어 이길 수 있음이니,
52 모든 부귀영화를 누리는 자는 그 환란
을 이길 수 없으며 권력 있는 자는 이
환란을 이길 수 없음이니라.
53 오로지 이를 넘기고 이길 수 있는 것
은 너희뿐이니라.
54 그러니 너희가 마지막 내 법전이요,
나의 새로운 성경이 만백성을 구하는,
이 세상에 지상의 낙원을 이루는 마지
막 희생자가 너희라는 것을 잊지 말
라.
55 너희는 나 여호와가 선택한 나의 아들
딸이요, 선택된 전사이니, 마지막 희
생양으로서 마지막 희생을 하여야 함
이니,
56 너희는 목숨을 바치는 것을 두려워하
지 말며, 예수보다도 더 어려운 고통
의 죽음을 간다 해도 두려워하지 말며,
57 너희는 용기 있는 백성으로서 그 모두
를 받아들일 수 있는 그와 같은 마지
막 순교자의 길을 가야 하는 것이니,
58 너희가 선택된 나의 아들딸이며 오늘
이 마지막 역사함이니라.
59 마지막 역사가 가장 큰 환란이요, 가
장 큰 고통이요, 이 세상이 뒤집히는
그와 같은 엄청난 환란의 역사가 이루
어질 것이니,
60 그 소용돌이에서 너희가 중심부에 서
있는 자들이니, 얼마나 어렵고 힘든
길을 넘어야 하는지 너희는 이제 알
아야 할 것이니 그리 알라.

5,867 번째 하나님 말씀

2003년 4월 7일 21시 50분

1 사랑하는 나의 아들아!
2 "네, 아버님! 말씀하옵소서."
3 너희가 살아가는 세상의 삶에서 가장
편안하고 즐거운 마음이요, 행복한 마
음으로 나를 찾으며, 나에게 오르는
그 길만을 내가 만들어 주었다 그리
말하였음이니라.
4 그러니 너희가 어떠한 길보다도 즐겁
고 행복한 마음으로 나에게 오르는 길
을 달려올 수 있도록 내가 너희에게
그리 만들어 주었다 하였음이니라.
5 그러니 너희가 마음에 불안과 공포를
가지고 이 믿음의 길을 오는 것이 아
니라 내가 말하였거늘,
6 지금의 모든 종교 집단이요, 지도자들
이 이끌어 가는 방법이 어찌 가고 있
는가?
7 그들은 지금 나의 피조물 만백성을 얼
마만큼 협박하며 공포 속으로 이끌어
가는가?
8 우리 부자 이름 아래 그들이 얼마나
협박하는 것인지 너희는 알겠는가?
9 너희는 뭐라 말하느냐?
10 주일에 성전이요, 교회라는 곳에 가지

아니하며 십일조를 제대로 내지 아니
한 자, 그리고 헌금을 제대로 내지 아
니하는 자, 감사 헌금을 내지 않은 자,
그와 같은 백성을 너희는 뭐라 협박
하는가?
11 그들이 손끝에 가시 하나만 찔린다 하
여도 너희는 그들에게 헌금을 내지 아
니하여서 찔렸으며,
12 너희 종교 지도자를 상석에 모시지 아
니하였으며 그를 받들지 아니하였으
니 그리되었으며,
13 감사 헌금을 내지 아니하여서 그리되
었다며 모든 것을 다 그리 갖다 붙여
댐이니라.
14 그리하여 나의 백성을 공포 분위기로
써 불안한 속에서, 너희 말대로 따르
지 아니하면 그들이 공포를 느끼고 편
안하지 못하도록 너희가 그리 세뇌하
며,
15 그와 같이 나의 피조물 만백성을 바보
로 만들어 놓고 이끌어 가는 것이 아
니던가?
16 그저 작은 일 하나, 가시 하나 박힌 것
까지도 헌금을 잘 안 냈기 때문에 그
렇다, 그리고 열심히 너희를 받들지
아니하였기 때문에 그렇다,
17 제일 먼저 거둔 과일을 갖다 바치지
아니하며 제일 먼저 농사지은 것을 갖
다 바치지 아니하며, 그리고 현금이
생겼을 때 제일 먼저 너희에게 갖다
바칠 것을 떼어 놓지 아니하여 그와
같이 사고가 났다고 그리 말함이니,
18 내가 일찍이 너희에게 전하였느니라.
19 가시에 찔리는 자가 이 세상에 얼마나
많이 있던가?
20 그렇다면 믿지 않는 자나 믿는 자나
그와 같은 역사가 있어야 할 것이 아
니던가?
21 믿지 않는 자가 가시에 찔리는 것은
무엇이더냐?
22 그가 가시에 찔리는 것은 또한 믿지
않기 때문에 그 가시에 찔린 것이라
그리 너희는 말하는가?
23 그렇다면 그들이 너희보다 더 역사하
는 기적을 이루는 것은 과연 뭐라 말
할 수 있단 말이던가?
24 그렇다면 믿지 않는 모든 일반 백성이
요, 또 믿는 백성이요, 너희 신도라는
자들과 차별을 둬서는 아니 될 것이니
라.
25 그러니 너희는 가시 하나 찔리는 것
만 해도 믿지 아니하며 헌금을 안 냈
기 때문에 나 여호와에게 체벌을 받았
다 그리함이니,
26 믿는 자보다 더 먼저 진급하며 먼저
영광을 얻으며 역사를 이루는 자들은
과연 누가 상을 내리며 누가 은혜를
내려서 그 역사가 이루어졌다 그리
말할 수 있는가?
27 그러니 너희가 얼마나 사악한 자인가?
28 똑같은 것을 얻었어도 너희가 얻은
것은 나 여호와가 준 것이요, 남들이
얻은 것은 사탄이 준 것이라 너희가
그리 말함이니,
29 이것이 바로 종교 집단의 지도자 너희
가 나의 피조물 만백성을 공포의 분위
기로써 몰고 가는 것이니 이를 어찌
한단 말이던가?
30 너희가 주먹만 한 황금 덩어리를 똑
같이 얻었다 하자.

31 믿지 않는 자도 주웠으며 믿는 자도
같이 주웠다 하자.
32 그리해도 너희는 믿는 자가 갖는 것
은 나 여호와가 준 것이며, 믿지 않는
자가 가진 것은 사탄이 줬다고 그리
말함이니,
33 그렇다면 너희는 과연 이를 어찌 설
명할 수 있단 말이던가?
34 그와 같이 너희가 나의 피조물 만백
성을 그리 현혹하여 공포 분위기로써
그들이 오금을 펴지 못하도록 하며,
35 고통 속에 어렵고 힘들어 십일조를 내
지 못한 자, 각종 감사 헌금을 내지 못
한 자는 기도하기가 두려우며 나를 찾
기가 두려운 마음을 가지며,
36 그리고 그들에게 죄의식을 갖고 살아
가도록 그리 만들고 그리 세뇌를 했음
이니,
37 그리하여 너희가 사탄이요, 사악한 자
요, 마귀의 자식이라는 것을 잊지 말
라.
38 어찌하여 나의 피조물 만백성 나의 자
식들을 그리 공포 속에서 이끌고 가
며, 그 공포와 불안함 속에서 그들을
얽매어 끌고 가는가?
39 이것이 잘못되었음이니라.
40 나의 아들이 가르치는 나의 성전에 와
나의 법전을 가지고 공부하며 나의 강
론을 듣는 백성이 과연 얼마나 고통
속에 그리 가며,
41 그들에게 재물을 거둬들이기에 혈안
이 되어 수천수만 가지 명칭을 붙여
과연 나의 아들이 지금 거둬들이고 있
는가?
42 그것을 보라.
43 그렇다면 너희가 깨달음이 있을 것이
니라.

5,868 번째 하나님 말씀

2003년 4월 7일 23시 26분

1 사랑하는 나의 아들아!
2 "네, 아버님! 말씀하옵소서."
3 내가 너의 제자들 앞에 강론하기를,
너희가 나로부터 생명을 받아 세상에
나가니, 너희는 모두 먹고살 수 있으
며 노력하는 것만큼 거두고 이룰 수
있도록,
4 100이라는 그 점수가 하늘에 오르는
점수라 하면 내가 60이라는 점수를
이미 너희에게 내려 주었음이니,
5 그 60이라는 점수 속에서 너희가 모
든 걸 취하며 노력하는 것만큼 거두어
들이고 역사하며 살 수 있도록 내가
다 내려 주었다 그리하였음이니라.
6 그러니 너희가 어찌 노력하느냐에 따
라서, 그 결과에 따라서 얻고 잃는다
하였음이니라.
7 그리하여 내가 너희에게 그 60의 점
수 속에서 그저 살아가면서 아프고 또
쓰린 일이 있는가 하면, 어렵고 힘든
그와 같은 일을 겪으며 작고 큰 불행
이요, 또 작은 기쁨이요, 그와 같은 역
사를 이루면서 살아가는 것이라 하였
음이니라.
8 그리하여 그 모든 것은 너희가 노력
하기에 달렸으며 너희 마음에 달렸으
며 너희 행동에 달렸다 말하였느니라.
9 너희가 작은 역사라 하여 불행한 것
도 나 여호와가 그리 만들었으며 내가

다 그리하였으며 나의 뜻이라 말하지
말며,
10 너희가 얼마만큼 노력하느냐에 따라
서 얻고 거둬들일 수 있는 것이라 내
가 그리 말하였느니라.
11 노력하는 자는 얻을 것이며 거둬들일
것이요,
12 노력하지 아니하는 자는 거둬들일 수
없으며 이룰 수 없다 내가 말하였음
이니,
13 그리하여 노력하는 자는 어떤 것이든
육의 세상에서 60점 안에서 다 얻고
이룰 수 있다고 내가 그리 말하였음
이니라.
14 그리하여 나의 법전을 세상에 전함이
니,
15 모든 종교 집단이요, 지도자요, 그리
고 신도라는 백성이 '그 무슨 60점이
라는 정신 나간 소릴 하며, 그와 같은
점수가 어디 있으며,
16 어찌하여 모든 것을 하나님께서 주관
하지 아니하며 그때그때 역사하지 아
니하고 우리가 살아갈 수 있는 것을
다 받았다 그리 말하느냐?
17 그러니 잘못된 것이요, 사탄이요, 사
악한 자라' 그리 말할 것이니라.
18 그러나 너희는 여기서 알아야 할 것
이니라.
19 내가 60점이라는 그 점수의 한계 속
에서 너희가 그저 희비애락을 얻으며
살아갈 수 있도록 모두를 다 내려 줬
다고 너희에게 말한 것을 믿지 않는
자들이 바로 어리석은 자요, 나의 백
성이 아님을 알라.
20 땅속을 누비고 사는 두더지라는 그
미물은 어찌 살아가는가?
21 제가 먹고살 수 있도록 세상 것이 다
갖춰져 있음이니라.
22 너희가 나는 메뚜기라는 그와 같은 벌
레가 하나 생겼다 하자.
23 그리고 여름에 우는 매미요, 땅을 기
어다니면서 역사하는 개미요, 그 모두
가 다 살아가는 길을 내가 열어 줬기
에 살아가지 아니하던가?
24 물속에 있는 수천수만 마리의 그 물고
기들이요, 또 산에 있는 모든 식물이
요, 그리고 나무 밑에, 땅속에 있는 모
든 미생물이요, 벌레들까지 그들이 세
상에 생명을 가지고 나오면, 그들이
태어나서 먹고살 수 있는 그와 같은
것이 다 갖추어졌느니라.
25 나비요, 또는 잠자리라는 벌레요, 또
물 위를 걸어 다니는 벌레들이요, 그
리고 밀림에 사는 모든 동물이요, 그
리고 작은 날짐승에서부터 큰 날짐승
까지, 이 세상에 하나의 생명이 태어
났을 때 그가 먹고살 수 있는 것이 세
상에 준비되어 있으며 그가 살아갈 수
있도록 모든 게 다 갖춰져 있느니라.
26 그가 노력하여 찾고 얻으면 그를 다
얻게 되어 있으며,
27 아름다운 목소리로 우는 꾀꼬리라는
새도, 나무를 파고 사는 딱따구리라는
새도, 너희가 항상 접하는 비둘기, 모
든 날짐승까지도 하나의 생명이 태어
나면 그들은 다 자연 속에서 먹고살
수 있는 것이 같이 준비되어 세상에
나오는 정밀한 그것을 너희가 본다면,
28 어찌하여 인간인 너희를 세상에 내보
내면서 너희가 노력하여 얻고 살 수

있는 그 준비를 그 미물이요, 식물이
요, 동물보다 내가 더 명확하고 정확
하게 내려 주었다 생각하지 않는가?
29 그 속에서 내려 준 것이 바로 60점이
라는 점수며, 너희는 그 속에서 이루
어지는 것이니라.
30 그러나 손톱 밑에 가시 하나 찔리는
것까지도, 그저 지나가다 양말 한 켤
레 벗어 던지는 것도, 너희가 신발 한
짝 벗어 던지는 것도, 길가다 그저 미
끄러지며 넘어져 다치는 것도,
31 40킬로미터로 기계를 몰고 가라는 것
을 120킬로미터, 200킬로미터로 달려
가다 사고 나는 것까지도 그 모든 것
을 내 책임이요, 나를 빙자하여 말함
이니라.
32 너희가 앞을 보지 아니하여 넘어지는
것도, 앞을 보지 아니하여 앞에 있는
전신주에 부닥치는 것도, 앞을 보지
아니하며 지나가다 돌에 걸려 넘어져
다치는 것, 그 모든 것은 다 너희가 부
주의해서 일어난 것이니,
33 그것도 다 나 여호와의 뜻이며 내가
주관한다 그리 생각하지 말라.
34 그러니 내가 60점이라는 그 점수 안
에서 너희가 먹고살라는 그 의미를
이제 알았을 것이니라.
35 그러니 그와 같은 뜻이 무슨 말이며
사탄이요, 이단이요, 사악한 자가 하
는 소리라 하지 말라.
36 작은 미물부터 너희에게 보이지 않는
모든 벌레까지도 그 생명이 세상에 태
어나오면 그가 먹을 것도 같이 세상에
태어나니,
37 그와 같이 살 수 있도록 그것이 태어
나며 그가 먹고살 수 있는 모든 준비
가 다 되어 있음이니라.
38 그러니 너희가 전지전능한 나 여호와
라 부르면서 그 이치를 모르겠는가?
39 하나의 생물이 태어나고 그가 또 먹히
며 그를 또 먹고사는 그와 같은 모든
것이 하나도 틀에서 어긋나는 것이 없
으며,
40 톱니가 맞지 아니하면 부작용이 날 것
이니, 그보다도 더 정밀하게 모든 것
을 역사하거늘,
41 인간 너희가 세상에 태어나면서 60점
이라는 그 한계에서 마음껏 뛰어놀며
아름답게 살아갈 수 있도록 내가 너희
에게 그 자유를 주지 않았겠는가?
42 모든 권한과 자유를 주었음이니라.
43 그러니 모든 미생물이요, 동물이요,
자연의 식물까지도 내가 하나의 생명
을 불어 넣으면서 그들이 먹고살 수
있는 것을 다 준비했으니,
44 나의 사랑하는 아들딸이요, 백성이 한
생명이 세상에 태어날 때 내가 그걸
어찌 안 했겠는가?
45 다만, 너희가 노력하지 아니하며 연구
하지 아니하며 게으르며 너희가 열심
히 살아가지 아니하기 때문에,
46 너희에게 닥치는 불행이요, 인간이 인
간을 공격하며 인간이 인간의 권한을
박탈하며 그 능력을 짓밟는 그와 같은
불행한 속에서 너희가 이루어지는 것
이니, 그것은 다 너희 탓이니라.
47 이제는 내가 나의 아들을 통하여 60
점이라는 그 점수를 내려 주며 너희가
그 속에서 살아갈 수 있는 모든 권한
을 준 그 의미를 이제 60점이라는 점

수의 의미를 알게 되었을 것이니 그리
알라.

5,869 번째 하나님 말씀

2003년 4월 7일 23시 36분

1 사랑하는 나의 아들아!
2 "네, 아버님! 말씀하옵소서."
3 지금 진정 잘못 가르치는 종교 집단의
지도자들이 얼마나 무섭고 사악한 행
위를 하고 있는지 너희가 알고 있는가?
4 진정한 믿음의 길을 가는 백성은 나로
부터 상을 받을 것이나,
5 나의 뜻이 아니요, 나에게 오는 길이
아니고 잘못 가르치는 종교 집단의 지
도자, 그리고 우리 부자의 이름을 팔
고 사는 자들,
6 아담과 이브는 내가 최초의 인간으로
서 그 아름다운 모습을 만들었음이니,
7 그들은 내가 먹지 말라는 선악과를 따
먹도록 유혹한 그 사탄이요, 그 사악
한 자로 하여금 오늘에 그 낙원의 세
상에서 육의 세상으로 이와 같은 변화
가 이루어지지 아니하였던가?
8 그 사탄보다도 더 무서운 것이 지금
잘못 가르치는 종교 지도자 그들이라
면 너희는 과연 믿겠는가?
9 아담과 이브를 그리 가도록 한 사탄이
나 나의 사랑하는 피조물 만백성을 잘
못 가르쳐 지옥 불로 인도하는 너희나
무엇이 다르다 생각하는가?
10 그와 똑같은 것이 지금의 잘못 가르치
는 종교 집단이요, 지도자들이 하는
행위라는 것을 알아야 할 것이니라.
11 그 죄가 얼마나 무서운 것이며, 너희
가 하는 그 행위가 얼마나 나의 피조
물 만백성에게 고통을 주는 것인가?
12 영원히 사는 세상에서 그들이 지옥 불
에 가 온갖 죄의 대가를 다 치르는 그
와 같은 곳으로 백성을 이끌어 가는
너희이니,
13 너희가 얼마나 무서운 짓을 하며 잘못
된 행위를 하는 것인지 알겠는가?
14 너희는 그렇지 않다 하나, 나 여호와
가 보는 너희는 그와 같은 형국이니라.
15 아담과 이브에게 선악과를 따먹게 한
그 사탄이나 지금 나의 피조물 만백성
을 우리 부자의 이름을 팔아 지옥 불
로 이끌어 가는 잘못 가르치는 종교
집단의 지도자 너희는 다 똑같은 자
라는 것을 잊어서는 아니 될 것이니라.
16 그러니 너희가 정녕 그와 같은 무서움
을 안다면 이제 최소한 내가 불로 써
내린 모두가 다 아는 십계명만이라도
지키고 살도록 그리 말하며, 그리 가
르치며, 그대로 살고자 노력하는 백성
으로 변화되어야 한다는 그 무서운
사실을 알라.
17 너희가 나의 율법대로 살며 그리고 마
음을 비우고 성경을 읽는다면,
18 진정으로 마음을 비운 자는 그 성경이
원하는 뜻이요, 너희에게 깨우쳐 주고
자 하는 뜻이며 나 여호와의 뜻을 성
경을 읽을 때 알 것이니,
19 마음을 비운 자가 되어 성경의 뜻을
깨닫는 그와 같은 현명함을 얻어야 할
것이며,
20 그러고도 정녕 너희가 깨닫지 못한다
면, 마지막 시대에 너희를 심판하기
위해 내리는 새로운 성경이요, 나의

법전을 가슴에 안고 정독하여 이를 읽
고 또 깨우쳐 하늘에 오르는 길을 봐
야만 구원의 길을 갈 수 있다는 것을
잊지 말라.
21 너희 자신이 머지않아 나에게 와 심판
을 받을 것을,
22 너희는 영원히 심판을 받지 아니하고
육의 세상에서 그냥 살아갈 것처럼 그
리 착각 속에 살아감이니,
23 머지않아 나에게 와 심판을 받는 그
두려움과 무서움을 너희가 정녕 안다
면,
24 이제는 너희가 하는 행위요, 그 믿음
이요, 너희의 잘못된 관습이요, 버릇
이요, 습관을 하나하나 고쳐 그 무거
운 죄를 하나씩 벗어 던지는 그와 같
은 삶을 살 때, 너희는 나에게 오를 수
있으며,
25 그 백성을 내가 구원한다는 것을 너희
는 잊어서는 절대 아니 될 것이니라.
26 너희는 이제 나의 법전을 읽고 그것을
깨우치지 아니하면 하늘에 오르는 빛
을 볼 수 없음이니라.
27 다만, 너희가 천사와 같은 마음이 되
어 나의 성경을 읽는다면, 거기서 내
가 원하는 그 비유의 뜻이요, 거기서
잘못 기록된 것, 잘 기록된 것, 그리고
나 여호와의 뜻인 것, 인간인 너희가
계명을 갖다 만들어 놓은 것,
28 그와 같이 잘못되고 잘된 것을 너희가
다 알 수 있으며 그를 찾을 수 있음이
니,
29 바로 그와 같이 마음을 비우고 성경을
읽었을 때 너희는 바른길을 올 수 있
느니라.
30 그 길을 갈 수 없는 자는 내가 쉽게 풀
어서 내린 나의 법전을 접하여 읽고
구원을 받도록 그리하라.
31 그러나 이를 사탄이요, 이단이요, 사
악한 자라 하여 나의 법전을 찢어 버
리고 태우고 묻는 자는 얼마나 그게
어리석은 짓이며 얼마나 큰 죄를 지
었는지 이제 알 날이 머지않았음을 잊
지 말라.

5,870 번째 하나님 말씀

2003년 4월 7일 23시 40분

1 사랑하는 나의 아들아!
2 "네, 아버님! 말씀하옵소서."
3 내가 일찍이 법전에 기록하여 너희에
게 전하기를, 하늘의 빛을 나 여호와
가 직접 나의 아들 너에게 그 빛을 내
린다 하였음이니라.
4 그리하여 네가 나로부터 그 빛을 받음
이니, 그게 바로 나의 성령이요, 나의
뜻을 네가 받아 기록함이니,
5 그 빛이 바로 너를 통하여 너의 제자
들에게 바로 꺾여 내려가 그 빛이 너
의 제자들에게 역사한다 그리 말하지
아니하였던가?
6 그러니 너희가 얼마나 소중한 나의 백
성인지를 다시 한 번 깊이 깨우쳐야
할 것이며,
7 너희가 선택된 데 대해 감사의 기도를
드리는 마음 자세로 살아야 함을 잊
지 말아야 할 것이니라.
8 나 여호와가 나의 아들에게 직접 내리
는 그 빛이 바로 나의 아들 앞에서 꺾
여 너희 각자의 가슴으로 내려진다는

그 빛은,
9 이 세상 그 누구도 받을 수 없는 그와
같은 영광을 받은 것이 너를 따르는
제자들이요, 나의 법전을 읽고 깨우치
는 삶을 사는 백성이 받을 수 있는 은
혜요, 은총이라는 것을 알라.
10 지금의 종교 집단이 아무리 방대한 조
직이요, 그 많은 물질의 영향력을 가
지고 모든 인간을 통하여 인의 장벽을
친다 해도, 그 빛을 막지는 못할 것이
니라.
11 그 빛은 어떤 것으로도 막을 수가 없
으며, 그 빛은 어떤 것이든 뚫지 못하
는 것이 없음이니라.
12 기암절벽이요, 큰 산이라 해도, 바닷
속까지 그저 내가 뚫고자 하면 그 빛
은 어디든지 다 통과할 수 있고 뚫을
수 있음을 너희는 알아야 할 것이니
라.
13 그리고 내가 내리는 그 빛에는 모두가
녹지 않는 것이 없으며,
14 내가 녹이고자 하면 내가 나의 아들을
통하여 너희에게 꿰여 나가는 그 빛
이야말로 이 세상 모든 것을 다 녹일
수 있는 것이며,
15 모두를 다 통과할 수 있는 것이 내가
내리는 하늘의 그 빛이니라.
16 그러니 너희가 오늘에 힘들고 어렵다
해도 나의 법전을 가지고 공부하며 이
를 만백성에게 전하는 일에 최선을 다
할 때 너희가 모두 승자가 된다 함이
여기에 있음이니라.
17 그러나 어렵고 힘든 그 환란의 고비를
넘기는 것이 너희가 또한 가야 할 길
이라 내가 너희에게 깨우쳐 주었음이
니,
18 너희는 그리 알고 살아야 할 것이니
라.
19 이제는 너희가 알아야 할 것이니라.
20 내가 나의 아들을 통하여 내리는 그
빛이 바로 거기서 너희에게 임하니,
너희 가슴속에 나의 성령이 싹이 트기
시작하는 것이니, 그 싹을 잘 가꾸고
기르도록 하라.
21 항상 너희가 게을리해서는 아니 됨이
니라.
22 게을리했을 때마다 그는 부러지게 되
어 있으며 그는 넘어질 수가 있다는
것을 잊지 말라, 사랑하는 나의 아들
딸들아!

5,871 번째 하나님 말씀

2003년 4월 8일 08시 43분

1 사랑하는 나의 아들아!
2 "네, 아버님! 말씀하옵소서."
3 이 세상에 가장 소중하고 귀한 것이
무엇이라 내가 너희에게 말하였느냐?
4 나는 너희에게 세상에서 살아갈 수 있
는 모든 것을 다 주었음이니라.
5 그 많은 수천수만 가지 중에서 내가
너희에게 가장 중요한 것은 너희의 마
음이라 그리 말하였음이니라.
6 그러니 너희가 어떠한 마음으로 나를
경배하며, 나 여호와가 존재함을 믿고
살아가며, 그 마음을 나에게 바치는
그와 같은 마음과 생각을 하고 있는
것이 가장 소중한 것이라 그리 말하였
느니라.
7 그러나 지금 모든 종교 집단의 지도자

요, 흘러오는 그들은 무엇을 원하는가?
8 내가 가장 소중한 것은 너희의 마음이요, 믿음이라 하였으니,
9 내가 너희에게 받아들이고 너희에게 거둬들일 수 있다면 내가 가장 소중한 것을 너희에게 거둬들이고 받지 않겠는가?
10 그리하여 바로 너희 믿음이요, 마음가짐이라는 것을 내가 너희에게 전하고 있음이니라.
11 너희가 재물을 거둬들이는 것은 내가 수천수만 가지 준 것 중에서 그 금화와 은화는 금화와 은화일 뿐이요, 그리고 재물은 재물일 뿐이니라.
12 과일은 과일대로, 내가 너희에게 먹고 살 수 있는 모든 동식물을 내려 준 그 모두가, 너희가 그리도 소중히 거둬들이고자 하며 나에게 많이 바쳐 상을 받는다는 그 재물이요, 금화와 은화도 그들과 다 똑같은 한 부류에 불과하니라.
13 그보다 더 소중한 것이 너희의 믿음의 마음이니,
14 너희의 믿음의 마음이요, 나를 경배하는 마음이요, 그 마음이 아름다운 쪽으로 변하는 그와 같은 너희의 마음을 내가 갖고자 하며 그를 바치라 하는 것이거늘,
15 너희가 경제적인 것, 또한 물질적인 것을 나에게 바치고자 그와 같은 노력을 할 필요성이 없으며, 그와 같이 노력하는 것은 잘못된 것이니라.
16 그러나 종교 집단의 지도자들은 지금 무엇을 앞세우는가?
17 세상에 내가 내려 준 모든 만물 중의 하나인 금화와 은화를 많이 바치며, 그것을 바치는 성의로써 내가 너희를 평가하며,
18 그것을 하늘에 쌓음으로 인하여 내가 너희를 사랑한다 함이니,
19 내가 똑같이 준 두부는 두부요, 콩은 콩이요, 팥은 팥이요, 그저 비둘기는 비둘기요, 염소는 염소요, 다 똑같은 것이니라.
20 그러니 내가 너희에게 똑같이 먹고살고 관리하도록 한 것 중에서, 어찌하여 그 금화와 은화는 너희에게 바치라 말하겠는가?
21 그것은 바로 육에서 필요한 것이지 영혼의 세계에서 필요한 것이 아니니라.
22 내가 너희에게 60점 안에서 먹고살라 모두 내려 준 그것들은 다 60점 안에 존재하는 것이니, 그것은 육이 존재하며 육의 삶에서 너희에게 필요한 것이지, 영혼의 세상에서 필요한 것이 아니니라 내가 그리 말하였느니라.
23 그러니 나 여호와는 너희에게 가장 소중한 것이 무엇이냐?
24 내가 너희에게 거둬들이는 것은 너희 마음이니라.
25 너희의 마음만은 내게 어떤 물질보다도 소중한 것이며, 또 그것은 내가 너희에게 심어 준 것이기 때문에 그러니라.
26 그러니 그와 같은 이치를 깨달아 재물을 바치고 감사 헌금을 바치며 모든 것을 바치는 것으로써 구원을 받으며 믿음의 척도를 그걸로 계산한다는 그와 같은 사악한 자들의 말에 현혹되지 말라.

27 너희는 어찌 말하느냐?
28 내가 일찍이 말했듯이 너희는 구약은
다 지난 것이며 지금은 신약 시대라
그리 말하며, 나의 아들 예수의 시대
가 열렸으니 그를 따르면 되며,
29 구약은 필요 없다 말하면서, 십계명을
지키라 강조하지 아니하고 십일조요,
그와 같은 재물만 거둬들이는 사악한
방법으로써 지금 이끌어 가는 그것이
너희의 가장 사악한 방법이니라.
30 너희는 나에게 가장 소중한 것이 무엇
이라 말하느냐?
31 너희는 말하느니라.
32 그저 나의 아들 예수를 찾으며 너희가
손으로 지은 성전에 그저 오는 것으로
써 구원을 받는다고 그리 말하느니라.
33 그렇다면 너희는 그와 같이 믿음을
찾아서 나 여호와에게 오르기 위해서
성전에 찾아온 그것으로써 나에게 모
든 것을 다 바친 것이니라.
34 그러니 거기에서 또 재물을 거둬들이
고 재물을 바쳐야 한다는 것은 바로
그것이 무엇이더냐?
35 사기극이니라.
36 믿음을 위해서 너희의 마음을 바치며
믿음의 길을 바치면 된다고 그리 말
하며, 그러면서 너희는 또 재물을 바
쳐야 한다 하니,
37 나는 그와 같은 재물이 필요 없으며,
그 재물은 내가 원하는 것이 아니니라.
38 그러니 너희는 그와 같은 사악한 짓
을 중단해야 할 것이며,
39 그로 인하여 나의 피조물 만백성이
평생 그늘진 곳에서 사는 자들이 얼마
나 많은가?
40 그리고 그들이 얼마나 고달프고 힘들
게 사는지 아는가?
41 그것 하나로써 너희가 사기극을 벌이
는 자요, 사탄이요, 악마라는 것을 알
아야 할 것이니라.
42 내가 나의 법전에 이와 같이 상세히
기록하여 너희에게 전하니,
43 이를 보고도 너희가 깨우치지 못하며
바로 서지 못한다 하면 이는 어찌할
수 없는 것이니라.
44 오로지 너희는 그 대가를 치르는 길
밖에 없음을 알라.
45 이 세상 모든 것 중에 가장 소중한 것
이 나의 아들딸 너희들이며,
46 너희 중에서 가장 소중한 것이 무엇인
줄 알겠는가?
47 너희의 믿음이요, 정신 자세요, 마음
가짐이니라.
48 그 믿음이요, 마음 자세가 오늘보다
내일 더 아름답게 살아가고 변하고자
하는 것, 그리고 나의 계명을 따라 살
아가고자 노력하는 그 마음이 가장 소
중한 것이며,
49 그것만이 하늘에 상달된다는 것을 알
라.
50 물질로써는 상달될 수 없으며, 그 물
질은 너희에게 더불어 사는 덤으로 준
것이니라.
51 그러나 너희는 믿음이 제일 소중하다
하면서, 믿음보다도 재물을 바치고 거
둬들이는 것을 더 소중한 것처럼 그리
가르치느니라.
52 너희는 행하는 것은 아무 관계없으며
그저 믿음만 찾으면 된다 하면서,
53 어찌하여 재물을 바치며 감사 헌금을

바치며 온갖 방법으로 재물을 거둬들
이는 그와 같은 사악한 행동은 필요하
다 그리 말하느냐?
54 너희가 얼마나 이중적이고 간악한 자
들이며 사탄이라 말할 수 있느냐?
55 그게 바로 너희가 사탄이기에 한 입
으로 두말할 수 있는 것이니라.
56 나 여호와는 참진리이기에 두말할 수
없으며 두 가지 뜻을 전할 수 없음이
니라.
57 너희는 행하는 것은 중요하지 않다 함
이니라.
58 너희가 선행을 베푸는 것, 그리고 아
름다운 일을 하는 것, 그와 같은 것을
믿음이 없는 자가 하는 것은 아무 필
요도 없다고 그리 말하느니라.
59 그러면서 너희는 금화와 은화는 바치
는 것이 축복이요, 그 모두가 영광이
요,
60 바치는 양에 따라서 하늘에 와서 구원
을 받고 못 받는다 그리 말함이니,
61 한 입으로 두말을 하니, 혀가 두 개인
짐승과 똑같은 것이 지금의 종교 집단
의 지도자들이니라.
62 그들이 하는 것은 추한 짓이니 그리하
여 나와 관계없다 함이니라.
63 이와 같이 내가 상세히 기록하여 너
희에게 전하니, 이를 보고도 깨우치지
못하는가?
64 그러니 너희가 바로 모세의 시대에
모세가 나에게 기도하여 십계명을 받
는 동안에 우상을 만들어 광란의 짓을
했으며,
65 나의 아들 예수가 진정한 나의 아들이
요, 만백성을 구하는 진정한 진리를
가지고 전하거늘, 그것은 가짜요, 사
탄이라 그리 뒤집어 씌워 그를 죽게
하였음이니,
66 너희가 그와 같이 사악한 자들이니라.
67 너희가 그와 같이 진실을 뒤집은 적이
한두 번이던가?
68 너희는 이루 말할 수 없이 뒤집었음이
니라.
69 너희가 그 모세의 시대에 뒤집은 것이
무엇이냐?
70 사탄들의 씨앗이요, 사탄들의 꼬임에
빠져 진리를 뒤집었으며,
71 나의 아들 예수의 시대에도 그 예수를
사악한 마음 때문에 참진리요, 위대한
나의 성령이요, 나의 아들을 뒤집어
죽였으며,
72 그리 뒤집어 놓기를 보통으로 그저 마
음대로 하는 자들이 인간 너희들이니,
너희의 그 사악한 마음은 사탄에게 넘
어갔기 때문이니라.
73 이제 나의 법전이 세상에 내려와 만백
성을 구하는 참진리요, 진정한 뜻이라
해도, 이를 또 뒤집어엎어 놓는 것은
너희가 명수니,
74 또 이를 뒤집어엎어 이것이 마지막
시대에 거짓 선지자가 하는 짓이며 사
탄이 하는 짓이요, 이를 보면 지옥으
로 간다 뒤집어 가르치는 것에 명수이
니, 그를 당할 자가 세상에 없음이니
라.
75 거기에 속지 아니하고 거기에 넘어가
지 않은 것이 나의 아들을 따르는 제
자들이요, 나의 법전을 읽고 눈을 뜬
백성 너희들이니,
76 엎어진 것을 바로잡는 것이 바로 너희

들이니라.
77 지금의 모든 종교 집단이요, 잘못된
지도자 그들은 뒤집어엎어 놓는 데
명수이니라.
78 그리하여 그들은 손바닥을 손등이라
하며, 손등을 손바닥이라 그리 말하는
데 아주 명수니라.
79 콩을 내놓고 팥이라 하면서 눈 하나
깜짝하지 아니하며 그리 말하고 뒤집
는 것이 지금의 종교 집단의 지도자
요, 사탄에게 넘어간 지도자들이 하는
짓이니라.
80 그리고 거기서 '아멘, 할렐루야!'만 찾
는 그와 같은 백성 그들 또한 명수이
니라.
81 오죽하면 너희는 그와 같이 잘못 산
다 내가 말하겠느냐?
82 내가 해서는 안 된다는 사업을 하는
자, 그리고 나를 거역하는 사업장에
가서 종교 지도자가 그저 성황을 이루
어 달라고 기도하면,
83 거기에 참석한 신도요, 모든 자들은
'아멘, 할렐루야!' 손뼉을 치고 눈물
콧물을 짜고 있으니, 그게 무엇이더냐?
84 콩을 팥이라 해도 '아멘, 할렐루야!'
찾는 것이 너희들이니,
85 그와 같이 기본도 없으며 뿌리도 없는
너희가 바로 무엇인 줄 알겠는가?
86 사탄에게 넘어간 자들이기에 한 입으
로 두 말하는 것이니,
87 이를 보고도 깨우치지 못한다면 어찌
하겠는가?
88 한 입에 혓바닥 둘을 가진 동물이 되
지 말라.
89 내가 너희에게 오늘 아침 간곡히 명
하여 내림이니 이 뜻을 받아 기록하여
만백성에게 전하도록 하라, 사랑하는
나의 아들아!

부 록

【하나님께서 가르쳐 주신 운동】

천재지변이 일어날 때, 동물이나 미물들은 미리 알고 대피하지만, 인간은 알지 못하고 큰 화를 당합니다. 하나님께서 인간에게 가장 높은 지혜를 주시고 완벽하게 창조해 주셨기에 동물들보다 더 잘 알 수 있지만, 욕심으로 마음이 혼탁해져서 한 치 앞을 보지 못하는 것입니다.

마찬가지로, 인간은 누구나 스스로 필요한 운동을 해서 건강을 지킬 수 있도록 하나님께서 만들어 주셨습니다. 우리의 머리에서 우리 몸에 필요한 동작을 해 달라고 끊임없이 신호를 보내지만, 인간이 혼탁하게 살아서 그 신호를 알아채지 못합니다. 그러니 자연스럽게 자기 몸이 원하는 그 신호를 따라서 운동하는 것이 하나님께서 가르쳐 주신 운동 방법입니다. 바로, 우리의 영이 육을 이끄는 운동입니다.

▶ 하나님 운동법

1. 눈을 감고, 발을 어깨너비로 벌리고 바르게 선다.
2. 몸에 힘을 풀고, 허리를 숙이면서 손과 머리를 아래로 내린다.
3. 허리를 펴고 싶을 때, 천천히 펴면서 하고 싶은 동작을 하면 운동이 시작된다. (사람마다 다르다.)
4. 멈추지 말고, 어떤 동작이든지 자기 몸의 느낌대로 계속 이어서 한다.

▶ 참고 사항

① 눈을 감은 상태로 아무 생각 하지 않고, 자기 몸의 느낌대로 움직입니다.
② 마음을 비우고, 욕심을 버리고, 지난날의 잘못을 반성하면서 몇 차례 시도하다 보면, 자기도 모르게 하고 싶은 동작이 끊임없이 생깁니다.
③ 운동 장소는 방 안이든 운동장이든 관계없으며, 걷거나 달리고 싶을 때는 눈을 떠도 됩니다.
④ 매일 40분 이상, 주 4회 이상, 3개월 이상 하면 음식 조절에 들어갑니다.
- 음식으로 생긴 병은 음식으로 치료하게 되며, 어떤 음식을 먹어야 하는지 스스로 알게 됩니다.
(자기 몸에 필요한 음식만 먹고 싶어집니다.)
⑤ 사랑하는 사람과 함께 운동하면 서로 치료해 주기도 합니다.
⑥ 운동을 하다가 몸의 어느 한 부분을 계속 손으로 자극한다면 그쪽에 이상이 있는 것이니, 의사에게 상담을 받고 적절한 치료를 받으면 됩니다.
⑦ 다이어트 및 기타 건강관리에 효과적입니다.
⑧ 꾸준히 운동하여 영이 맑아지면, 자신의 과거와 미래를 스스로 보게 됩니다.

누구나 스스로 하실 수 있습니다.

간 행 사

《새로운 성경》은:

· 새로운 성경은, 하나님께서 선량하고 선한 자를 선택하여 십계명을 암송하도록 하시고, 십계명을 암송한 다음에 음성으로써 들려주시는 말씀을 듣고 그대로 카세트테이프에 녹음해서 받아쓴 책입니다.

· 90분짜리 녹음테이프 700여 개에 달하는 말씀으로, 1999년 8월부터 2004년 7월까지 총 160권(권당 288쪽)을 완성하였으며, 그 이후에도 현재까지 계속 말씀을 내려 주고 계십니다.

· 새로운 성경은 "하늘을 두루마리 삼고 바닷물을 먹물 삼아 쓰고 써도 다 못 쓴다"는, 끝없이 방대한 하나님의 말씀이 두루마리로 직접 내려오는 것입니다. 이러한 새로운 성경은 구약과 신약을 폐하려는 것이 아니라 "인봉된 성서의 비유의 뜻"을 상세히 설명하여 완성하고자 하나님께서 직접 내려 주신 말씀입니다.

《새로운 성경》의 구성:

· 제 목: 2013년, 160권 모음집을 발간하면서, 본 도서의 제목을 "하나님! 말씀하옵소서"에서 《새로운 성경》 으로 명해 주셨습니다.

· 단행본: 각 권당 288쪽(신국판) 책이 160권까지 시리즈로 출판됩니다.
(모음집은 단행본을 16권씩 묶어서, 총 10부로 구성됩니다.)

《새로운 성경》의 성경적 근거:

· 신약 성경 [요한복음] 16장 13절에 "진리의 성령이 오시면 그가 너희를 모든 진리 가운데로 인도하시리니 그가 자의로 말하지 않고, 오직 듣는 것만을 말하며" 하신 말씀처럼 하나님의 음성을 들은 것만 기록하였으며,

· "장래 일을 너희에게 알리시리라" 하신 말씀과 같이 개인, 나라, 인류의 "장래"일을 하나님께서 알려 주시는 것만 기록하여 책으로 만들었습니다.

《새로운 성경》의 기록 방법:

· 1999년 8월부터 하나님께서 저에게 들려주시는 음성을 기록하였습니다. 처음에는 제가 들은 말씀을 불러 주면 저의 아내가 기록하여, 2000년 1월 29일에 1권 초판이 세상에 나왔습니다. 2000년 4월부터는 주시는 말씀을 받아 녹음기에 기록하여 시리즈로 출간하기 시작하였습니다.

· 녹음을 시작하면서 하나님의 말씀을 받는 데 가속도가 붙었고, 2001년 5월 3일에 1부(1~16권까지)를 인쇄하여 출판하였으며, 2004년 7월까지 총160권 분량의 말씀을 받아 기록하였습니다.

하나님께서 저에게 주신 것은:

· 첫째, 만백성을 상대로 내려 주시는 "기도", 둘째, 수시로 내려 주시는 "묵상", 셋째, 개인의 과거, 현재, 미래를 알려 주시는 "개인 기도", 넷째, 개인의 건강을 위해서 내려 주시는 "음식 처방", 다섯째, 하나님께서 가르쳐 주신 "운동"등이 있습니다. 이 중에 첫 번째, "기도"를 책으로 편찬하였습니다. 사람의 생사, 개인의 미래에 관한 천기는 수록하지 말라 하셨습니다.

강론 안내:

· 하나님께서는 지금도 매일 저에게 새로운 하늘의 비밀의 말씀을 내려 주고 계십니다. 수시로 내려 주시는 말씀을 정리해서 제자를 육성하라는 말씀에 따라 매주 강론을 하고 있습니다. 누구나 무료로 들으실 수 있습니다. (book160.com)

《새로운 성경》을 읽는 분들에게 드리는 선물:

· 개인 기도: 개인의 과거, 현재, 미래에 관하여 말씀을 내려 주십니다.

· 음식 처방: 사람은 음식을 먹고살다가 건강을 잃으니, 음식과 운동으로 건강을 되찾는 방법을 알려 드립니다. 단, 하나님이 계심을 믿고, 십계명을 지키겠다고 진실로 서약하는 분들께 알려드립니다.

《새로운 성경》의 은혜와 기적:

· 새로운 성경 전160권은 16권씩 묶어서 총 10부의 모음집으로 구성됩니다. 모음집 한 부를 읽고 깨우치는 자에게 하나님께서 다음과 같은 기적이 있다고 하셨습니다.

· "첫째, 그가 죽어 하늘에 갔을 때 그의 죄를 묻지 아니하며, 구원을 받는 위대한 은혜가 있으며, 둘째, 그의 소원과 소망이 이루어지고, 셋째, 죽은 자(부모, 형제, 자식, 사랑하고 은혜 입은 분)의 이름으로 구입한 책을 읽고 누군가 한 사람이 깨우칠 때, 그 죽은 자가 지옥에서 천국으로 구원을 받게 되며, 넷째, 유산, 중절 수술 등으로 태어나지 못한 아이를 위하여 구입한 책을 보고 한 명이 깨우쳤을 때, 그 아이가 사람으로 다시 한 번 태어나는 은혜를 받는다."

· "새로운 성경"을 3회 이상 정성을 다해 정독하는 자, 성서의 비밀을 알게 되고, 세상의 이치를 알게 되며, 세상을 지배하고 통제할 수 있는 지혜를 다 얻게 된다고 하셨습니다. 이 책은 만백성이 정독하고 이웃에게 전하여, 평생 가슴에 묻은 슬픔과 고통의 짐을 벗고 미래를 위한 힘찬 삶을 살아가도록 하는 책입니다.

끝으로

· 하나님께서는 흰 눈이 세상을 덮듯이 새로운 성경을 온 세상에 전하라고 하셨습니다. 《새로운 성경》을 각국어로 번역해서 온 인류에게 구원의 길을 깨우쳐 주고, 그 수익으로 가난하고 어려운 백성을 구제하여, 만백성의 영과 육을 함께 구원하는 선지자의 임무를 수행하라고 저에게 명하셨습니다.

· 하늘에서 내려 주신 말씀의 보화를 만백성에게 나누어 주는 것이 선지자의 임무라고 하셨습니다. 새로운 성경을 통해서 얻는 재물을 사용할 곳도 하나님께서 일일이 명해 주십니다. 모든 재물은 저의 자의로 쓸 수 없고, 하나님께서 명하시는 대로만 쓰여집니다.

· 어떤 명분으로든 십일조나 각종 헌금을 거두어들이지 말라 하셨으며, 국내뿐 아니라 각국에 성전과 단독 서점을 운영하며, 한국의 많은 젊은이들을 전 세계에 지도자로 내보내라고 하셨습니다.

· 우리는 세계적으로 새로운 성경을 보급하며 어려운 이들을 돕는 역사를 해 나갈 것입니다. 지금까지 비록 몇 명 안 되는 제자들과 함께 이러한 일을 역사했지만, 앞으로도 계속 하나님께서 기뻐하시는 일들을 해 나갈 것입니다. 부족한 저희에게 여러분들의 지혜와 성원을 보내 주시기를 바랍니다. 많은 분들의 참여와 도움을 간절히 기다립니다. 감사합니다.

한국어로 내려온 《새로운 성경》 단행본을 출간하며
2016년 4월 10일

발행인 **김 용 철**

한국어로 내려온

새로운 **성 경** · 5부 · 제79권

지은이 하나님 말씀
대역자 김용철

초판인쇄 1쇄 2017년 4월 3일

펴낸 곳 도서출판 하얀마음
등록번호 제 10-2107호 (2001년 2월 14일)
주소 서울시 노원구 덕릉로86길5, 2층
전화번호 02) 313-1114
팩스 02) 393-5554
전자우편 book160@hanmail.net
편집위원 조나영 김미향 이석교
제작지원 김창현 김지영

도서상담 1600-7527
ISBN 978-89-5875-179-3 (04230)
978-89-5875-100-7 (세 트)

값 10,000원
잘못된 책은 구입하신 곳에서 바꾸어 드립니다.

※이 책은 10부로 제작되며, 각 부 16권씩 총160권으로 구성됩니다.※

1부	2부	3부	4부	**5부**	6부	7부	8부	9부	10부
1권	17권	33권	49권	65권	81권	97권	113권	129권	145권
2권	18권	34권	50권	66권	82권	98권	114권	130권	146권
3권	19권	35권	51권	67권	83권	99권	115권	131권	147권
4권	20권	36권	52권	68권	84권	100권	116권	132권	148권
5권	21권	37권	53권	69권	85권	101권	117권	133권	149권
6권	22권	38권	54권	70권	86권	102권	118권	134권	150권
7권	23권	39권	55권	71권	87권	103권	119권	135권	151권
8권	24권	40권	56권	72권	88권	104권	120권	136권	152권
9권	25권	41권	57권	73권	89권	105권	121권	137권	153권
10권	26권	42권	58권	74권	90권	106권	122권	138권	154권
11권	27권	43권	59권	75권	91권	107권	123권	139권	155권
12권	28권	44권	60권	76권	92권	108권	124권	140권	156권
13권	29권	45권	61권	77권	93권	109권	125권	141권	157권
14권	30권	46권	62권	78권	94권	110권	126권	142권	158권
15권	31권	47권	63권	79권	95권	111권	127권	143권	159권
16권	32권	48권	64권	80권	96권	112권	128권	144권	160권